湖北省公益学术著作出版专项资金
Hubei Special Funds for Academic and Public-Interest Publications

法治政府建设背景下
我国行政诉讼运行机制完善研究丛书

丛书总主编／林莉红

司法变更权研究

陈菲　著

WUHAN UNIVERSITY PRESS
武汉大学出版社

图书在版编目(CIP)数据

司法变更权研究 / 陈菲著. -- 武汉 ：武汉大学出版社，2025. 7.
法治政府建设背景下我国行政诉讼运行机制完善研究丛书 / 林莉红总主编. -- ISBN 978-7-307-24712-3
Ⅰ.D925.310.4
中国国家版本馆 CIP 数据核字第 2024Z1Q331 号

责任编辑:张　欣　　　责任校对:汪欣怡　　　版式设计:马　佳

出版发行: **武汉大学出版社**　（430072　武昌　珞珈山）
（电子邮箱：cbs22@whu.edu.cn　网址：www.wdp.com.cn）
印刷:湖北金港彩印有限公司
开本:720×1000　1/16　印张:14.25　字数:224 千字　插页:2
版次:2025 年 7 月第 1 版　　2025 年 7 月第 1 次印刷
ISBN 978-7-307-24712-3　　定价:98.00 元

丛书总主编简介

林莉红，武汉大学法学院教授，博士生导师，中国法学会行政法学研究会常务理事，湖北省法学会行政法学研究会副会长。研究方向为行政法、行政诉讼法、行政救济基本理论等。著有《行政诉讼法学（第五版）》（武汉大学出版社），主编《行政法治的理想与现实——〈行政诉讼法〉实施状况实证研究报告》（北京大学出版社）、合著《行政诉讼法问题专论》（武汉大学出版社）、《社会救助法研究》（法律出版社）等著作；在《中国法学》《法学研究》等刊物上发表论文90余篇。

作者简介

陈菲，湖南女子学院社会发展学院讲师，法学博士，学校高层次人才工程培养对象，湖南省妇女研究会理事。主持湖南省普通本科高校教学改革研究项目等省级课题3项、湖南省教育厅课题1项、湖南省妇女研究会课题1项，出版著作2部，发表论文10余篇。近年来主要从事诉讼制度、性别平等研究。任全校通识课程《性别平等与社会发展》负责人，并围绕马克思主义妇女观进课堂开展教学与科研工作。

目　　录

引　言

司法变更权是行政诉讼领域所独有的核心议题。通常认为，所谓司法变更，是人民法院在审理行政诉讼案件时，依照法律、法规和有关行政纠纷程序，部分或全部变更行政机关作出的行政处理决定。①司法变更实质上是以司法权力改变行政决定，并直接设定行政相对人及第三人权利义务的行为，它虽具有节约行政资源、保障行政相对人和第三人合法权益之功效，亦能节约诉讼资源、避免因重复作出的行政行为而反复导致行政复议或诉讼之循环，但其本质是以司法裁量代替行政裁量，明显涉及司法机关与行政机关之间分工关系的博弈权衡。正因如此，这种制度在民事或刑事诉讼中并不存在，凸显了行政诉讼在制度设计上所体现的司法权对行政权的监督和制约作用。要深入理解和解决与司法变更权相关的理论和实践问题，必须从行政诉讼中“司法权—行政权”的相互关系出发，对司法变更权制度进行全面的审视和评估。

应当认识到，行政诉讼中的司法变更，直接关系到行政诉讼提起人的目的能否得到有效实现，行政权力是否能够得到切实的监督，以及整个诉讼过程是否经济高效。一方面，保护公民合法权益是行政诉讼制度建设的根本落脚点，司法变更权的制度设计正是为了确保公民的合法权利得到切实保障，避免司法机关无法对行政权进行具有实质意义的监督，防止公民在胜诉的情况下仍然遭受权益的损失。另一方面，如果司法权在任何情况下都无法对行政机关的行为进行变更，那么对行政机关的有效监督就无从谈起。此外，如果人民法院在审理行政案件时没有司法变更权，那么对于行政机关作出的虽然符合法律、法规规定但明显不适当的行政决定，法院只能予以撤销，并要求行政机关重新作出决定，这不仅容易导

① 参见马怀德：《行政诉讼原理》，法律出版社 2003 年版，第 100 页。

致行政机关和法院之间推诿扯皮，也浪费司法资源，不符合诉讼经济性的要求。

因此，为了实现行政诉讼的目的，构建一个精细而完善的司法变更权体系就显得尤为重要。这样的体系不仅能够确保公民的合法权益得到切实保障，还能够对行政机关的行为进行有效的监督，同时提高整个诉讼过程的效率和经济性。2014 年以来，我国对《行政诉讼法》进行了两次修改，其中许多内容都与司法变更有密切关系。

第一，《行政诉讼法》在其开篇第 1 条中明确增加了“解决行政争议”作为该法的重要宗旨之一。这不仅与最高法院持续强调的“实质性解决行政争议”理念相契合，① 也为司法机关在处理行政纠纷时提供了更为明确和有力的指引。例如，2018 年上海市高级人民法院对《关于进一步完善行政争议实质性解决机制的实施意见》进行了修订和完善，并成立了专门的行政争议多元调处中心。同样，安徽省高级人民法院也积极响应，出台了《关于完善行政争议实质性解决机制的意见》，旨在从制度层面为行政争议的实质性解决提供有力支撑。在“实质性解决行政争议”这一宏观命题的指导下，对那些行政机关难以自行纠正的行政行为进行司法变更，逐渐成为解决争议的一种重要手段。通过司法变更，不仅可以及时纠正行政机关的不当行为，维护公民的合法权益，还能有效促进行政机关的自我完善和提升，实现行政与司法的良性互动。

第二，《行政诉讼法》第 70 条在原有撤销判决的五种情形（主要证据不足的；适用法律、法规错误的；违反法定程序的；超越职权的；滥用职权的）基础上，新增了行政行为“明显不当的”情形。同时，原先适用于变更判决的“行政处罚显失公正”之情形也被修改为“行政处罚明显不当”。这些改动引发了一系列问题：新法这样规定的立法意图何在？“明显不当”在两种不同判决情形中的具体含义和界定标准是什么？在面临既可以撤销也可以变更的“明显不当”情形时，法院应如何抉择？如果不对变更判决的适用范围和条件进行明确界定，是否会导致法院在拥有裁量权时倾向于选择撤销判决而规避变更判决？这样一来，变更判决的条款是否会形同虚设？此外，“明显不当”是否不再是适用变更判决的唯一标准？如果不是，还有哪些其他标准可以适用？这些问题都有待进一步深

① 参见江必新：《论行政争议的实质性解决》，载《人民司法》2012 年第 19 期。

入研究和解答。

第三，《行政诉讼法》第 77 条将原先的“行政处罚显失公正的，可以判决变更”修改为“行政处罚明显不当，或者其他行政行为涉及对款额的确定、认定确有错误的，人民法院可以判决变更”。这一修改显著扩大了变更判决的适用范围。现在，法院不仅可以对“明显不当”的行政处罚进行变更判决，还可以对涉及款额确定、认定错误的各类行政行为（如行政赔偿、行政补偿、行政征收、行政征用及行政收费等）进行司法审查并行使司法变更权。

第四，《行政诉讼法》新增第 61 条规定：“在涉及行政许可、登记、征收、征用和行政机关对民事争议所作的裁决的行政诉讼中，当事人申请一并解决相关民事争议的，人民法院可以一并审理。”这一新增条款允许法院在行政诉讼中一并处理与行政争议相关的民事争议，虽然这种做法与行政诉讼附带民事诉讼有所不同，但它实际上扩展了司法机关在解决这类复合性争议时的司法变更权。

《行政诉讼法》的修改，无疑扩大了法院的司法变更权。然而，权力的扩大并不意味着可以任性行使。法院并不当然比行政机关更加高明，在行使这些权力时，同样必须遵循一定的原则和规律，保持对行政权力必要的尊重，确保司法权的合法、合理和公正行使。其标准与要求，正是我们在研究和实践中需要进一步深入思考和探讨的问题。

第一章　司法变更权基础理论

有关司法变更权的基础理论问题，主要涉及司法变更权的概念、范围，以及司法变更权相关制度的可行性和必要性问题。应当认识到，司法变更权在制度上表现为司法权对行政权的监督和干预，集中体现了行政诉讼法的内在矛盾。要充分理解这一制度，解决司法变更权制度的相关理论与实践问题，就必须从行政诉讼中的司法权与行政权的关系出发，明确司法变更权制度的价值目标，从而实现这一制度的积极效果，避免相应的消极影响。

第一节　司法变更权的概念与类型

关于司法变更权的概念问题，存在多种不同观点。对其概念的廓清，不应仅从字面意义出发，更应深入考虑其在行政诉讼制度中的整体定位，并据以确立司法变更权的内涵和外延——究其实质，司法变更权是司法权在行政权无法实现其目的时的一种替代性权力，司法机关会运用与行政手段相似的方法，直接对行政事务作出决定，并确保其实施。为了科学界定司法变更权的范围，我们需要在两个方面保持平衡：一方面，必须确保行政权不脱离司法权的有效监督；另一方面，也要防止司法权对行政权的过度僭越。这种平衡，是确保行政诉讼制度健康运行的关键。

一、司法变更权的概念分歧

关于行政诉讼司法变更权的概念，学界观点不一，但总体上可以分为两类观点：

第一，狭义说。具体又分为：（1）行政决定变更说。如马怀德教授等认为：

“司法变更权，是人民法院在审理行政诉讼案件的过程中，依照法律、法规的有关的行政纠纷程序，部分或全部变更行政机关作出的行政决定的权力。”① （2）行政法律关系形成说。这种观点认为，行政诉讼中的司法变更权，是指法院在对案件进行判决时，直接以判决的形式替代了原行政行为，从而在双方当事人之间形成新的行政法律关系。② 这两种观点看似一致，但实有些微差异：所谓行政决定，一般是单方行政行为，具有明显的职权特征，法律关系则包括单方法律关系和双方法律关系。因此，如采取前一观点，则司法变更不应包括法院对行政协议的变更；如采用后一观点，行政协议这类双方行政行为亦可纳入司法变更权的适用范围。（3）行政裁量制约说。这种观点主要认为，司法变更权是人民法院根据法律规定对行政裁量进行司法制约的一种权力，具体而言，就是人民法院在审理行政诉讼案件的过程中，发现行政机关作出的行政处罚显失公正，依照法律规定，判决变更的一种司法权。③ 此类观点把司法变更权理解为人民法院对行政裁量的变更，并且直接将其等同于行政诉讼法所规定的变更判决，相比前两种观点又有限缩。

第二，广义说。胡肖华教授认为，行政诉讼司法变更包括两类：一类是显性变更或直接变更，根据我国行政诉讼法之规定，针对明显不当（法律修改之前为“显失公正”）的行政处罚，我国人民法院有权进行变更，此类变更即为显性变更或直接变更，是法院直接对具体行政行为内容进行改变；另一类则是隐性变更或间接变更，在这种变更中，法院对行政主体重新作出的行为进行一定指示，而不对行政机关所应作出行为的内容进行明确，不直接宣告变更的内容。④ 显然，广义说的司法变更权概念更加强调对司法变更权实质内涵的理解，从而超越变更判决制度，将司法变更理解为司法权对行政权进行的直接干涉，并以此为据，将

---

① 马怀德：《行政诉讼原理》，法律出版社 2003 年版，第 100 页；江嘉禧：《行政审判中的司法变更权研究》，载《中国法学》1988 年第 6 期。

② 参见冯嘉林、李喆：《行政诉讼中司法变更权的适用与展望》，载《人民法院报》2005 年 2 月 23 日。

③ 参见明廷强、庞仕平：《再论行政诉讼司法变更权》，载《中央政法管理干部学院学报》1995 年第 4 期。

④ 参见胡肖华：《行政诉讼基本理论问题研究》，湖南人民出版社 1999 年版，第 406 页。

一些实质上体现了司法变更权的判决种类纳入此类制度考虑当中。根据这一理解，在我国行政诉讼中，广义的司法变更权制度不仅包括变更判决问题，还涵盖了重作判决和情况判决等相关内容。

值得注意的是，当前研究中存在一种较为普遍的认识，即将司法变更权简单等同于变更判决。这种化约的理解方式在不少名为司法变更的学术论文中都有所体现。例如，刘烁玲的《论行政诉讼中的司法变更权》（湘潭大学 2002 年硕士论文）、叶险峰的《论行政诉讼中司法变更权的适用及其界限》（湘潭大学 2005 年硕士论文）、黄妹华的《行政诉讼司法变更权研究》（安徽大学 2006 年硕士论文）、陈娟的《行政诉讼司法变更权研究》（广西民族大学 2009 年硕士论文）、高倩男的《行政诉讼司法变更权扩与限研究》（山西大学 2011 年硕士论文）、刘建勇的《论行政诉讼中的司法变更权》（长春理工大学 2012 年硕士论文）以及申军涛的《行政诉讼判决中行政处罚的司法变更权研究》（云南大学 2019 年硕士论文）等，尽管这些论文以司法变更权为主题，但实际上它们的主要内容仍然局限于变更判决的讨论。这种现象表明，司法变更权的概念仍需进一步界定，以形成更加深入、全面的理解。

二、司法变更权概念的再廓清

笔者认为，要廓清司法变更权的概念，首先应考虑其理论创设的初衷。司法变更实质上是司法权在特定情况下代替行政权进行了一定程度的社会管理，集中体现了行政诉讼中司法权与行政权之间的冲突。相关理论研究的目的是应对这一过程中司法权与行政权之间的紧张关系，确保司法权对行政权的有效监督，同时充分发挥行政权的效能。应当认识到，司法变更权制度产生的前提是区分司法权与行政权，并有效厘清二者之间的关系。如果不能从这一实质问题出发，对司法变更权制度的研究就只能停留在制度的表面解释上，无法推动相关制度的进一步完善。

结合此前的争议，笔者认为司法变更权的概念存在三个问题：

第一，对于不直接体现行政权力行使的双方行政行为（如行政协议），人民法院是否有权进行变更，并将其纳入司法变更权理论研究的范畴？笔者认为，虽然人民法院在处理此类行为时拥有较广泛的权力，但由于这些行为的权力属性相对较弱，协商属性较强，因此人民法院在处理这些行为时主要依据的是民事法律规范，而非基于司法变更权的理论。这一点在《最高人民法院关于适用〈中华人民共和国行政诉讼法〉若干问题的解释》(2015)(以下简称"2015年《若干解释》")中也得到了体现。根据2015年《若干解释》第14条的规定，人民法院在审理行政协议案件时，不仅可以适用行政法规范，也可以适用不相冲突的民事法律规范。① 显然，在相当程度上，在对这一类型行为进行司法审查的过程中，人民法院在一定程度上也将其视作民事行为进行处理，而非完全的行政行为，因此不涉及司法权对行政权的直接冲突，不应纳入司法变更的范围。

第二，关于司法变更权行使的隐含形式。在行政诉讼的实践中，有时司法权对行政权的干预并不以直接、明确的方式呈现，而是通过某些隐含的手段达到了变更行政决定的效果。一个颇具代表性的例子便是法院对行政裁决的处理。行政裁决本质上是对民事纠纷的行政解决方式，但当法院介入并直接处理这些民事纠纷时，实际产生了一种替代行政裁决的效果。尽管从表面上看，法院处理的是民事争议，但由于这一处理结果与行政裁决的内容可能产生冲突，因此这种行为不可避免地体现了司法权与行政权之间的张力。从这个角度看，这类隐含的干预行为同样应被视为司法变更权的一种行使方式，并纳入相关的研究范畴。

第三，司法判决中的补救措施与司法变更权。另一个值得探讨的问题是，当人民法院在判决中并未直接改变行政行为的具体内容，而是要求行政机关采取某种补救措施时，这种行为是否应被纳入司法变更权的研究范围。情况判决为此类行为提供了一个生动的例证——在情况判决中，尽管行政行为被认定为违法，但由于撤销该行为可能会对国家利益或公共利益造成严重损害，因此法院选择不撤销该行为，而是确认其违法并要求行政机关采取相应的补救措施。这种处理方式实际上是对原行政行为的一种修正和补充，构成了一个新的行政决策过程。因

① 《最高人民法院关于适用〈中华人民共和国行政诉讼法〉若干问题的解释》(2015)第14条规定，人民法院审查行政机关是否依法履行、按照约定履行协议或者单方变更、解除协议是否合法，在适用行政法律规范的同时，可以适用不违反行政法和行政诉讼法强制性规定的民事法律规范。

此，从实质上看，这类要求行政机关采取补救措施的判决同样体现了司法变更权的行使。

显然，司法变更权在行政诉讼中的行使方式并不局限于直接、明确地变更行政决定。相反，它还可以通过隐含的手段和要求行政机关采取补救措施等方式来实现。这些行为虽然表面上看起来可能并没有直接改变行政行为的内容，但实际上已经对行政决策过程产生了实质性的影响。在研究和理解司法变更权时，我们应该采取一种更加宽泛和深入的视角，充分认识到其在行政诉讼中的重要性和复杂性。

三、司法变更的类型

根据分类标准的不同，司法变更可以分为多种类型，每种类型都有其独特的特点和实践应用。

第一，因变更形式的不同，司法变更可分为两种类型：(1) 明示变更：人民法院在判决中明确说明对行政机关行为的变更内容。这种变更形式直接、明确，便于当事人理解和执行。例如，在行政处罚案件中，人民法院可以直接变更行政处罚的幅度，以纠正行政机关的不当行为。(2) 暗示变更：人民法院虽未直接明示变更内容，但所作出的判决在实质上起到了变更行政机关行政决定的作用。这种变更形式相对隐晦，需要通过对判决的深入解读才能理解其真实意图。例如，在行政裁决案件中，法院在处理相关民事争议时，可能不考虑行政裁决的内容，直接根据民事法律规范对相关民事纠纷作出判决，从而间接地变更了行政机关的行政裁决行为。

第二，因干涉程度的不同，司法变更亦可分为两种：(1) 直接变更：人民法院明确说明变更的内容，并使该措施直接产生法律效力。这种变更形式具有强制性和直接性，能够迅速有效地纠正行政机关的违法行为。例如，我国法律规定的变更判决就是典型的直接变更形式。(2) 间接变更：人民法院不明确说明变更内容，但要求行政机关采取一定措施进行补救或改进。这种变更形式保留了行政机关的裁量余地和空间，有利于行政机关根据实际情况进行灵活调整。例如，法院可能要求行政机关采取某类措施进行补救，或者仅仅以“采取补救措施”进行概括性要求。根据一项抽样统计，人民法院在责令采取补救措施的判决中，有

55.8%的判决仅仅要求行政机关采取补救措施，但没有明确该措施的具体内容。①

第三，因干涉内容的不同，司法变更还可分为两种：(1）全面变更：人民法院对行政行为的全部内容进行变更，变更后的行为是一个全新的行为。这种变更形式彻底改变了原行政行为的性质和效力，对行政机关的影响较大。例如，在某些情况下，人民法院可能直接撤销原行政行为并重新作出一个新的行政行为以替代之。(2）部分变更：人民法院保留原行政行为的效力，但要求行政机关对该行为采取某项或某类措施进行补救或改进。这种变更形式在保留原行政行为的基础上对其进行局部调整和完善，有利于维护行政行为的稳定性和连续性。例如，在拆迁补偿案件中，法院可能责令行政机关进行补偿以弥补其先前的违法行为给当事人造成的损失。

不同类型的司法变更权在行政诉讼中发挥着不同的作用。明示变更和直接变更具有直接性和强制性特点，能够迅速有效地纠正行政机关的违法行为；而暗示变更和间接变更则更加灵活和隐晦，需要通过对判决的深入解读才能理解其真实意图。全面变更和部分变更则分别体现了对原行政行为的彻底改变和局部调整两种不同策略。

第二节　司法变更权的理论争议

在传统法学理论中，司法权与行政权被视为两种截然不同但又相互依存的权力形态。传统上，司法权被赋予独立、公正地解决法律争议的使命，而行政权则负责执行法律、管理公共事务。司法变更权的出现，不仅体现了司法权对行政权的干涉，甚至在一定程度上表现为司法权替代行政权进行的活动，无疑打破了传统权力分立的格局，使司法权在一定程度上“代替”了行政权的行使。因此，一些行政法学者对司法变更权的存在持保留态度，其主要理由在于：就权力体系而言，司法变更权有违权力分立和司法谦抑的要求；就能力而言，司法机关的人员

① 参见陈思融：《论行政诉讼补救判决的适用——基于104份行政裁判文书的统计分析》，载《中国法学》2015年第2期。

配置不宜代替行政机关作出专业判断。但随着时代发展，以及学界对传统学说的不断扬弃，司法变更权行使的障碍逐渐得到排除。

一、司法变更权与权力分工

在一些域外学者看来，司法变更权问题与三权分立的宪法理论密切相关，并以权力分立理论为由反对司法变更权制度。三权分立在制度上体现为立法、司法、行政的权力分立，在西方各国，三权分立制度实现的具体模式不尽相同，如总统制、议会内阁制、半总统半内阁制等。但无论哪种政权组织形式，其所体现的基本精神都是一致的，也即，将权力划分为立法、司法、行政三个主要部分，并使其分别拥有相应权力，并相互制约，从而实现权力秩序的稳定运行。

反对司法变更权的学者认为，从权力体系的角度来看，司法变更权在一定程度上挑战了权力分立的传统观念。他们担忧，司法机关的介入可能会打破行政机关的决策过程，甚至在某些情况下直接替代行政机关作出决定，从而破坏原有的权力平衡，引发权力滥用的风险。譬如，有一批美国学者就曾对司法审查制度的民主性产生怀疑，认为司法审查过多地干涉了行政事务，违反了司法权与行政权的划分要求，是司法权对行政权“越俎代庖”的产物。他们主张司法机关应更加尊重行政专家的判断和行政裁量权。①

早在 1987 年，于安教授就指出，司法变更权制度与国家审判权的性质不相符。在他看来，国家审判权并无管理社会事务的职能，而只能对行政机关的活动是否合法进行监督。行政权和国家审判权各有其分工，并具有不同的活动方式与程序，因此不能互相替代。尽管二者在行政诉讼中有交集，但这仅仅意味着，人民法院有权审查行政行为的合法性，而不能代为进行社会管理活动。②

然而，需要注意到的是，这种以权力分工不同为由反对司法变更权的论调，实际建基于我们对传统国家学说和行政理论的认知——在“守夜人国家”的行政

① 参见［美］肯尼思·F. 沃伦：《政治体制中的行政法》，王丛虎等译，中国人民大学出版社 2005 年版，第 449~452 页。

② 参见于安：《行政诉讼中的司法变更权值得商榷》，载《法学》1987 年第 3 期。

理论下，国家的功能仅限于警察权，其作用在于保护公民免遭暴力、偷窃、欺骗之害，并强制实行契约等。① 基于这一理念，立法部门通过制定严格细致的法律来限制政府的职能和权力，从而有效保障私人权利。在这一背景下，宪法保障公民的自由权和其他权利，要求政府只有在得到议会议决的法律授权时才能干涉公民的自由和财产，对公民权利进行限制。同时，受制于当时的社会经济条件，这一时期的法律对政府的行政权的赋予范围相当窄，仅限于立法有明确规定的一些羁束行政行为，如税收、警察等行为。正是由于政府行为多为侵益性的，为了避免政府权力滥用而损害公民权利，行政诉讼制度便必然以撤销判决为核心构建起来，司法变更也因此缺乏存在的必要性。

然而，到了 20 世纪，国家理论发生了巨变。特别是受到工业化的影响，人口逐渐集中居住于大城市，越来越多的社会矛盾和问题不断产生，个人日益依赖国家的主动作为。特别是在 20 世纪 20～30 年代，市场失灵产生的问题日益凸显，受凯恩斯经济理论的影响，需要政府对经济进行更加深入、更加有效的干预。为了应对这些问题，国家不得不对公民的经济生活进行相当程度的干预。此时，国家的角色已远远超出传统自由市民法治国家或夜警国家的范畴。现代国家需展现主动性、积极性、服务性，并具备规划能力，其职责范围也更为广泛。

在这一更为复杂的社会背景下，传统的“小政府”模式已无法适应行政理念的深刻变革。政府权力正大步进军经济、社会、文化等诸多领域，对社会生活进行强有力的干预。这使得政府职能范围逐渐拓宽，行政权力迅速膨胀，甚至侵蚀了原本属于立法和司法的领域。在此背景下，国家不仅要确保个人社会安全，还需建立多样化的公共设施，全面履行各类给付职责。行政法的任务也已不再局限于对公民权利的消极保护，而要求国家以新的行政理念为指导，为社会各阶层提供在现代社会生活中所必需的种种保障，推动社会发展并实现实质正义。

此时，单纯以保护人民自由权和财产权免受行政违法侵害为主的传统行政诉

① 参见［美］罗伯特·诺齐克：《无政府、国家与乌托邦》，何怀宏等译，中国社会科学出版社 1991 年版，第 35 页。

讼，已无法适应现代社会的复杂需求——司法机关此时不仅要提供对侵益性行政行为的救济，还需要进一步涵盖公民在各类生存照顾、社会保障方面的权益保护。面对社会的实际需求，很多国家设立独立机构，并根据其专业特征，授予其宽泛的权限，在其特定专业领域内进行调控。此时的行政机关，不但拥有了“准立法权”即“行政立法权”，甚至还有了“准司法权”，即对相关领域纠纷的行政裁决权。譬如，美国食品药品监督管理局（FDA，Food and Drug Administration），就有权在相关领域制定规则、裁决纠纷。这种独立机构的发展如火如荼，特别是在20世纪末，其发展更是呈现井喷之势。实际上，这些机构的存在，使传统的“三权分立”理论遭到了极为致命的打击。

可以说，在这一时期，所谓的“三权分立”，在概念的内涵与外延上已经变得非常含糊不清，行政、司法的关系更加紧密，而非单凭法律所能够直接确定。一些学者开始认识到，在现代社会中，纯粹的权力分立已难以适应复杂多变的法律需求。相反，适度的权力融合与协作可能更有助于实现法律的公正与效率。因此，他们主张在坚持权力分立原则的基础上，对司法变更权进行审慎的赋权与限制，以确保其在维护法治秩序和促进社会公正方面发挥积极作用。

面对以撤销判决为基础建立起来的行政诉讼制度，许多学者也认识到了其弊端所在——倘若仍然恪守最初的行政理念，固守原有的权力分工学说，仅仅强调撤销判决的作用而忽略了其他类型判决的必要性，将无法有效应对和解决行政违法行为愈加复杂的现状。例如，当事人要求行政机关进行一定财产给付、作出特定行政行为时，撤销诉讼无法有效适应当事人需求，因此难以有效解决问题。也正是基于此，德国等在其行政诉讼法中增加了许多新的诉讼类型，如确认诉讼、给付诉讼、课予义务诉讼等，用以应对行政行为的新类型，从而有效监督行政机关依法行政，并适应行政相对人保障自身权利、解决行政纠纷的现实需求。

进而言之，权力分立制度毕竟只是约束政府权力，保障公民权利的手段，倘若僵化呆板地进行运用，并进而侵害公民权利，反倒是舍本逐末之举。面对行政权扩张的现实，如不能有效应对并进行适时调整，显然不是有效、恰当的举措。关于这一问题，我国台湾地区亦有学者认为：“从诉讼经济及使人民利益尽速获得终局救济之立场，对于已臻明确之个案事实，法院变更原行政行为，而自为决定应当得到支持。从宪政理论层次而言，保障公民权益才是最终目的，权力分立的制度无非是实现目的的手段而已，怎么能因手段而妨害目的?”①

但从另一个角度来看，对权力分工相关问题的考量，也是司法变更权制度创设过程中必不可少的一环。应当认识到，司法变更权的理论，实际上是以权力分工为制度前提的。它并不排斥权力分工的理论，而是反对传统权力理论对权力边界的刻板划分，以及那种顽固地强调权力边界而阻碍有效监督的僵化理论。它更强调在权力分工的基础上，司法权对行政权采取有效制约的重要性。

二、司法变更权与法治原则

还有一些学者从法治原则出发，对司法变更权进行否定。在这些学者看来，既然法律赋予了行政机关就某个事件的处理权，意味着授权行政机关就某个事件进行处理，司法的介入便可能违反法律的要求。笔者认为，这一认识并不妥当，司法变更权制度完全符合法治原则的要求。

第一，司法变更权完全符合依法治权的要求。依法治国，关键在于依法治权。对现代国家而言，行政权是国家权力中最灵活、最具有扩张性的权力，它在国家机关中管理范围最广、与公民关系最为密切。行政权运行良好，则能够实现社会目标；运行不良，也最容易导致权力滥用。正因如此，法治原则一方面强调行政机关依法有效行使权力，也要求法律对行政权进行规制。这种规制不仅源于法律条文的规定，更需要各机关在法律实施过程中的自我约束、自我监督以及有效的外部控制。大量实践早已证明，单纯依靠行政机关的自我监察，往往收效甚微，政府部门之间的协调亦可能浮于表面。在此背景下，在一定程度上赋予法院司法变更权，强化对行政行为的外部审查，自然成为推进法治国家建设的必然选择。

第二，司法变更权是一种受到法律约束的权力。司法变更权同样是受法治原则约束的权力，与其他任何权力一样受法律约束和控制。司法变更权同样不得滥用，法官在运用司法变更权之时，仍然受到法律规则、原则和法律精神的约束，并基于法治原则，在公平、公正、合法的基础上行使司法变更权，不得越权行

① 吴庚:《行政法之理论与实用》，台湾三民书局 1998 年版，第 533 页。

事。司法变更权的行使，不仅不是司法权超越法律，反而更加体现了在法治框架下，由司法权作出的对行政权的有效监督。

第三，司法变更权体现了司法终局的法治精神。司法最终原则，是司法权威、法治权威建立的重要基础。对司法机关而言，司法最终原则强调司法机关能够通过案件审理最终解决纠纷，司法机关的判决裁定有终局的权威性；就公民而言，它强调社会纠纷能够通过司法程序得到最终解决。有学者将其分解为两方面内容：(1) 司法居于所有权利救济方式的中心和终极地位，当今社会生活中的所有矛盾和冲突，虽然可以通过其他方式解决，但当其他方式无从解决时，最终要通过司法途径解决。(2) 司法救济产生的效力具有终局性，社会纠纷一旦进入司法程序，非因法定理由，当事人不得再试图采取其他解决途径，而一旦相关裁判生效，即应具有最终效力，非经法定程序不得变更或撤销，这具体体现在形式上的确定力、实质上的确定力（即既判力）、执行力、形成力等一系列的效力之中。① 对我国而言，司法是维护社会公平正义的最后一道防线。司法变更制度充分体现了这一精神。当行政机关无法有效解决纠纷时，司法机关能够直接命令和强制行政机关作出一定行为，从而实现对社会纠纷的最终解决和解释。

三、司法变更权与司法谦抑

司法谦抑是一个源自英文“humility deference”的概念，在中文中常被译为“司法谦逊”“司法谦让”或“司法尊重”。在司法实践中，它体现为司法机关在行使权力时的自我约束和审慎态度，旨在避免与其他国家机关的权力冲突。这种谦抑并非源自法律的强制规定，而是法院及其法官在处理与其他国家机关关系时所展现的一种姿态。尽管不具有法律上的强制性，但司法谦抑在实际司法活动中常被法官们自觉遵守，成为司法权与其他权力之间的一种习惯性界限。②

司法谦抑虽然也与权力分工有一定关系，但它更多地强调对行政活动专业性的尊重。这种专业性，恰是行政活动的优越性所在。具体而言，这种优越性包括

---

① 参见王天林：《中国信访救济与司法最终解决原则的冲突：以涉诉信访为中心》，载《学术月刊》2010 年第 10 期。

② 参见陈云生：《宪法监督司法化》，北京大学出版社 2004 年版，第 395 页。

两方面内容：第一，技术知识上的优越性。对于现代社会而言，技术知识已成为现代社会管理过程中不可或缺的重要内容，行政机关对技术性事项的有效把握，使其能够更加有效地进行社会管理，这也是司法机关能力不能及之处。第二，行政经验上的优越性。行政机关具备行政上的专门知识，并将其在相关领域中反复运用，在此过程中，行政机关能够不断积累行政经验，并使其成为行政机关进行相关活动的重要依托。因此，在判断某项行为可能产生的社会效果时，行政机关往往能够作出更加准确和有效的决策。

对司法机关而言，它显然不具备相应优势，甚至因为个案审查的缘故而在此类问题的处理上有诸多不足。诚如美国学者桑斯坦所言："诉讼的背景意味着法官只考虑复杂情形中的很小部分。如果有人主张宪法规定的福利权、环境保护权、携带武器权、由于政府行为导致财产价值减少的索赔权，那么这些在具体案件中可能非常急切；但法官们可能不大容易了解他们所要求的任何变化可能带来的系统影响或伴生后果。其原因并不仅仅是因为法官们并非某些领域的专家——尽管在这些领域常需要专家，而是因为立法机构和行政机构处于更有利的位置，从而更容易理解微小变化引起的复杂系统效果。法官们通常不了解这些效果，它们可能预计不到这些诉讼事件在社会模式中的切合点，或看不到司法解决办法带来了什么样的问题。"① 而且，相对于始终在事件发生现场的行政机关，司法机关不仅缺乏专业知识与经验，而且也难以搜集到足够的事实，以预测事件的社会影响与发展趋势，更加不可能有效地选择和决定政策。因此，司法机关在行使权力时应当保持自我约束，避免对行政机关的正当职权进行不必要的干预，特别是在涉及高度专业性的行政管理或技术知识时，司法机关应当保持适当的距离，尊重行政机关的专业判断。

具体到司法变更权问题，也有很多学者从司法谦抑的角度予以否认：（1）司法对行政行为的控制应以必需为限，不应越俎代庖。有学者主张，司法控制应以保持行政运作必需为限，在此限度之外，行政机关的决定应当得到法院的充分尊

---

① ［美］凯斯·R. 孙斯坦《法律推理与政治冲突》，金朝武等译，法律出版社2004年版，第213页。

重，行政机关在许多事项上具有最终决定权。①（2）根据法律之具体规定，行政事项由行政机关处理更为妥当。“从法律规范本身来看，行政法律规范调整行政关系，其中法律规定由行政机关适用的制裁，只有行政机关才能适用。在处理行政纠纷案件的过程中，司法机关不应主动适用行政法规范中的处理部分。”“从行政处理本身的性质和要求来看，司法机关从机关设置、人员配置上都不足以完成行政管理任务，因此无能力直接运用变更权。”②（3）从实际情况来看，司法机关并不见得比行政机关更加高明。司法变更权所得的结论，并不一定比原行政行为更加科学。应当认识到，法院在司法变更之前，和行政机关一样，需要对案件事实进行充分认定，并进行相应的裁量。然而，司法机关并无行政机关的专业技术，其作出的事实认定，是否会比行政机关作出的决定更加科学、可信？司法机关并无行政执法的经验，其根据事实认定所作出的裁量，又是否能比行政机关的原处理决定更加准确、公正？

上述理由虽然都有一定道理，但笔者认为，尽管司法谦抑在司法审查中是一个重要的考量因素，但它并不足以成为否定司法变更权的理由。理由如下：

首先，司法谦抑虽然强调权力的有效行使和协调运作，但它并非一项绝对的原则。司法机关对行政行为的审查是客观存在的，这是司法权对行政权进行监督的一种方式。如果以司法谦抑为由否定司法变更权，那么同样可以用这个理由否定司法权对行政权的一切监督，这显然是不合理的。行政诉讼制度的存在，就意味着司法谦抑不可能是一项绝对化的原则，必须根据具体情况来判断是否需要对行政行为进行司法审查。

其次，并非所有行政行为都涉及高度专业性的行政管理或技术知识。对于一些仅与法律问题相关的事务，法院完全有能力进行审查。在这些情况下，司法变更权的行使并不会侵犯行政机关的专业领域，反而有助于确保法律的正确实施和保障公民的合法权益。因此，我们不能一概而论地认为司法变更权与行政专业性相冲突。

最后，法院的决定虽然可能不够专业或科学，但具有终局性，能够最终解决

① 参见杨卫东：《权力结构中的行政诉讼》，北京大学出版社 2008 年版，第 180 页。

② 于安：《行政诉讼中的司法变更权值得商榷》，载《法学》1987 年第 3 期。

纠纷。赋予法院司法变更权可以在实质上推动行政纠纷的最终解决。即使最终解决的效果可能不是最理想的，但总比久拖不决、循环诉讼要好得多。此外，法院在行使司法变更权时也需要遵循一定的程序和规则，确保决定的合法性和公正性。

当然，司法谦抑不能成为否定司法变更权的理由，但这并不意味着司法机关毫不考虑司法谦抑，对行政行为进行任意变更。我们仍应根据具体情况，判断是否需要对特定的行政行为进行司法审查，进而厘清是否需要赋予法院司法变更权，以推动行政纠纷的最终解决。问题的关键应当是相关行政争议的性质——如果所涉问题纯系法律问题，则司法机关理当能够进行审查；如果所涉问题应由行政机关进行事实认定和裁量，司法机关则应当保持充分尊重；如果所涉问题具有高度技术性，司法机关更应当保持距离，决不能超越自身能力作出判决。因此，考虑到司法谦抑之要求，应立足行政权的自身特征，结合自由裁量之余地、不确定法律概念之范围等问题，对司法权和行政权的范围进行充分讨论。

第三节　司法变更权的制度价值

尽管司法变更权的设立并无法理上的障碍，但这并不意味着其存在的必要性就自然得到确证。一项制度的建立，必然有其特定价值和意义，这些价值和意义不仅构成了该制度存在的基础，同时也为其后续的完善和实施提供了价值导向。司法变更权作为一种法律机制，其制度价值具体表现在以下四个方面：

一、维护公民合法权利

行政权力，其初衷在于维护社会秩序、保护公民权利，进而推动整个社会的公共福利。然而，这种权力，尽管披着公共利益守护者的外衣，却因其内在的优先性和强制性，总是倾向于不断膨胀和扩张。保障权利的权力也可能异化为侵害权利的祸源。

要解决行政权力异化可能带来的合法性问题，行政诉讼的首要任务必须是坚决维护公民的合法权利。与民事诉讼有所不同，行政诉讼在保护相对人和利害关系人的合法权利方面承担着更为重要的角色。尽管这在一定程度上看似与司法中立的原则相悖，但实际上，这是对行政权力在行政管理过程中可能出现的不平衡状态的恰当回应——在行政管理活动中，行政机关拥有显著的权力优势，它们可以将自身的意志强加给相对人，并通过各种手段强制实现其行政意图。例如，行政机关可以行使行政命令权，将单方面的决策强加给相对人；当相对人违反行政命令时，行政机关还可以运用处罚权进行惩戒；甚至在不履行义务的情况下，行政机关有权采取强制执行措施。这种行政权力的优越性导致相对人在行政关系中常常处于弱势地位。为了有效维护公民的合法权利，对行政机关的监督必须从以下两个方面着手：

首先，要防止行政机关滥用权力侵害公民的合法权利。在传统中，行政权的实施，意在保证社会安全与秩序，实现社会的形式正义，保证公民具有同等权利，形成一个可以自由竞争的社会环境。在传统学者看来，只要存在这种自由竞争环境，公民就可以在这个环境中公平竞争，并有效实现社会正义。在这种理念下，只要确保行政机关的行为不过分侵害公民权利，即已足够；至于行政机关对经济的直接干预，以及行政机关对行政相对人主动进行的给付，在此种理念下并无存在之必要。时至今日，可能侵害行政相对人利益的管制行政，仍是行政的重要内容，行政诉讼极有必要对这类侵益性行政行为进行控制和制约。这意味着行政诉讼需要密切关注行政机关的决策过程和行为方式，确保其在行使权力时严格遵守法律规定，不侵犯公民的合法权益。

其次，要加强对行政机关积极给付行政行为的监督。随着现代社会的不断发展，公民对于国家的依赖程度日益加深。国家为了维护社会稳定、推动经济发展，积极承担起了照顾人民生存、提供各种福利和服务的责任。这一转变使得行政机关在给付行政方面扮演着越来越重要的角色，其职责范围不断扩大，对公民生活的影响也越发深远，行政权力的扩张也就成为必然。行政机关在给付行政过程中的权力同样需要受到严格的监督和制约，以确保其行为不会偏离法律轨道，损害公民的合法权益。行政诉讼作为一种有效的监督手段，应当确保这些给付行政行为在合法、公正、透明的基础上进行，以保障公民的合法权益不受损害。具体而言，就是要确保这些行为符合法律法规的规定，不偏离行政权力的正当行使范围；要确保行政机关在决策过程中充分考虑各方利益，遵循公正原则；要确保相关信息的公开透明，让公民能够及时了解并参与到与自己切身利益相关的行政决策中来。

正是基于这一考虑，行政诉讼从多个方面对原告权利进行特别保护。其中，司法变更就是一项重要制度——就其本质而言，司法变更权制度就是让行政争议在司法途径中得以彻底解决，而不再让相对人和利害关系人继续处于相对不利的行政管理过程中。可以设想的是，如果仅有撤销判决，那么，行政机关屡次违法的后果只是其行为效力在接下来的诉讼中再次被否定，而不会产生更加不利的后果。然而，从相对人一方来看，要消除行政行为的不利影响，他们却不得不进行长期的诉讼，并在漫长的行政诉讼过程中付出高昂的代价。实践中，也确实出现了此类问题，虽然根据我国行政诉讼法之规定，被诉行政行为被依法撤销后，被告不得以同一事实和理由作出与原行政行为基本相同的行政行为，但在实践中，被告重复作出相同或类似的行政行为，导致纠纷久拖不决的现象仍然存在，这种做法使行政纠纷难以解决。变更判决则有所不同，它使法院可以通过直接变更的方式，直接改变原具体行政行为的内容，在诉讼程序中彻底解决行政争议。就此意义而言，相比撤销判决，司法变更权更为彻底地终结了争议的行政行为。

二、实现司法职能

关于何谓司法，中西方有许多不同理解。但无论哪种理解，司法职能都主要是判断性的，也就是裁决争端，定分止争，例如，在棚濑孝雄看来，审判制度的首要任务就是纠纷解决。① 然而，纠纷解决如何进行？从某些极为传统的研究视角来看，政治考虑交由国会，而法律问题留待法官解决。但实际上，法官在面对纠纷之时，从来都不可能简单地一判了事，还需要在一定程度上考虑到纠纷能否得到有效解决。对行政诉讼而言，情况更为复杂，司法机关不仅要考虑到纠纷能否得到合法解决，更需要考虑司法权对行政权监督效能的有效实现。就此意义而言，司法变更权对司法职能的有效实现，可从如下三个方面内容展开论述：

第一，司法变更权有助于纠纷的最终解决。有学者指出："倘若人们求助法律程序来解决争执，那么争执须在某一阶段上最终解决，否则求助法律程序就毫

① 参见［日］棚濑孝雄：《纠纷的解决与审判制度》，王亚新译，中国政法大学出版社1994年版，第1页。

无意义。”① 司法具有最终的权威性，也必然要求它能够最终解决纠纷。这就要求司法判决必须具备稳定性，以使当事人能够依据判决明确各自的权利和义务。然而，如果司法制度无法确保纠纷的最终解决，那么诉讼程序可能会被滥用，成为一方当事人折磨另一方的工具。在一个缺乏终局性的诉讼环境中，恶意诉讼的当事人可以轻易地提起诉讼，使对方陷入无休无止的诉累。这显然违背了诉讼制度的初衷，也不应得到法院的支持。滥用诉权在实践中并不罕见，尽管法律在一定程度上容忍了这种行为，但对于那些体制性的、恶意的诉累，法律绝不能姑息。特别是当行政机关成为诉讼一方时，由于其重新作出行政行为所需的成本相对较低，而可能产生的后果却由相对人承担，这就更加凸显了司法变更权的重要性。相比之下，司法变更权能够重新确立行政法律关系，确保纠纷得到最终的处理。通过行使这一权力，司法机关可以更加有效地监督行政机关的行为，确保其依法行政——对于那些违法的行政行为，司法机关不仅可以进行撤销等处理，还可以根据实际情况直接对行政行为进行变更。这样一来，就可以避免行政机关在撤销和重作之间反复循环的情况，提高行政效率的同时也保障了相对人的合法权益。

第二，司法变更权有助于纠纷的实质解决。亦即，司法变更权在解决纠纷的同时，实现司法所应有的社会效果。从司法功能实现的角度出发，江必新教授所倡导的“实质法治主义背景下的司法审查”为我们提供了新的视角——与传统的形式法治主义有所不同，实质法治主义是一种注重实际效果、关注社会公正的法治理念，要求司法机关和政府在实践中积极履行职责，确保法律的实施能够带来积极的社会效果。在这一视角下，立法、司法、行政三权之间同样存在相互监督和制约，但也在一定范围内相互交叉甚至相互交融。在实质法治主义的观念下，司法机关对行政裁量的深入审查是必要的，因此肯定变更判决的适用，只是需要遵循一定的规则。在江必新教授看来，行政诉讼的根本目的在于实质性地解决纠纷。② 换言之，为了实现司法职能，司法权有必要对行政权进行更深入的监督，

---

① ［美］迈克尔·D. 贝勒斯：《法律的原则》，张文显等译，中国大百科全书出版社1996年版，第37页。

② 江必新：《论实质法治主义背景下的司法审查》，载《法律科学》2011年第6期。

更加灵活地应对复杂的行政纠纷，确保判决结果既合法又合理，从而真正实现纠纷的实质性解决，这也使得司法变更权的存在变得更为必要。在实质法治主义的背景下，我们应当更加重视司法变更权的作用，并不断完善相关制度和规则，以确保其得到合理、有效的运用。

第三，司法变更权适应了司法环境的现实情况。从司法职能有效实现的角度出发，需要考虑到现实的司法环境。在理想的情境下，司法权威得到充分体现，行政机关也能充分尊重司法机关的意见，并审慎地根据法治精神对被撤销的行政争议进行处置，撤销判决自可充分实现司法之功能，司法变更权亦可尽量限缩。早在行政诉讼法制定之前，就有学者对我国司法环境问题表达了忧虑："由于行政有意无意的对抗情绪，行政机关在自己的决定被法院宣告违法、加以撤销后，往往就同一事实和需要再次作出违法决定"；"行政机关的决定是在自己裁量范围内作出的，但是往往很不适当"；"法院在行政审判中由于缺乏更多的审查行政决定的手段，对很多实际上有'法律问题'的行政决定只好听之任之或者裁定支持。"① 尽管行政诉讼法的出台在一定程度上缓解了部分问题，但仍有许多挑战亟待解决。特别是法院在审查行政决策时手段的匮乏，已成为制约司法权威树立和职能发挥的瓶颈。在这种背景下，司法变更权显得尤为重要，它不仅是法院应对行政机关不当行为的有力武器，也是维护司法权威、保障法律正确实施的重要工具。

三、保证诉讼经济

诉讼经济原则，强调诉讼效益的最大化，即付出最低的司法成本与社会成本，实现最大的法律效益。② 具体而言，诉讼经济原则要求在诉讼程序中优化"投入—产出"关系，通过制度设计产生最佳的程序安排。一个理想的、符合诉讼经济要求的程序，能够在投入上消耗最少的人力、物力和财力成本，并在产出上最大程度地满足人们对正义、自由和秩序的需求。③ 需要明确的是，诉讼经济

① 江嘉禧：《行政审判中的司法变更权研究》，载《中国法学》1988 年第 6 期。

② 参见牟逍媛：《谈诉讼经济原则》，载《政治与法律》1998 年第 12 期。

③ 参见程延军：《诉讼经济原则的法理学解析》，载《内蒙古民族大学学报（社会科学版）》2008 年第 1 期。

原则强调的效益最大化，不是司法机关单方面的效益最大化，同时还要关注当事人的诉讼体验。诉讼经济原则，不仅要求法院的工作更加方便，从而节约有限的人力物力，还要科学设定程序，减轻当事人的诉累，确保诉讼过程的公平与高效。“基于经济成本考量，在诉讼程序的立法及实际运作中，立法者应通过立法合理化配置程序规则，当事人会在诉讼中通过诉讼程序的选择促使程序利益最大化，而法院则通过控制审判程序的运行成本而节省司法资源。”①

诉讼经济原则内在地要求诉讼应具有终局性，即一旦纠纷进入诉讼程序，就应当能够迅速、有效地得到最终解决，避免陷入无休止的循环之中。这一要求衍生出了诉讼法理论中的诸多重要概念，如判决的既判力和执行力等，它们共同确保了诉讼程序的权威性和终局性。在行政诉讼领域，同样有相应的制度设计，体现了诉讼经济原则的要求，例如共同诉讼和第三人制度等，这些制度能够将不同类型的纠纷及相关当事人纳入同一诉讼程序中进行一次性解决，从而有效提升诉讼效率，降低诉讼成本，实现诉讼经济的目的。

司法变更权制度的设计，对于实现诉讼经济同样具有显著效果。我们必须认识到，如果这一制度未能得到妥善设计，很可能会导致当事人在多个方面承受额外的诉累。假设，当法院发现行政机关存在违法行为时，仅能采取撤销判决处理纠纷，虽然从法院角度来看操作简便，但这可能将当事人重新置于烦琐的行政程序之中。相比之下，司法变更权制度在确保诉讼经济方面展现出明显优势。首先，它避免了撤销判决可能带来的纠纷无法彻底解决的弊端。一旦法院作出变更判决，即有可能从根本上解决纠纷，为当事人提供明确的法律指引。其次，变更判决在处理复杂问题时更具效率，特别是在民行交叉案件中，如果允许进行变更判决，法院将能在一次诉讼中同时解决两类问题，更加高效地化解纠纷。

四、监督和约束行政主体

关于行政诉讼的目的，1989 年的法律曾明确要求法院“维护……行政机关依法行使行政职权”。然而，在新修订的《行政诉讼法》中，这一表述已被移

① 马立群：《行政诉讼标的研究：以实体与程序连接为中心》，中国政法大学出版社 2003 年版，第 65 页。

除，同时“维持判决”也不再作为判决的一种形式。取而代之的是，行政诉讼的目的被定义为“保证人民法院公正、及时审理行政案件，解决行政争议，保护公民、法人和其他组织的合法权益，监督行政机关依法行使职权”。这一变化显著增强了行政诉讼法对行政机关依法行使职权的监督和约束力度。司法变更权在很大程度上体现了这种监督和约束，具体而言有两方面内容：

一是对行政行为的监督和约束。行政诉讼制度自确立伊始，便肩负着监督行政主体依法行政的重任。早在1989年《行政诉讼法》立法之初，王名扬先生便精辟地阐述了行政诉讼的双重目的：一方面维护统治阶级建立的法律秩序，从而保障国家的法律得以遵守。这是行政诉讼的主要目的，是行政诉讼追求的客观效益。另一方面保护公民的权利免受行政机关的侵害。这是行政诉讼的次要目的，是行政诉讼满足公民保护本身权利的主观愿望。①在我国台湾地区，关于行政诉讼的目的也存在客观法秩序维持和主观公权利保障两种观点，这两种观点对行政诉讼制度的设计产生了深远的影响。然而，不论从哪种视角出发，我们都不难发现，司法机关必须拥有足够的权力来审查行政行为的合理性和合法性，确保其符合法律的规定和立法目的。只有这样，行政诉讼制度才能真正发挥其应有的作用，既维护法律的尊严和权威，又保障公民的合法权益不受侵害。如果司法机关的审查仅限于行政决定的形式层面，而无法触及行政行为的合理性，那么将难以有效地督促行政机关在行使裁量权时更加审慎。这样的制度缺陷，将无法实现法律所追求的合法秩序，更无法切实保障公民的合法权益。

二是对行政机关的教育和鞭策。行政诉讼不仅关乎法律秩序的维护，更在每一次案件中对行政机关起到了深刻的教育和鞭策作用。尽管学界对于行政诉讼法的核心目的——究竟是保障公民权利还是维持法律秩序——存在分歧，但不可否认的是，每一宗行政诉讼都无异于为行政机关上了一次生动的法治教育课。行政机关在诉讼中败诉，更是对其权威和执行力构成了一次严峻挑战，同时也是促使其深刻反思并加强依法行政的有力鞭策。行政诉讼的过程，特别是那些以行政机关败诉告终的案件，往往能够促使行政机关更加清醒地认识到依法行政的重要性。然而，如果司法机关的干预仅限于撤销行政机关的违法行为，而无法对其后

① 参见王名扬：《我国行政诉讼立法的几个问题》，载《法学杂志》1989年第1期。

续行为进行有效约束和监督，这种教育和引导的效果将大打折扣。在这种情况下，行政机关可能会感到，即使违法行为被撤销，也无实质性的损失或后果，从而难以真正重视并改进其行政决策。更为严重的是，一旦行政机关意识到司法机关对其违法行为无计可施，而最终决策权仍掌握在行政机关自己手中时，他们可能会对司法机关的权威和专业性产生怀疑甚至轻视。在这样的背景下，司法变更权自然显得尤为重要。它不仅赋予了司法机关直接改变不当行政行为的权力，更在教育和引导行政机关方面发挥着不可替代的作用。正是在这个意义上，有学者非常明确地指出，司法变更的重要意义在于“教育和引导行政主体在作出行政处理决定时，要符合立法目的，保证考虑的相关性，作出符合比例的处理决定”。①

小　　结

司法变更权直接关系到行政权与司法权的冲突问题，其存在与否直接牵动着两种权力之间的微妙平衡。反对司法变更的声音，往往以权力分立、法治原则的坚守以及司法应有的谦抑态度为立论之本；支持司法变更的观点，则着重强调司法权在有效监督行政权方面的重要作用。因此，对司法变更权的深入研究，必须建立在司法权与行政权之间分工基础之上，通过系统分析人民法院在何种情况下可以变更行政机关的决策，进而取代行政机关作出新的决定，或者指导行政机关采取特定行动。

在厘清了司法变更权论证的基本框架之后，我们还需进一步审视这一权力的制度价值。司法变更权的设立，旨在更好地捍卫公民的合法权益，充分发挥司法的职能作用，实现诉讼经济的同时，对行政主体依法行政形成有力的监督和约束。必须认识到，司法变更权所承载的这些制度价值与行政诉讼制度的整体目标高度契合。因此，在推进司法变更权制度化的过程中，我们应当充分尊重并努力实现这些价值目标，确保司法变更权在维护法治秩序、保障公民权利方面发挥应有的作用。

---

① 姜明安、余凌云主编：《行政法》，科学出版社2010年版，第274页。

第二章　司法变更权制度的域外借鉴

司法变更权客观存在于许多国家的行政诉讼制度中，成为实践中难以忽视的现象。针对这一权力进行科学的界定和规范，必须综合考虑行政权运作实际，以及司法权与行政权之间的微妙平衡。正如章志远教授所言，“审判权与行政权之间的对立冲突构成了行政诉讼制度内在主要矛盾”。① 司法变更权正是这一矛盾的集中体现。为了清晰界定司法变更权的范围，必须从这一矛盾出发展开细致分析。域外在界定司法变更权范围时，注重从宏观和微观两个层面进行综合考量：从宏观角度看，从司法权与行政权之间的相互关系出发，明确两者合理边界，并以此为基础，科学地设定司法变更权的适用范围。在微观层面上，则对行政权具体内容展开深入剖析，对不同行政行为的性质、特点和影响进行细致入微的审视，进而明确针对各种行政行为进行司法变更的具体方式、条件和限制。

第一节　司法体制对司法变更权的影响

行政法院是专门审理行政案件的法院。在大陆法系国家，往往设立专门的行政法院来审理行政诉讼案件。行政法院在宪法地位和隶属关系上与普通法院有所区别，且行政法官往往具有一定的行政经历，对行政运作有较为深入的理解，这不仅有助于法官更准确地把握案件实质，还能在司法变更权问题上赋予他们更大的裁量空间，从而更加有效地进行司法变更，实现行政的目的。

---

① 章志远：《行政诉讼法前沿问题研究》，山东人民出版社2008年版，第64页。

一、行政法院体系下的司法变更权

为了有效监督行政，大陆法系国家往往设立专门的行政法院来审理行政诉讼案件，并行使对行政行为的司法变更权。具体而言，行政法院可分为两种类型：一是在行政体系内设立的行政法院，典型如法国；二是在司法体系内设立的行政法院，典型如德国。

（一）法国行政法院的司法变更权

法国在行政系统内设立了行政法院。法国的行政诉讼案件不由普通法院管辖，而是在普通法院体系以外，由隶属行政系统的行政法院系统受理。这一制度起源于法国特殊的历史环境。受孟德斯鸠三权分立学说及法国大革命时期司法实践的影响，法国坚持绝对的三权分立原则，普通法院不得干预行政诉讼。当时行政部门和普通法院之间自路易十五在位以来就产生了极大的对立情绪，法院的反抗给政府带来了很大麻烦。大革命之后，为了避免法院对行政的干预，法国遂禁止普通法院管辖行政诉讼案件。① 同时，鉴于旧制度下“特别法院”的斑斑劣迹，当时的制宪会议也拒绝设立一个独立于普通司法法院和行政机构之外的“特别”法院。行政诉讼的审判权被赋予了由行政人员（即实际行政组织的成员）组成的合议团体和政府来行使。尽管这一制度历经变迁但“审判行政机关，仍是行政”的基本理念仍然得到保留始终是法国行政法院系统构建的主导思想。②

从人员构成来看，在这个背景下成立的行政法院，其成员具有行政与司法的双重身份——作为法官，他们具有相当程度的司法独立；作为高级公务员，他们在行政知识方面又曾经受到过较为充分的训练。法国行政法院的法官，不仅是具备公法知识的公法专家，还通常有行政官的工作经验，而行政法院在组织上也有一些措施，使法官同时兼任行政组织和诉讼组织的职务。法国行政法院的所有法官，都必须有外调到实际行政部门工作的经历，并在工作一段时间之后调回法

① 参见王名扬：《法国行政法》，北京大学出版社2007年版，第436页。

② 薛刚凌等：《法治国家与行政诉讼：中国行政诉讼制度基本问题研究》，人民出版社2015年版，第367~368页。

院。至于普通法院的法官在录用与培训上，则没有这一问题。① 法官具有行政上的专业性，而并非公共事务管理上的门外汉，这就必然使司法谦抑的一个重要原因，即行政的专业性变得不那么至关紧要。

从制度安排的角度来看，法国行政法院的行政审判活动展现出独特的双重性：一方面，基于司法独立的考量，法国法律对行政法院法官提出了明确要求，即他们在掌理行政裁判权时不应受到行政的干涉；另一方面，为了确保对行政的有效监督，行政法院需要与行政活动保持紧密联系。因此，行政法院的法官被期望是"具有行政官精神"的法官（Juges-administrateurs），其判决被视为"行政活动的补充"（un complément de l'action administrative）。这些法官不仅仍是行政的一部分，更应深入地理解和贴近行政。② 在审理案件的过程中，法国行政法院必须坚持这种"行政官精神"，全面考虑行政的合法性和公权力的责任。正是由于行政法院的这种特殊地位，法国行政法院原则上具有对行政机关所作出的所有行为进行撤销或变更的权力。这主要通过以下两种方式实现：

第一，直接变更。特别是在 1987 年 1 月 23 日第 86-224 号有关竞争委员会的裁决中，法国宪法委员会明确判决："根据法国对三权分立的理解，在共和国法律承认的基本原则中存在如下一条原则：根据该原则，行政法院有权审理所有撤销和变更由行使行政权的机构及其工作人员、共和国地方行政团体以及受这些机构、团体监督的公共组织，通过运用公权力特权作出的决定，但本质上属于司法法院管辖事项的除外。"这里提到的司法法院管辖事项通常包括个人自由保障、个人不动产保护以及自然人的身份和行为能力证明等。③ 这一判决明确了行政法院拥有广泛的司法变更权。

第二，间接变更。法国行政法院也常采取更为委婉的方式对行政行为进行间接变更。出于对行政机关职权的尊重，法院通常只会判决撤销行政机关的决定，

---

① 参见林腾鹞：《行政诉讼法》，台湾三民书局 2009 年版，第 11 页。

② CHAPUS（R.），Droit du contentieux administratif 13'éd.，Montchrestien，2008，p. 44. 转引自张惠东：《司法裁判、行政裁判抑或是纯粹行政？——法国行政法学的基础课题》，载《台北大学法学论丛》2011 年 3 月（第 77 期），第 8 页。

③ 参见［法］让-马克·索维：《法国行政法官对规范性行政行为的合法性审查》，张莉译，载《比较法研究》2011 年第 2 期，第 155 页。

而不会直接进行更改。然而，为了实现法院判决的效力，法院会在判决的说理部分详细阐述行政机关违法的理由，并对行政机关应采取的行动提出建议。虽然这些建议并不具有强制力，但由于行政机关的行为可能会受到法院的审查，为了避免在未来的诉讼中处于不利地位，行政机关通常会遵循行政法院的指示。此外，行政法院在判决行政机关承担赔偿责任的同时，可以明确要求行政机关在自动恢复原状或停止某种行为的情况下免除赔偿责任，从而迫使行政机关采取特定的行政行为。①

(二) 德国行政法院的司法变更权

德国同样拥有行政法院制度，但与法国的体系存在差异，因为德国的行政法院并非隶属于行政系统内部。然而，在司法变更权的行使上，德国与法国的行政法院并无显著不同。根据《德国基本法》的规定，德国共设立了六种法院，包括宪法法院、普通法院、劳工法院、行政法院、社会法院以及财政法院，它们各自形成独立的系统。在这些法院中，并非只有行政法院审理行政案件，例如，宪法法院负责审理涉及公民基本权利义务的争议，以及需要对德国基本法进行解释的行政案件；而财政法院则主管与租、税相关的行政案件。尽管如此，大部分的行政案件仍然由行政法院来审理。②

受司法独立原则的影响，德国行政法院并非行政体系内的一部分，而是根据宪法直接设立的独立机构，这与法国行政法院的组织结构有明显的区别。依据德国基本法的相关规定，行政法院的法官享有充分的独立性，他们不属于行政编制，也不具备行政官员的身份，行政法官的资格获取与其他法院的法官没有差异；行政法院也不执行任何行政职能，保持着相当的独立性。

尽管如此，早在1872年，德国学者 Gneist 在其著作《法治国家与德国之行政法院》中就提出了这样的观点："基于三权分立原理，普通法院不能审查行政裁量，但如由行政设置之行政法院审理行政案件，则行政法院亦能审查裁量行

① 参见王名扬：《法国行政法》，北京大学出版社2007年版，第522页。

② 参见黄先雄：《德国行政诉讼中司法权的边界及其成因》，载《比较法研究》2013年第2期。

为，不发生司法干涉行政危险。此外，审理行政事件，应具有行政上之技术性与专门性知识与经验，且须对公法事件有正确之了解与观念，此似非普通法院之法官所能胜任。"① 这一观点实际上借鉴了法国的行政法院体制，并成为德国行政法院建立初期的重要理论依据。

在这一理念的指导下，行政法院制度设立初期，一些行政法官实际上是具有高级行政职务资格的公务员。然而，随着时间的推移和司法独立原则的影响，德国行政法院的地位逐渐与其他法院趋同。行政法官的任命，不再以具备行政管理经验或从事过行政工作为必要之前提条件。尽管如此，行政管理的实践经验对于行政法官的工作来说仍然具有重要意义。因此，在各级行政法院中，许多法官都有在行政机关或部门长期工作的经历。而根据联邦的某些地方规定，在行政法官的三年试用期内，他们必须在行政机关实习数月，否则不能被任命为终身法官。② 在行政机关从事行政工作的实践经验，使德国行政法院的法官具备对行政行为进行全面审查的能力，从而在一定程度上能够对行政行为进行变更。就目前的实践来看，德国行政法院会对受到指控的行政决定进行全面的事实和法律审查，并在必要时对行政机关的法律解释、事实认定和法律适用进行改正。③

二、普通法院体系下的司法变更权

与德国和法国的专门法院审查制度不同，英美法系国家坚持由普通法院对行政权实施司法审查。然而，这些国家也存在不同的制度安排，对不同纠纷进行处理。由于英美法系国家的法院与行政机关之间存在较深的隔阂，为了有效地制约行政权，除了依托普通法院体系，英美国家还会在行政体系内设立相应制度，如裁判所、独立管制机构等，并增强其解决行政争议的权威性，从而与普通法院体系配合，在行政体系内实现对行政权的有效约束。

---

① 林腾鹞：《行政诉讼法》，台湾三民书局2009年版，第14页。

② 参见宋冰：《程序、正义与现代化——外国法学家在华演讲录》，中国政法大学出版社1998年版，第60~61页。

③ 参见宋冰：《程序、正义与现代化——外国法学家在华演讲录》，中国政法大学出版社1998年版，第64页。

（一）英国法院和裁判所的司法变更权

英国坚持由普通法院对行政行为进行司法审查的诉讼制度。在议会主权的宪法原则下，英国对行政行为的审查主要基于“越权无效”的原则。议会主权是越权无效原则的宪政基础——英国贯彻议会主权的宪法原则，在传统的英国法语境下，议会立法位于英国法的顶端，没有任何其他规则能够凌驾其上，法院必须无条件地适用。根据议会主权的理论，既然议会已经通过法律确定了法院和行政机关的权限划分，那么，只要行政机关的行为在法定范围内实施，法院即无权过问，只能在行政机关越权之时，法院才能进行审查。

正因如此，在 20 世纪上半叶，英国司法审查最主要的原则就是越权无效原则，确立了司法机关根据立法授权与否来判断行政机关行为的合法性。然而，在这个时期，法院在适用越权原则时表现得较为保守。丹宁勋爵就曾指出：“鉴于那一决定委托给大臣去作，我们不得不考虑法院干预其决定的权力问题……法院干预大臣决定的理由只能是：大臣已超出该法规定的权力或该法的要求未被遵守……”①常任上诉法官阿特金法官则在一个案件中指出：只要一个机构有决定和影响公民权利问题的法律权力并有用司法性方式做决定的义务，只要其行为超越了法定权力范围，高等法院王座庭就有权力行使监督管辖权，发出调卷令和禁止令。② 但在这个时期，法院在适用越权原则时处于退缩状态，以狭窄的立场适用司法审查理由。

自 20 世纪 60 年代起，随着社会发展，对行政机关行为的审查需求日益凸显，司法机关加大了对行政行为的审查力度，表现出更大的能动性。法院开始探究议会立法中的隐含意图，并将违背这些隐含意图的行政行为视为越权。③ 此后，越权原则的审查范围逐渐扩大，涵盖了几乎所有的行政权力行使——相较而

① ［英］丹宁勋爵：《法律的训诫》，杨百揆、刘庸安、丁健译，群众出版社 1985 年版，第 93 页。

② 参见［英］彼得·莱兰、戈登·安东尼：《英国行政法教科书》，杨伟东译，北京大学出版社 2007 年版，第 14 页。

③ 参见［英］威廉·韦德：《行政法》，徐炳译，中国大百科全书出版社 1997 年版，第 59 页。

言，我国法律中的“越权无效”，主要是指行政机关行为超越了法律的明确规定。具体来说，王名扬先生将越权无效原则的理由或内容概括为违反自然公正原则、程序上的越权和实质上的越权（超越管辖权）等。① 姜明安教授则将“越权”归纳为八项内容：(1) 违反管辖条件，即实质上的越权；(2) 违反明确的法定程序，即程序越权；(3) 不正当的委托；(4) 不合理；(5) 不相关的考虑；(6) 不适当的动机；(7) 违反自然正义；(8) 案卷表面错误。②

根据上述内容，可以明显看出，越权无效原则的适用范围非常广泛，几乎涵盖了所有违法情形。在这一体制下，英国法院在司法审查中拥有相当大的解释权和执行权，可以采取以下两种方式进行变更：(1) 直接变更。法院在司法审查过程中有权自行决定是否取消某一行政行为。如果法院认为该行政行为存在越权情况，可以直接作出裁决，宣布该行为无效或部分无效，从而实现直接变更。(2) 间接变更。与直接变更不同，间接变更是指法院在不打算自行取消某一行政行为的情况下，将案件发回行政机关，并附上具有强制力的适当指示。这种方式实际上是通过法院的指导来促使行政机关自行纠正其越权行为，从而达到变更的目的。③这两种方式共同构成了英国法院在越权无效原则下的司法变更权，为法院提供了灵活的手段来应对各种复杂的行政行为，以确保行政权力依法实施。

在英美法系国家，由普通法院受理行政案件的制度安排确实存在固有缺陷，主要体现在普通法院的法官往往缺乏处理复杂行政事务的专业知识。随着行政事务范围的不断延伸，行政机关权限日益扩大，专业性更加增强，对法官的专业性要求也越来越高，这使得司法审查的局限性更加明显。为了克服这些缺陷，各国采取了不同的解决措施，法国、德国等设立行政法院的国家，通过提升法官的行政能力，使专门法院与行政机关实现有效衔接，从而加强对行政行为的有效监督。对英国而言，司法独立的传统却并不允许司法机关与行政机关有过多交集，唯有另辟蹊径，方能克服这一问题。

这里的主要措施，就是行政裁判所制度。英国在 20 世纪设立了大量的裁判

---

① 参见王名扬：《英国行政法》，中国政法大学出版社 1987 年版，第 150~151 页。
② 参见姜明安：《外国行政法教程》，法律出版社 1993 年版，第 158~160 页。
③ 参见张越：《英国行政法》，中国政法大学出版社 2004 年版，第 790~791 页。

所。相比法院体系而言，裁判所的独特之处在于其组成人员的专业技能多样性以及程序的灵活性。相较于法院体系，这些裁判所的团队不仅包括法律专家，还涵盖了医生、会计师等具有其他相关经验的专业人士；而为了满足特定群体的需求，一些裁判所也设计了较为灵活多变的程序。① 这些裁判所直接根据议会立法设立，这引发了一个关键问题：裁判所究竟是何种性质的机关？如果裁判所是行政机关，则裁判所对行政行为的变更就是行政组织内的行为；如果裁判所是司法机关，则也应纳入司法变更的研究领域。在我国学者的传统认识中，英国的裁判所一般被视为行政组织，实际上，它本身所处理的事项也只有少数是行政争议和传统意义上的行政事务，更多的是处理某项专门事务的裁判机构，如劳动裁判所处理的就是劳资纠纷，与行政机关并无关系，也不属于常规的行政争议。尽管在术语上，裁判所与法院确有不同，但在实际操作中，裁判所已经越来越倾向于向类似法院的制度体系发展了。

自 2001 年开始，裁判所就明确了一条迈向独立和体系化的发展道路。那一年，安德鲁·里盖特（Andrew Leggatt）受上议院之命，对裁判所体系进行了一次全面的回顾性审查，这一次审查为裁判所体系的整合揭开了新篇章。随后的 2002 年，安德鲁·里盖特提交了一份《为当事人服务的裁判所制度：一个系统，一套服务》（*Tribunal for Users：One System，One Service*）的报告，深刻剖析了裁判所制度的现状。在该报告的第一部分，里盖特即主张建立一套更加独立，更加具有一致性并且更加易于为当事人所用的裁判所制度。同时，主张建立起一个裁判所理事会（Tribunals Board），以建立、协调并统一化裁判所制度体系。

此后，2005 年《宪政改革法》（*Constitutional Reform Act* 2005）和 2007 年《裁判所、法院和执行法》（*Tribunals，Courts and Enforcement Act* 2007）均宣布裁判所是英国司法体系的一部分，且受司法独立原则的保障。而根据《裁判所、法院和执行法》的制度安排，英国现有裁判所的管辖权全部移交给两个新设立的裁判所——初审裁判所（First-tier Tribunal）和上诉裁判所（Upper Tribunal）。前者主要负责审理一审案件，可以处理事实和法律问题。后者则主要负责受理不服一审裁判所裁决的上诉案件。2008 年 11 月 3 日，这个统一的裁判所体系正式诞生。

① 参见 Robert. Carnwath，*Tribunal Justice：A New Start*，Public Law. 2009，Jan，p. 49。

初审裁判所设立社会保障法庭，健康、教育和社会福利法庭，战争补助与军人赔偿法庭，税务法庭；上诉裁判所则设立了行政上诉法庭、财政和税务法庭、土地法庭。① 在新的体制之下，裁判所保持独立，而其行政管理则由英国司法部的裁判所服务局进行。

同时，2007 年的《裁判所、法院和执行法》在条文中统一使用“法官”（Judge）这一称谓来指代裁判所人员。这种称谓也说明，在 2007 年的这一法律中，立法者采取了一种对司法概念的宽泛解读，对那些供职于裁判所体系中的人群进行了一个实质意义上的定位——无论裁判所的性质是什么，他们实际都是在履行法官才能实施的纠纷裁决的行为。这种思路是一种对纠纷解决机制独立性的肯定，也在很大程度上为裁判所的性质定位提供了契机。完全有理由相信，在 2007 年《裁判所、法院和执行法》颁布之后，人们对裁判所的定位会越来越倾向于将其视为法院之外的一套独立的纠纷解决机制，而不是一套行政纠纷解决机制。

而根据 2007 年《裁判所、法院和执行法》第 6 条之规定，部分法官有权同时担任一审裁判所和高级裁判所的裁判官。这些法官包括：英格兰及威尔士上诉法院法官、北爱尔兰上诉法院法官、苏格兰高等民事法院法官、英格兰及威尔士和北爱尔兰高等法院陪席法官（puisne judge）、巡回法院法官、苏格兰司法长官、北爱尔兰郡法院法官、英格兰及威尔士和北爱尔兰地方法院法官、治安法官。这样的制度设计，实际上就将裁判所和法院制度勾连起来，法院人员向裁判所的渗透，使得裁判所具有了更强的司法属性。在这样的背景下，裁判所不仅是司法体系中不可或缺的一环，同时也因其具备的行政法方面的深厚专业素养，因此对行政行为进行全面审查不仅是可能的，也是必要的。

（二）美国法院与行政法官的司法变更权

美国没有议会主权的传统，但其宪法体制体现了其所谓“三权分立”制衡的原则。在这种体系下，法院与行政机关之间并无人员沟通，亦没有专门设置的行政法院。这种先天上的不足，极大地限缩了法院的职权范围。正如王名扬先生所

① 参见沈开举、郑磊：《英国行政裁判所的最新改革及其启示》，载《行政法学研究》2009 年第 3 期。

指出的，（美国的）“司法职能和行政职能各有其本身的任务和特点，不能互相代替。法院只能在宪法规定的司法范围以内活动，必须尊重行政机关的职能及其专门知识和经验，不能妨碍行政效率的实施……没有法律特别的规定，法院不能作出属于行政机关的决定……”①《联邦行政程序法》也只是规定，法院应强制机关履行其非法拒绝或不当延误的行为，判定机关的行为、决定和结论非法并予以撤销。② 但并未明确赋予法院司法变更的权力。

然而，这并不意味着美国的司法机关无法进行司法变更。应当注意到，美国作为联邦制国家，许多行政事务实际上是由州政府及其下属部门处理的。州立法和民间法典的编纂往往与《联邦行政程序法》有所不同，这些地方立法有时会对司法变更权进行突破。典型例证如 1970 年《美国各州标准行政程序法》，该法第 15 条第 7 款规定：“法院可以确认行政机构的裁决或要求行政机构对案件重新进行裁决，法院可以取消或变更行政机构的裁决。”③ 显然，这种基于司法谦抑和权力分立对司法变更权进行限制的理论，在地方立法中经常遭到突破，法院在处理行政案件的过程中仍然可能行使司法变更权。

而在司法机关之外，美国亦有相应的制度安排，对行政行为进行较为充分的审查。我们注意到，美国秉持普通法的传统，没有设立专门的行政法院对行政纠纷进行审查，这就完全不同于德国、法国；美国亦不同于英国，并未在普通法院体系之外设立专门的裁判机构。这两种路径，实际都是使司法机关具有行政的特征，使司法机关能够有效地解决行政争议，并具备司法变更权。美国实际采取了相反的措施，他们更加致力于推动行政程序的“司法化”变革，在行政程序中引入司法的要求，使行政机关的行为更加趋近法院的工作方式。将大量的司法规则引入行政活动当中，由行政机关的人员以类似司法的方式处理纠纷，解决争议。

这种行政活动中的纠纷解决制度，具体而言就是行政法官制度。美国在行政部门内部设立行政法官职位处理行政争议。不同于英国，美国的行政法官在性质

① 王名扬：《美国行政法》，中国法制出版社 2005 年版，第 563 页。

② 应松年：《外国行政程序法汇编》，中国法制出版社 1999 年版，第 86 页。

③ 戴勇才：《人民法院对显失公正行政处罚的变更权》，载《现代法学》1998 年第 1 期。

上较为模糊。由于美国的联邦体制，各州的行政法官在模式上有所不同，主要有以下几种模式：（1）“司法法律助手模式”（Judicial Law Clerk Model），行政法官与行政首长之间的关系如同法官与其司法型法律助手的关系一般，在行政决策过程中，行政法官作为法律顾问，只是向行政首长提供相应的法律建议，最终决定仍由行政首长作出。（2）“申诉审查模式”（the Appellate Review Model），在这种模式下，行政法官有权作出初始决定，当事人有权对此提出申诉，行政机关则有权基于当事人的申诉，对这一初始决定进行修改、否定，如果当事人不进行申诉，行政法官的初始决定将具有终局效力。（3）“行政法院模式”（the Administrative Court Model），在这种模式下，行政法官实际是独立的决定作出者，就受到尊重的程度而言，行政法官要强于行政机关。① 但即便在最后一种情况下，行政法官的行为也理所当然地受到司法监督，如果相对人对行政法官的裁决不服，有权向普通法院提起诉讼。

第二节　行政行为边界对司法变更的影响

尽管我们在前一节从宏观角度对司法权边界问题进行了解读，分析了司法体制对司法变更制度所产生的影响，但是，对任何国家而言，都不存在完全不受约束的行政权力，亦不存在完全不受限制的司法权力。在具体个案中，是否运用司法变更，关键问题仍然在于，行政权在何种程度上能够自主，司法权又在何种程度上能够干预。它实际应对的问题，归根结底还是司法权与行政权的边界问题。

具体而言，司法变更权不仅受制于司法权的范围，也同时受制于行政机关的职权范围。从具体制度来看，基于行政机关的职权差异，域外的一些司法机关采取了不同的策略与应对方式。其中，法律是否赋予了行政机关裁量权，是司法机关能否进行司法变更的一个重要考虑因素。具体而言，司法机关对裁量行政行为、羁束行政行为有不同态度和立场，并由此调整其内容和方式。这也是域外对司法变更权进行制度设计的重要基础。

---

① 参见高秦伟：《行政救济中的机构独立与专业判断——美国行政法官的经验与问题》，载《法学论坛》2014 年第 2 期。

一、羁束行政行为与裁量行政行为的区分

在行政法理论中，羁束行政行为与裁量行政行为是对行政行为作出的一种最常见的二分法。从法治的含义出发，行政权应严格依据法律实施，行政权力的边界就是法律规定的范围。但实际上，考虑到行政事务的复杂性，法律赋予行政机关裁量权，从而使原本应当明朗清晰的行政权力边界变得模糊起来。根据法律规范对行政权力束缚的程度不同，行政行为可分为羁束行政行为和裁量行政行为，并由于这种差异而产生了权力边界勘定上的极大不同。将行政行为区分为羁束行政行为和裁量行政行为，也是司法变更权理论建设的基础所在。

（一）羁束行政行为的权力边界问题

所谓羁束行政行为，是法律明确规定了行为具体条件、内容、形式的行政行为，行政主体在作出此类行政行为时，必须严格按照法律规定，而没有行政主体自主进行判断、裁量余地的行为。在行政法上，受法治原则的影响，羁束行政行为的边界直接由法律规定，是一种高度规范化的行政行为。举例来说，药品监督管理部门在发放药品生产许可证时，必须依照《药品管理法》及其实施条例的相关规定进行严格审查，只有符合法定条件的药品生产企业才能获得许可证。这个过程中，药品监督管理部门没有自由裁量的余地，必须严格按照法律规定进行审查和发证，这就是一种典型的羁束行政行为。

显然，羁束行政行为的合法性，得到了立法的明确规定，从而确保行政机关在执行公务时必须严格遵循法律的框架和限制。羁束行政行为的边界，实际上也就是法律对行政行为的具体授权范围，界定了行政机关在行使权力时的权限和约束。结合我国行政诉讼法关于撤销判决的相关规定，羁束行政行为的合法性问题涉及如下几个方面：

第一，主体边界：行政主体是否适格。行政行为的实施者，即行政主体，必须具备相应的资格和条件。例如，一个县级政府无权执行省级政府的职能，否则其行为将被视为不合法。适格性要求行政主体在法律规定的范围内行使权力，确保其行为具有法律效力。

第二，职权边界：行政主体是否具有相应职权。除了资格适格外，行政主体

还必须确保其行使的权力与其法定职权相符。若一个行政机关越权行使其他机关的职能，其行政行为将被视为无效。

第三，程序边界：行政行为的作出是否遵守法定程序。程序正义是法律正义的重要组成部分。羁束行政行为必须严格遵循法定的程序，包括公开、听证、说明理由等环节。任何违反法定程序的行为，都可能导致行政行为的无效。这要求行政机关在作出行政行为时，必须遵循法定程序，确保程序的公正性和透明度。

第四，事实依据：行政主体据以作出行政行为的事实依据是否充分。行政行为必须基于充分且确凿的事实依据。如果事实依据不足或存在争议，行政行为的合法性将受到质疑。因此，行政机关在作出行政行为前，必须进行充分的调查和取证工作，确保事实依据的真实性和可靠性。

第五，法律依据：行政主体据以作出行政行为的法律依据是否准确。法律依据的准确性是判断行政行为合法性的关键，行政机关在作出行政行为时，必须确保其依据的法律条款准确无误，并且适用于当前情况。

（二）裁量行政行为的权力边界问题

所谓裁量行政行为，是法律仅仅对行政行为的目的、范围等作出原则性规定，并授权行政机关在一定程度上自行决定行为的具体条件、内容、形式的行政行为。对裁量行政行为而言，同样存在着权力边界的问题，如陈新民教授认为，行政裁量，是“法律可以利用授权的方式，并非无边界的自由，也应受到司法的制约，界定在一定的范围内，由行政机关行使裁量权”。① 然而，从裁量行政行为的特征出发，其权力边界是模糊不清的——它不仅存在合法性的问题，还存在合理性问题。例如，法律授权行政机关在某种违法情形下，对公民作出 5～10 日拘留，那么，行政机关课予相对人 11 日的拘留，就可能构成违法，而相对人违法情节轻微的情况下，课予相对人 10 日拘留，亦可能构成不当。换言之，裁量行政行为有合法性边界和合理性边界。裁量行政行为的合法性判断与羁束行政行为并无本质差异，然而一旦涉及合理性问题，则变得相当模糊复杂。

---

① 陈新民：《中国行政法学原理》，中国政法大学出版社 2002 年版，第 185、186 页。

二、羁束行政行为的司法变更问题

正因如此，关于司法变更权的理解，域外一般将行为划分为羁束行政行为和裁量行政行为，并针对不同的行为采取不同的对待，并产生了诸多复杂的理论和制度设计。羁束行政行为是严格受到法律约束的行为，对于羁束行政行为，行政机关并无裁量的余地，法院在审查羁束行政行为的过程中，是否有必要进行司法变更，在不同国家和地区存在着截然对立的两种观点：

（一）德国对羁束行政行为司法变更的认识

在德国，一些学者认为，由于羁束行政行为只存在合法与否的问题，如果行政机关的判断违法，基于诉讼效率的考虑，法院完全可能代替行政机关作出判断，并进而作出变更判决。不仅羁束行政行为如此，对某些裁量行政行为而言，在特定案件中，如果法律赋予行政机关的裁量权收缩至零时，则在事实上已经等同于羁束行为，此时为了节约诉讼成本，法院同样可以判决变更。我国台湾地区学者陈清秀亦认为："判决变更或代替给付内容之权限，乃涉及行政处分之变更亦即部分撤销之情形，故其前提条件应为行政机关就其给付之核定或确认，并无行政裁量或判断余地之情形或其裁量权因特殊情事而收缩到零的情形，始得为之。"① 德国《行政法院法》规定"课予义务诉讼中确定有裁量或衡量瑕疵存在时，通常仅能作应为决定的判决；法院不能逾此对实体为决定。只有在裁量缩减到零的情况，才会有不同的结论"。② 这里的所谓裁量缩减到零，实际与羁束行政行为无异。

这取决于两方面因素：

第一，从大陆法系行政诉讼制度的传统来看，法院在行政诉讼中一般奉行职权主义的原则，能够依职权对行政行为进行审查，并进行有效变更。应当注意到，在对羁束行政行为提起的诉讼中，相对人通常是要求撤销该羁束行政行为

① 陈清秀：《行政诉讼法》，台湾植根法律事务所 1999 年版，第 447~448 页。

② 转引自黄先雄：《德国行政诉讼中司法权的边界及其成因》，载《比较法研究》2013 年第 2 期。

（行政行为是侵益行政行为的情况下），或者要求法院判决对行政机关课予义务（行政行为是授益行政行为的情况下），在这两种情况下，如果法院只能依据当事人提出的诉讼请求进行判决，则不可能作出变更判决。

第二，从行政诉讼的目的来看，大陆法系行政诉讼制度往往以法规维持为重要目的，法院在审理行政诉讼案件的过程中，绝不仅仅只是考虑对行政相对人的权利进行保护，还要考虑对客观的法律秩序的维持。这种价值倾向，使法院在遇到行政机关可能怠于履行职责时，对行政机关行为直接进行变更，而不是简单地予以撤销。

（二）英美法系国家对羁束行政行为司法变更的认识

英美法系国家对司法权的认识更为保守，相比德法等大陆法系国家，英美法系国家的普通法院将自身理解为人权的保障者，而并非法规秩序的维护者。这种认识，使英美法系国家对羁束行政行为的司法变更持有排斥的态度。在这些学者看来，羁束行政行为本身是一种受到法律严格约束的行为，对违法的羁束行政行为采取撤销判决，足以有效救济相对人权利。倘若撤销的行政行为本不应作出，自无重作之必要；但若有重作之必要，则进行重作本应是一项职责。诚如韦德所言："决定一经被宣布无效，主管当局即确认重新开始审理，事实上没有再下强制令之必要。"①

这同样取决于两方面因素：

第一，英美法系国家并无专门的行政诉讼制度，行政诉讼案件由普通法院审理，而普通法制度的一个典型特征就是当事人主义，这就极不同于大陆法系国家的行政法院在行政诉讼中的职权主义立场。在当事人主义的影响下，法院不得不依当事人的诉讼请求选择判决。而前已述及，在羁束行政行为的语境下，当事人要么要求法院撤销行政行为（负担行政行为），或者课予特定义务（授益行政行为）。在这两种情况下，法院都完全没有作出变更判决的立场。

第二，英美法系国家的法院，素来将自身视作人权的保障者。这种人权保障

① ［英］威廉·韦德：《行政法》，徐炳等译，中国大百科全书出版社 1997 年版，第 327 页。

优先的倾向，使其对于所谓客观法律秩序，并无过多考虑。这就在很大程度上区别于大陆法系的制度安排，使法院在遇到行政机关违反法律规定时，更多地倾向于保护相对人权利，而采用撤销行政机关的行为的判决。

三、裁量行政行为的司法变更问题

相比羁束行政行为，对裁量行政行为的审查，西方国家已经形成了较为一致的意见，均认为裁量行政行为应当受到司法审查。然而，裁量行政行为的审查，面临很多复杂问题。

（一）大陆法系国家和地区对裁量行政行为的审查

对大陆法系国家和地区而言，受德国法的影响，很多国家和地区，如日本、我国台湾地区等，都从控制行政裁量权的角度出发，从裁量行政行为的内容出发，剥离出裁量、不确定法律概念、判断余地等问题，法院对裁量中出现的这些内容进行细致解释，并根据目的正当性原则、比例原则的要求对行政机关的裁量进行审查，其中“比例原则”可分为适当性原则、必要性原则和均衡性原则三个“阶次”，就是著名的“三阶理论”。

所谓目的正当性是指，对公民权利之限制，必须有正当的目的，否则不得加以限制。目的正当性是对权利克减合法性进行审查的首要问题。需要注意的是，目的正当性原则审查的顺序在法律保留和比例原则之间，但其独立性往往存疑：一方面，在一些国家和地区的认识中，凡法律已有明确规定，即应视之为目的正当，此一原则的必要性并未得到充分认可；另一方面，也有学者认为应将目的正当性纳入比例原则“三阶”之前新的“一阶”，① 然而，笔者认为，就比例原则的原意来看，主要强调的是手段的有效性、必要性等问题，而较少涉及手段的目的是否正当这样一个明确的价值判断。因此，笔者仍遵循学界通说，将目的正当性审查单列为比例原则之前的一项审查。

目的正当原则，首先要求行政行为的作出，应当符合法律授权之目的。法治

① 参见刘权：《目的正当性与比例原则的重构》，载《中国法学》2014 年第 4 期；许宗力：《法与国家权力（二）》，台湾元照出版公司 2007 年版，第 93 页。

原则要求行政机关作出裁量行政行为之时，应当符合诚实善意的原则，并且受法律约束，符合法定之目的，如果行政主体不考虑法律所规定的目的，而只是为了牟取不正当的利益、徇私、报复，从而作出某些行为，这从根本上与法律目的背道而驰。在德国，《联邦行政程序法》第 40 条规定："裁量应当符合法定目的，并不得超越法律规定的界限。"此时，对目的的审查非常不易，因为在现实生活中，行政机关往往以合法目的掩盖非法目的，这就需要对行政机关行为产生过程中的相关措施进行考虑。因此，德国《行政法院法》第 114 条规定："行政机关经授权依其裁量而为时，法院仍得审查行政处理、与拒绝以及不作为之行政处理，是否因裁量行为超越法定范围，或因与授权目的不相符合之方法行使裁量权而违法。"而在美国下级法院和学术界，行政机关行使裁量权，尽管表面上符合法律规定，但在法律为行政机关设定的权限范围以内，如果行政行为的作出与法律规定的目的不相一致，或是追求不正当目的时，行政机关的行为同样可能构成对行政裁量权的滥用。①

比例原则滥觞于德国，早在德国 19 世纪的警察法中，就已经确立了比例原则。目前，比例原则已经对世界许多国家和地区的行政法产生了重大影响。不仅大陆法系国家和地区借鉴了德国的比例原则，英美法系国家也对此有所考虑。譬如，英国在此问题上原本采取温斯伯里合理性（Wednesbury reasonableness）原则，但在 1998 年《人权法案》制定实施之后，在大量相关监督行政行为以及法律与规定的案件中，比例原则也开始得到重视与适用。② 经过长期发展，比例原则逐步形成了一套比较系统的学说，就是"三阶理论"。在该理论中，比例原则又被分为适当性原则、必要性原则和均衡性原则（又称狭义的比例原则）这三个子原则。

第一，适当性原则，又被称为适合性原则。该原则要求行政主体的目的与手段相适合，行政机关作出的行政行为应当有利于行政目的的实现，否则就违反了适当性原则，也就违反了比例原则。一般说来，行政行为总能或多或少地实现行

---

① 参见王名扬：《美国行政法》，中国法制出版社 2005 年版，第 682 页。

② 参见［德］安德烈亚斯·冯·阿尔诺：《欧洲基本权利保护的理论与方法：以比例原则为例》，载《比较法研究》2014 年第 1 期。

政行为的目的，完全无法达到目的的行政行为是极少见的。

第二，必要性原则，又被称为最小损害原则。是指如果当某一行政行为要对公民利益造成侵害时，行政主体必须采取可供选择的各种措施中对公民权益限制或损害最小的措施。我国《行政强制法》第5条非常清楚地体现了这一原则："行政强制的设定和实施，应当适当。采用非强制手段可以达到行政管理目的的，不得设定和实施行政强制。"因为相较于非强制手段，行政强制往往给相对人的人身、财产等权益带去较多的危害，当其他手段可以达到行政目的之时，不应采取可能对相对人权益影响更大的行政强制措施，该条规定明显体现了这一原则。

第三，均衡性原则，又被称为狭义的比例原则。该原则要求行政行为追求的公益价值应当与所侵害的公民权益之间保持一定平衡性，且公益价值应大于为了实现公益价值所侵害的公民权益。根据这一原则，如果所要实现的行政目的很小，而造成公民权益的巨大损害，那么行政机关就不得采取相关行政措施。

（二）英美法系国家对裁量行政行为的审查

在英美法系国家，历来就有对行政法的偏见，甚至基于法治原则的考虑，全面否定裁量行政行为。譬如，英国的一些学者基于传统法治观念，认为行政裁量体现了专断权力，因此并不承认行政裁量的理念。直到进入20世纪以后，由于社会情势的变化，那种将行政裁量与专断等同起来、进而对其进行全面排斥的观念才遭到抛弃。行政法学者转而改弦更张，通过大量制度安排，采取许多方式对裁量进行控制。特别是在近现代以来，各国学者都开始强调裁量行为本身应当得到有效自律，而非毫无束缚的行为。诚如柯克大法官所言："如果我们说由某当局在其裁量之内做某事的时候，自由裁量意味着，根据合理和公正的原则做某事，而不是根据个人意见做某事……根据法律做某事，而不是根据个人好恶做某事。自由裁量不应是专断、含混不清、捉摸不定的，而应是法定的、有一定之规的。"①

正因如此，对英美法国家学者而言，面对日趋复杂的行政裁量，利用司法直接改变原行政行为同样具有非常重要的意义。如哈耶克所言："行政机构在法治

---

① 转引自［美］施瓦茨：《行政法》，徐炳译，群众出版社1986年版，第568页。

下行事，也常常不得不行使自由裁量权，正如法官在解释法律时要行使自由裁量权一般。然而，这是一种能够且必须受到控制的自由裁量权，而控制方式便是由一个独立的法院对行政机构经由这种自由裁量权而形成的决定的实质内容进行审查。”① 美国联邦最高法院道格拉斯大法官则指出：“倘若我们不对行政行为所要求的专业知识进行严格、精心的限制，现代政府的行政自由裁量权，将变成一头可怕的怪物。”② 英国行政法学者韦德则从另一个角度阐释了自由裁量权，他认为自由裁量权并不是授予政府想怎么做就怎么做的权力，而是要求政府在行使权力时，依法去做他不愿做而应该要做的事情。③ 他还从法治的核心是依法行政这一角度出发，指出法治行政存在四层含义：一是政府所做的任何事情都必须依法而行；二是政府必须根据公认的、限制自由裁量权的一整套规则和原则办事；法治的第三层含义是从第一层含义推演出来的，那就是对政府行为是否合法的争议应当由完全独立于行政之外的法官裁决；最后，法律必须平等地对待政府和公民。④ 显然，对自由裁量权的限制，是英美法系国家法律界的一个重要共识。

然而，从这些国家和地区的实践出发，关于司法裁量的限制相对较弱。他们主要强调的仍然是法院必须在很大程度上尊重行政机关作出的行政行为。如在美国的谢弗朗案（谢弗朗诉自然资源委员会案）中，美国联邦最高法院强调，不论行政机关通过行政法规或行政裁决作出何种法律解释，只要具有合理性，法院都必须接受，而不应用自己对法律的解释代替行政机关的解释。⑤ 英国同样有类似的例证，在 1947 年的温斯伯里案中，格林勋爵提出，只有当行政决定的不合理程度极为严重，以至于任何一个理性的机构都不会作出此类行为之时，法院才能对行政决定进行干预。如果并未达到如此严重的程度，法院即不应对其进行质疑。这就是前述温斯伯里合理性原则。⑥ 实际上，这些规则都充分体现了司法机

① ［英］哈耶克：《自由秩序原理》（上），邓正来译，三联书店 1997 年版，第 271 页。

② New York v. United States, 342, U. S. 882, 884 (1951), Justice Douglas Dissenting.

③ 参见［英］威廉·韦德：《行政法》，徐炳等译，中国大百科全书出版社 1997 年版，第 66 页。

④ 参见［英］威廉·韦德：《行政法》，徐炳等译，中国大百科全书出版社 1997 年版，第 67 页。

⑤ 参见王名扬：《美国行政法》，中国法制出版社 2005 年版，第 704、705 页。

⑥ 参见何海波：《实质法治：寻求行政判决的合法性》，法律出版社 2009 年版。

关对行政行为的尊重。尽管近些年来，这些原则都在一定程度上有所松动，但英美法院在裁量行政行为审查方面的司法谦抑，仍是一个影响司法变更制度发展的重要因素。

小　　结

司法权对行政权的审查，可基本分作两种模式：一是传统模式，在这种模式下，法院只行使对行政行为的边缘性审查（marginal review），行政对其作出的行为承担主要责任。二是现代模式，在这种模式下，法院明显地承担了行政的责任，对违法行政行为进行严格审查，以致到了等同于行政的地步。① 司法权力的扩充，产生于同样的历史背景，也就是法律赋予行政机关的权限逐渐扩大，管理事项增多，裁量空间拓广，以至于司法权必须有效扩张，否则将难以对其作出行之有效的监督。正因如此，司法变更权并不因为国家体制的不同而有实质差异。

但是，对各国而言，司法变更权虽然具有同样的历史背景，但在实现的具体路径上却有明显不同。这一方面取决于司法体制的差异性，另一方面则取决于司法机关的实际能力。这二者之间实际存在一定联系。基于司法体制的不同，法院与行政机关之间关系存在差异，法院对行政机关的审查权限也有所不同。这种不同也影响到了法院的能力，行政法院一般与行政权关系较为紧密，行政法院法官也往往有一定的行政经验，因此更能对行政行为进行实质审查；普通法院则隔绝于行政体系，行政经验的匮乏，使普通法院的法官难以承担对行政行为进行实质审查的重任。

然而，任何权力都应得到制约，这一基本原则在法治发达国家的司法体制内，都得到了不同形式的体现。在法国和德国，无论行政法院隶属于行政系统还是独立的司法系统，司法权对行政权的审查范围都得到了显著的扩张。由于在这两种体制下，行政法院在行政方面的专业性得到了充分保证，这种扩张和干预也

① Frits Stroink：*Judicial Control of the Administration's Discretionary Powers*, from Judicial Control, Comparative essays on Judicial Review, Apeldoorn, p. 81. 转引自杨伟东：《行政行为司法审查强度研究——行政审判权纵向范围分析》，中国政法大学 2011 年博士学位论文，第 15 页。

有着更加清晰的理由。对于英国而言，受传统的议会主权理论影响，其司法变更权受到了更多限制，但仍产生了各种突破——在普通法院，越权原则近乎肆意地扩张，使司法权能够更加宽泛地制约行政权；而在裁判所体系中，裁判所的那些审判者（法官或其他行业的专家）显然有着包括法律专业和其他专业在内的更加全面、更加强大的能力，从而使行政权的有效控制变得更为现实。对于美国而言，受制于三权分立制衡理论和美国司法现状，司法变更权同样受到了司法谦抑更多的限制，因此难以过度干预行政。但为了应对这些问题，行政权内部产生了复杂的行政法官制度，强调行政权的程序控制，并维持普通法院对行政裁判的审查，从而在确保行政权力有效行使的同时，强化了司法审查的效能。

可以说，所谓“现代模式”，其意图仅在于有效控制行政权力，这在任何一个法治国家都是一致的。笔者认为，在行政权极大扩张的背景下，主要法治国家司法权对行政权的审查，实际上都已经走向了所谓“现代模式”。然而，受制于行政法基础理论与司法传统的差异性，这些国家实现行政权有效控制的“现代模式”又形态殊异，各具特色。

第三章　我国司法变更权的制度表现

司法变更权制度，体现的是司法权对行政权的直接干涉。就此意义而言，它不只体现为变更判决，也体现在法院对行政机关行为进行直接变更、间接变更的若干情形。对我国而言，司法变更权制度创设之时，并未从司法权对行政权审查的诸多西方话语角度考虑，却是根据我国特殊国情进行的制度安排。由于立法者受制于合法性审查原则的影响，往往以零敲碎打的方式进行司法变更权的制度建设。根据我们在第一章对司法变更所进行的分类，我国司法变更权相关制度，具体体现为变更判决体现的直接变更、重作判决体现的间接变更、情况判决体现的部分变更和行政裁决制度体现的暗示变更。

第一节　行政诉讼判决制度中的司法变更

在我国行政诉讼法中，变更判决、撤销重作判决和情况判决，都在不同侧面体现了司法变更权。行政诉讼判决制度则是司法变更权的典型反映，尤其是直接变更方面。

一、变更判决体现的直接变更

从目前的法律制度来看，最直接、明显体现司法变更权的制度安排，是变更判决。变更判决，是人民法院对被诉行政行为进行直接变更的判决，法院实际是用司法判决的形式，直接替代行政权确立了新的法律关系。根据 1989 年《行政诉讼法》之规定，变更判决仅适用于行政处罚显失公正的情形。到 2014 年《行政诉讼法》修订之后，这一条文修改为行政处罚明显不当的，人民法院可以判决变更，同时新增了对款额的确定或者认定确有错误的变更。

变更判决的适用，有如下几点条件：（1）变更判决适用于行政处罚和涉及款额认定的事项。所谓行政处罚，是行政主体依法对违反行政法规范的相对人予以制裁的行为；而所谓款额认定，实际是一种与行政行为效力无关，而仅涉及金钱给付等的一般给付，法律只是基于诉讼效率的考虑，而要求由法院对此款额认定径行变更。（2）变更判决仅在行政处罚明显不当时方能适用。这意味着法院对行政处罚的变更，并不是法院所有的一种不受限制的权力。（3）人民法院对行政处罚作出判决时，不得加重原告义务，也不得减少原告的利益，这有两方面考虑：一方面，不加重原告义务，有助于避免当事人不敢针对行政处罚提起行政诉讼；另一方面，对原告而言，提起行政诉讼自然不是为了加重自身义务，法院自然不能完全无视当事人意愿径行判决。

变更判决显然最直接地体现了司法变更的要求，而且是变更中最为明显清晰的直接变更。然而，恰是因为变更判决体现了司法权对行政权的直接干预，直接用法院的裁量取代了行政机关的裁量，对行政权与司法权之间的分工产生了更大的冲击，因此在司法实践中受到了较多限制，主要适用于行政裁量领域，它的应用范围被谨慎地限制在行政机关事实认定与法律适用正确，但行政裁量结果存在瑕疵的范围内。

如果在法院在对行政行为进行司法审查时，发现了法律适用错误、事实查明有误或行政行为作出时存在事实不清、证据不足等问题时，主要作出撤销、责令改正或确认违法的判决。这些判决形式体现了司法机关对行政机关专业性的尊重，同时也反映了司法权对行政权的有限干预，体现了司法权的自我约束，避免过度干预行政权的正常行使。

这样的分工旨在找到一个平衡点，既能发挥变更判决在诉讼效率上的优势，又不至于破坏行政权与司法权之间的合理分工。通过这种方式，变更判决能够更好地体现对当事人诉讼便利的考虑，避免当事人因行政机关的“二次伤害”而延长争议解决的时间。同时也有助于降低因变更判决滥用而引发的司法与行政之间的权力争夺风险。①

① 参见中华人民共和国最高人民法院行政审判庭编：《行政执法与行政审判》（总第 89 集），中国法制出版社 2023 年版，第 126 页。

二、重作判决体现的间接变更

重作判决，是指人民法院在判决撤销或部分撤销该违法行政行为时，可以一并判决被告行政机关重新作出行政行为的判决方式。不同于变更判决，重作判决体现的是一种间接变更。在这种间接变更中，人民法院不明确说明变更内容，但要求行政机关采取一定措施，保留了行政机关一定的裁量余地与空间的变更。

从司法权与行政权的关系来看，“重作判决是司法权在撤销判决的基础上对行政权的进一步干预”。① 一方面，就权力来源而言，重作判决是制定法将行政机关的部分行政裁量权赋予法官的表现。违法行政行为被法院撤销后，行政机关本应根据实际情况，对是否需要重新作出具体行政行为以及作出何种具体行政行为进行决定；另一方面，基于诉讼法基础理论的考量②，重作判决属于典型的诉外裁判。我国行政诉讼法不仅明确赋予法官享有撤销重作这种裁量权，也规定了行政机关重作所受的限制。③ 这种现象在其他国家和地区并不常见。

很多国家和地区并未规定重作判决，但基于判决效力理论，特别是通过行政诉讼拘束力这一效力，在客观上实现了重作判决的效果。在日本和中国台湾地区，相关规范通过对判决的效力进行规定，对行政机关重为决定进行拘束。日本学界认为，在某些情况下，单纯适用撤销判决不能充分保障相对人合法权利，也不能有效维护法规秩序，无法有效解决行政纠纷。因此，日本《行政案件诉讼法》第 33 条通过对撤销判决的拘束力进行规定，来保证撤销诉讼的实效性。这一具体规定包括两款：第 1 款规定了有关拘束力的一般原则，即“撤销处分或者裁决的判决，关于该案件，拘束作出了处分或者裁决的行政厅及其他行政厅”。具体来说，就是禁止依据同一理由作出同一处分的禁止反复效力；第 2 款则规定

① 项一丛：《行政诉讼重作判决的法理分析》，载《公法研究》（第二辑），法律出版社 2004 年版。

② 如“不告不理”原则、司法中立品性、“无诉讼请求即无判决”等理论，参见黄启辉：《行政确认之研究》，武汉大学 2004 年硕士学位论文，第 46 页。

③ 有学者认为，我国存在重作判决的法理依据有四个方面，一是基于我国行政诉讼法采用职权主义诉讼模式，容许法官依职权判决重作；二是为了实现撤销判决实效，维护法秩序的安定；三是追求诉讼效率；四是行政机关存在作为义务为实体依据。参见项一丛：《行政诉讼重作判决的法理分析》，载《公法研究》（第二辑），法律出版社 2004 年版。

了其具体适用的情形，例如，在提出营业许可申请而接受了拒绝处分的人，在法院判决撤销了该拒绝处分的情况下，行政机关应根据判决重新审查相对人的申请并根据法律作出相应决定。这实质上体现了撤销判决的再度考虑功能。盐野宏因此认为，拘束力确定了行政厅根据判决的宗旨行动的实体法上的义务。与既判力是拘束后来受理诉讼的法院的效力相对，拘束力之效力针对的是行政厅。因此，盐野宏认为拘束力不同于既判力，它赋予撤销判决特殊的效力。① 这种效力，不仅有课予行政厅根据判决宗旨行动的义务，也规定行政厅履行该义务的限制。需要说明的是，这种义务和限制仅仅是撤销判决拘束力理论的具体体现，法官没有直接责令行政厅行动的权力。

又如根据中国台湾地区“行政诉讼法”第216条之规定，撤销或变更原处分或决定之判决，就其事件有拘束各关系机关之效力。原处分或决定经判决撤销后，机关须重为处分或决定者，应依判决意旨为之。通过与日本行政诉讼相关规定进行对比，可以发现，中国台湾地区侧重于强调行政机关重为处分或决定时须受撤销判决之拘束效力的限制，没有规定这种拘束力直接包括课予行政机关重为处分或决定的义务。也就是说，在撤销诉讼中，违法行政处分被判决撤销后，行政机关是否重为处分或决定，属于行政机关根据裁量权自行决定的事项，法官在行政诉讼案件的审理中，无权责令行政机关重为处分或决定。

法国则是在判决的执行力效力中说明这一问题。具体来说，行政机关必须遵守法院的判决，不限于消极方面，不作任何行为违反法院的判决。例如行政机关的判决已被撤销以后，行政机关不能再次作出同样的决定和法院对抗。而且在很多情况下，行政机关必须采取必要的行为，以实现法院判决的必然结果。例如撤职的处分被撤销后，行政机关必须恢复被撤职人员的职位，补发工资，给予撤职期间应有的其他权利。判决必须执行，判决的这种效力，称为判决的执行力。② 这种执行力也是侧重于强调行政机关在尊重法院判决的基础上，自觉作出合乎判

① 参见［日］盐野宏：《行政救济法》，杨建顺译，北京大学出版社2008年版，第125~126页。

② 参见王名扬：《法国行政法》，北京大学出版社2007年版，第521页。

决意旨的行为。

我国的一些学者也认为，对于行政机关对同一事项的再次处理，撤销判决有如下两方面的约束力：其一是禁止反复行为的效力，我国《行政诉讼法》第71条规定："人民法院判决被告重新作出行政行为的，被告不得以同一的事实和理由作出与原行政行为基本相同的行政行为。"因违反法定程序而被撤销的可不受此拘束；其二是再度考虑效力，即行政机关在再次采取行动时必须充分尊重法院在判决中所表达的法律见解，行政机关应当像执行法律那样采取必要措施，实现判决的内容或目的。前者为判决对行政机关的消极效力，后者可谓之积极效力，二者从"禁止"与"命令"两方面限定行政机关再度行为时的裁量权限，构成撤销判决的完整效力。①也正是基于这一认识，有学者就明确指出，"对于行政机关拒绝相对人请求的，法院认定拒绝违法，则可撤销行政机关的决定，并判决被告重新作出行政行为。由于行政机关不能根据同一事实和理由作出同一决定，因此，行政机关事实上将会作出满足相对人请求的决定。所以，不必由法院代替行政机关在判决中作出决定。"②

但这种观点并不能完全适应我国司法实际。在我国行政诉讼法的理论与实践中，有关撤销判决效力理论一直没有得到充分重视，我国《行政诉讼法》亦没有对撤销判决的效力进行有关规定。换言之，我国制定法没有对判决的效力进行明确的规定，而是对重作判决进行规定，通过这种变通方式实现撤销判决之效力，从而有效保证法院判决内容得以实现，保护公民、法人和其他组织合法权益。譬如，有学者认为，重作判决是撤销判决拘束力的拓展，由于我国现行法律和司法解释对判决效力的规定并不完善，重作判决的，实际上是为了实现撤销判决的拘束力，从而达到防止行政机关消极对抗判决的作用。③ 但是，从制度发展的应有脉络来看，通过制定法对撤销判决效力问题进行系统、清晰地梳理，是完善行政

① 参见张宏、高辰年：《反思行政诉讼之重作判决》，载《行政法学研究》2003年第3期。

② 张步洪、王万华：《行政诉讼法律解释与判例述评》，中国法制出版社2000年版，第433页。

③ 参见罗英：《行政诉讼重作判决的比较及其启示》，载《湖南科技大学学报（社会科学版）》2008年第6期。

诉讼法制的重要内容。① 总而言之，从撤销判决效力理论上讲，行政机关在行为被法院判决撤销之后，理应根据判决意旨，在其职权范围内，决定是否重新作出行政行为，履行其法定职责。而无须制定法赋予法院裁量权，以责令行政机关重作的判决方式来保证撤销判决确定的内容得以实现。

此外，我国司法实践中仍然经常出现行政机关无视或故意实施与判决意旨相违背的行为，法院判决无法得到执行的情况仍在一定程度上存在。即使是法院在判决主文中明令行政机关重新作出具体行政行为，也经常难以得到执行。而对于撤销判决的拘束力效力而言，其缺乏外部的强制性，法院并不直接判决行政机关为一定行为，只能依靠行政机关在尊重法院判决的基础上，自觉履行才能实现。是否重为行政行为以及为何种行政行为，都依赖行政机关在其职权范围内自行领会，这就更可能造成行政机关对法院判决意图的懈怠与曲解。因此，立法者为了在实践中实现撤销判决所欲达到的效果，只有赋予法院裁量权，准许其作出一种命令式的重作判决，而不止于原先宣告式的撤销。这样的结果，就是让拘束力退场，而让执行力替代其作用。这亦是我国制定法中存在重作判决又一重要原因。②

作为撤销判决的一种附带形式，人民法院对是否责令重作享有裁量权。根据我国行政诉讼法之规定，重作判决的适用，有如下几个条件：

第一，人民法院作出了撤销判决。责令重作判决不是一个独立的判决，它是一个撤销判决附带的判决，人民法院作出重作判决，必须在判决撤销被诉行政行为的同时作出，没有撤销判决，法院不可能作出重作判决。需要注意的是，我国行政诉讼法没有对责令重作进行任何限制，只要是根据《行政诉讼法》第 70 条

---

① 有学者认为，我国行政诉讼制度对撤销判决效力的规定不完善，事实上以法院的撤销并重作判决实现撤销判决的再度考虑效力，舍本逐末，实不可取。参见张宏、高辰年：《反思行政诉讼之重作判决》，载《行政法学研究》2003 年第 3 期。

② 有学者认为："在我国目前行政诉讼撤销判决效力制度不完备，并且行政法治有待进一步提高的现状下，仍应当立足于现有法律的规定，着眼于如何更好地适用重作判决，以实现撤销判决之实效。"罗英：《行政诉讼重作判决的比较及其启示》，载《湖南科技大学学报（社会科学版）》2008 年第 6 期；还有学者认为："从我国司法权与行政权关系的现实运作状况看，重作判决的存在是必要的。"刘峰：《论行政诉讼判决形式的重构——从司法权与行政权关系的角度分析》，载《行政法学研究》2007 年第 4 期。

之规定，当行政行为出现应撤销的6种情形（主要证据不足的，适用法律、法规错误的，违反法定程序的，超越职权的，滥用职权的，明显不当的）时，均可在撤销的同时适用重作判决。有学者认为，撤销判决可分为全部撤销判决和部分撤销判决。重作判决是撤销判决的一种补充，具体行政行为因违法而被撤销，但是没有解决具体问题，行政机关尚需对相对人作出处理决定，则可以判决被告重新作出具体行政行为。① 马怀德教授则认为："重作判决是一种附属判决，必须依附于撤销判决存在。"②

第二，被违法具体行政行为处理的问题需要得到重新处理。撤销判决的效果，是撤销被诉行政行为的效力，亦即，溯及既往地宣告被诉行政行为自始无效、永远无效、当然无效，从而消灭该行政行为引起的行政法律关系。只有在撤销判决后，行政法律关系的具体问题仍有待解决之时，人民法院才能判决被告重新作出具体行政行为。有学者认为，这主要是指，具体行政行为虽然在法律上有相应的依据，但在一定程度上存在行政机关违反法律规定实施的情形，例如，公安机关对公民作出治安拘留20天的行政处罚，这就超越了治安管理处罚法对拘留期限的规定。然而，由于该公民的行为本身应当受到治安处罚，为防止撤销了该行为之后，被告又怠于行使治安处罚权，法院在撤销这一违法行政行为的同时，应当作出重作行政行为的判决。③ 此外，实务界还有一种观点认为，当法院发现被告行政行为确有不合法之处，但又发现原告行为存在违法可能之时，就应当作出重作判决，要求被告重新作出行政行为。④ 这两种观点实际都是将原告违法作为撤销重作判决适用的前提。

第三，被告有重新作出具体行政行为的可能。如果被告没有职权作出该具体行政行为，人民法院自然没有责令重作的可能。这里引出一个问题：人民法院能

① 参见马原主编：《中国行政诉讼法讲义》，人民法院出版社1990年版，第186~187页，转引自江必新主编：《中国行政诉讼制度的完善：行政诉讼法修改问题实务研究》，法律出版社2005年版，第275页。

② 马怀德：《行政法制度构建与判例研究》，中国政法大学出版社2000年版，第320页。

③ 参见章剑生：《判决重作具体行政行为》，载《法学研究》1996年第6期。

④ 最高人民法院行政审判庭、中央人民广播电台法制组编：《行政诉讼法例解》，中国人民公安大学出版社1992年版，第148页。

否责令被告以外的行政主体作出具体行政行为？章剑生教授认为，当所涉及的具体行政行为应由其他机关作出时，法院应当根据宪法精神、法学原理和行政实践，追加第三人，判决由这个更加合适作出具体行政行为的第三人重新作出该行为。① 笔者认为，这种观点显然失之偏颇，责令重作，应是指在撤销之后重新作出，所谓“最适宜的行政机关”，既非被撤销的行政行为的作出者，又何谈“重作”呢？这种做法，一方面侵犯了行政主体在行政程序中的首次判断权，使行政机关无法有效行使其权力，另一方面还剥夺了该行政主体在诉讼中的程序权利。因此，在此种情况下，人民法院应当对作出行政行为的机关提出司法建议，而不应直接进行判决。

第四，重作判决是撤销判决的弥补性判决。江必新教授认为，撤销判决是人民法院运用行政审判权的主要方式，在行政诉讼裁判方式中具有重要的作用。因此，在行政诉讼中原告请求最多、法院矫正违法具体行政行为最有效、适用范围最广的判决形式就是撤销判决。重作判决实际上是人民法院在作出撤销判决的同时作出的一种弥补性的判决。这些弥补的方式既包括重作判决，还包括责令行政机关采取补救措施、提出司法建议、建议追究犯罪行为等。②

重作判决乃行政诉讼之独创，在其他诉讼中并无体现。之所以如此，主要是考虑到行政诉讼与其他诉讼的差异性——在民事诉讼中，诉讼当事人皆为利益攸关的一方，必然会为着自身利益最大化进行诉讼；但在行政诉讼中，作为被告的行政机关，并无自身利益，一旦其行为被法院撤销，则很有可能因其违法行政行为被法院撤销而怠于履行法定职责。特别是在行政机关行为因程序违法等原因被撤销后，行政机关可能会因为息事宁人等消极原因，怠于行使职权，以至于损害国家利益、公共利益或第三方利益，妨碍了法律的严格执行。基于这一考虑，法院便在个案审判中代替了行政机关为一定决定，避免行政机关怠于行使职权。这就是重作判决设立的目的。

重作判决体现了司法变更权，并不意味着人民法院直接代替行政机关作出了

① 参见章剑生：《判决重作具体行政行为》，载《法学研究》1996年第6期。

② 参见江必新主编：《中国行政诉讼制度的完善：行政诉讼法修改问题实务研究》，法律出版社2005年版，第276页。

一个行政行为，而是说，在重作判决的语境下，行政机关被要求必须作出某个行政行为。这里存在两种可能，一是明确说明重作的具体内容；二是明确指出重作的具体方向。从实践中看，重作判决往往只是后者。

三、情况判决体现的部分变更

在情况判决的语境下，司法机关虽然不撤销原行政行为，但责令行政机关采取补救措施，这实际上是对行政行为作出的一种部分变更。所谓情况判决，是指法院经过审查，对本应判决撤销的已经执行的违法行政行为，基于国家利益或公共利益的考虑，判决确认被诉行政行为违法，同时责令被诉行政主体采取其他补救措施，赔偿原告因违法行政行为受到的损害的判决。

情况判决的适用，主要出于两方面考虑：一方面，它是基于公共利益的考虑；另一方面，它也是行政法尊重既成事实的体现。所谓既成事实，指的是在违法行政行为之后，基于对这些违法行为公定力的信任而形成的新的法律关系、事实关系。从一般法理而言，根据依法行政原则，一旦行政机关的行政行为被法院认定为违法，其效力理所应当被撤销。然而，行政诉讼法有“起诉不停止执行”的制度安排，行政行为虽被撤销，却往往在撤销之前，已经衍生出许多牵涉广泛的法律及事实关系。若将该行政行为撤销，则很可能导致为数众多的法律、事实关系丧失依据。基于此项考虑，法律不得不尊重既成事实，而以情况判决代替撤销处分之判决。①

2000 年《最高人民法院关于执行〈中华人民共和国行政诉讼法〉若干问题的解释》第 58 条规定：“被诉具体行政行为违法，但撤销该具体行政行为将会给国家利益或者公共利益造成重大损失的，人民法院应当作出确认被诉具体行政行为违法的判决，并责令被诉行政机关采取相应的补救措施；造成损害的，依法判决承担赔偿责任。”从而确立了行政诉讼的情况判决制度。2014 年，新修订的《行政诉讼法》第 74 条规定了确认判决，其中第 1 款第 1 项为情况判决：“行政行为有下列情形之一的，人民法院判决确认违法，但不撤销行政行为：（一）行

① 参见尹权、金松华：《情况判决的理论与现实反思及其完善》，载《政治与法律》2008 年第 3 期。

政行为依法应当撤销，但撤销会给国家利益、社会公共利益造成重大损害的……”然而，情况判决毕竟是一种延续了违法行政行为效力的判决，它是行政诉讼制度的一种极特殊的情况，因为这一制度实际上违反了依法行政的一般法理，其科学性与合理性仅仅在于法院对某种特殊情况的现实考虑与妥协。因此，在实践中，人民法院不仅不能将其视作与撤销判决等相提并论的判决形式，更要在实践中严格限定其适用范围，从而避免滥用情况判决造成的对依法行政原则的违背。就目前而言，情况判决的适用条件，主要包括如下几点：

第一，行政行为依法应当撤销。所谓依法应当撤销，指的是行政行为不符合行政行为合法性的要求，根据撤销判决之规定，应予撤销。这里引出一个问题，当行政行为不成立之时，是否可以适用情况判决？笔者认为不可，其理由在于，当行政行为不成立时，它根本无从产生行政行为所应有的效力，这就使情况判决变得毫无意义——情况判决意在维持原有违法行为的效力，但对不成立的行政行为而言，此时行政机关的行为从来没有产生合法的效力，又何谈维持呢？

第二，行政行为已经执行。情况判决的设定，归根结底是对既成事实的尊重，如果行政行为尚未执行，则无从产生所谓既成事实，亦不能产生违法的公共利益。在此情形之下，法院应当作出撤销判决，消除这种未执行的违法行为的效力。但需要注意的是，如果原行政行为没有执行内容，如关于房地产的确权行为，第三人根据该确权，已经进行了相当规模的建设，是否意味着行政行为已经执行？笔者认为，从立法原意出发，此时撤销原行为，有可能造成第三方利益的严重损失，此处所言“行政行为已经执行”，宜做宽泛理解，针对此种情况，亦应适用情况判决，保证第三人的合法权益。

第三，撤销该行为有可能损害国家利益、社会公共利益。法院应在个案中判断行政行为所涉及的国家利益、社会公共利益的范围。需要注意的是，法院在判断国家利益、社会公共利益的同时，需要对法律的有效遵守这个利益进行考虑，而不能简单地从经济考虑的角度对所谓利益问题进行衡量。

第四，撤销该行为可能对国家利益、社会公共利益造成的损害必须具有一定的严重性。人民法院应对撤销该行为所可能产生的效果进行评估，以确认撤销该行为是否会对前述利益构成“重大”的损害。如果撤销该行为所可能造成的损害与相对人利益显然不成比例，自然不应以情况判决代替撤销判决。

而从司法变更权的角度出发，情况判决实际赋予了司法机关两项重要职责：

第一，判断何谓公共利益，并对涉案的违法行政行为的效力是否应当维持，作出法律以外的价值判断，在这一过程中，司法机关代替行政机关进行利益权衡，并依此作出判决。这里的所谓“公共利益”，实际需要复杂的政策判断。它也是公法领域的一个复杂概念。早在古希腊时期，亚里士多德就指出：“凡照顾到公共利益的各种政体就是正当或正宗的政体；而那些只照顾统治者们利益的政体就都是错误的政体或正宗政体的变态（偏离）。”① 可以说，学界早已普遍认为公共利益是公共政策的目标，但在定义这一概念时，仍然存在极大分歧。从实务角度来看，公共利益可能是根据法治精神，由法律所明确规定的利益，也可能是根据民主精神，基于民主决策确定的利益。② 但无论根据哪种界定，法院对公共利益进行的解释，必然是有限的。

第二，明确补救措施的方式，对作出违法行政行为的行政机关进行明确指示，使其在法院要求之下采取相应补救措施。根据新《行政诉讼法》第 76 条规定，“人民法院判决确认违法或者无效的，可以同时判决责令被告采取补救措施……” 在实践中，人民法院运用此判决时，经常不明确说明补救的内容。

第二节 行政裁决案件审理中的司法变更

行政裁决案件是一种典型的民行交叉案件。针对民行交叉案件审理，我国行政诉讼法设立了“一并审理”的特殊制度。在对此类案件进行审理的过程中，法院对民事纠纷进行处理，就很可能产生对行政裁决的结果的变更。

一、行政裁决案件的含义

行政裁决制度是纠纷解决的一项重要制度，并在当代社会发挥着重要作用。

① ［古希腊］亚里士多德：《政治学》，吴寿彭译，商务印书馆 1965 年版，第 132 页。

② 参见张成福、李丹婷：《公共利益与公共治理》，载《中国人民大学学报》2012 年第 2 期。

对行政裁决的司法审查，因其法律属性而必然涉及司法变更问题。所谓行政裁决，是指“行政机关依照法律规范的授权，对当事人之间发生的、与行政管理活动密切相关的、与合同无关的民事纠纷进行审查，并作出裁决的行政行为”。① 行政裁决的运行，具有如下几个条件：第一，民事纠纷的出现。行政裁决所处理的是民事纠纷，而非如行政复议一样是对行政纠纷的处理。第二，行政裁决活动中处理的民事纠纷，应当与行政机关的业务范围和行政管理活动存在一定的关联性，应当认识到，行政机关对民事纠纷的裁决不应涉及所有民事领域，只有在民事纠纷与特定机关的行政管理活动密切相关的情况下，方能进行司法变更——这里有两种情形，要么是民事纠纷与行政机关的特定行为有关，如土地、草原、森林等资源的所有权和使用权引起的争议，就往往与行政机关的确权行为有关；要么是民事纠纷与行政机关的职权职责有关，如因医疗事故、环境污染、产品质量等引起的赔偿争议，都与特定的行政机关的职权有关，都可能进行相应的行政裁决。第三，行政裁决权的行使，应有明确的法律依据，行政机关据此行使行政权力，并产生相应法律效力。

行政裁决制度，是一种典型的替代性纠纷解决机制，也是现代社会纠纷解决机制多元化的必然选择。然而，部分学者认为，行政裁决破坏了分权的基础，是行政权对司法权的僭越。例如，在制定《治安管理处罚法》之时，废除了《治安管理处罚条例》中规定的公安机关对民事纠纷的行政裁决权，关于此问题，余凌云教授就提出两个理由：第一，从纠纷解决机制的社会分工出发，民事纠纷理应尽量通过法院解决，如果通过行政手段处理，则容易破坏公法与司法的二元结构。第二，公安机关运用行政权力处理民事纠纷，在实践中确实比较便捷，然而，对民事纠纷而言，法官显然更加精通，公安机关对民事纠纷的过多介入，很容易破坏权力分工的基础。② 显然，他反对行政裁决的理由还是基于传统的分权学说，以及不同机构的能力。

① 姜明安：《行政法与行政诉讼法》，北京大学出版社 2011 年版，第 254 页。

② 参见余凌云：《治安管理处罚法的具体适用问题》，中国人民公安大学出版社 2006 年版，第 910 页。

但实际上，从法治国家发展的历史经验来看，多元化的纠纷解决机制已经成为一种必然选择，很多国家都开始发展形式多样的非诉讼纠纷解决机制。在这个体系中，行政裁决是一个重要内容，它至少有三方面的优点：第一，分担了法院的诉累，提高了纠纷解决的效率。司法程序固然有结构严整、公正性强的优势，但也存在诉讼拖延、费用昂贵的问题。如果仅仅将纠纷解决当做法院的工作，司法资源必然不敷使用，难以有效实现正义。这也是为什么从 19 世纪 70 年代开始，西方国家普遍开始建设替代性纠纷解决机制的重要原因。第二，发挥专业性和政策性优势，提升了纠纷解决的成效。现代市场经济高速发展，使得社会分工更加细致，一些领域的问题往往牵涉大量有关科技、政策相关问题。这就使某些类型的私法纠纷具有极强的专业性和政策性，它们虽然都属于民事纠纷，但都与行政机关的行为密切相关，其解决非常需要相关专家（包括技术专家和行政专家）的参与。在现代社会的大背景之下，相较于其他机构，行政机关负责行政管理工作，因此，就人员配备而言，行政机关具有更加丰富的专业知识，而在这些知识的运用过程中，积累了丰富的管理经验。由进行公共管理的行政机关进行争议解决，一方面能够更加高效便捷，另一方面也可以借助其专业性和丰富的经验，更为准确地把握争议的关键问题，查明案件真相，得到较之审判更为合理的解决结果，从而更好地维护当事人的合法权益，实现纠纷解决的社会效果。第三，减轻了当事人自己的负担。在民事纠纷的解决过程中，仲裁、诉讼都是可选项，但在这个过程中，当事人必须自行承担费用，并承担包括律师费在内的各项庞大支出，行政裁决则无须交纳费用，行政机关也更加能够为当事人解决纠纷提供实质性的帮助——在诉讼中，法院更多地考虑中立性的要求，往往只能提供程序上的指引。第四，在一些特定领域的裁决，有利于快速处理纠纷，化解矛盾。例如，在治安领域的裁决，可以更好地避免矛盾激化，促成纠纷在源头的有效解决。

正因如此，很多国家都确立了行政裁决制度。如美国就在行政体系内设置了大量的“行政法官”对纠纷进行裁决。这些行政法官是政府行政部门的工作人员，但作为行政裁决者，能够召开听证会，查明案件事实。实际上，行政法官在身份上是行政官员，然而其职责却是解决纠纷，这实际上是英美法传统中由法院行使的权力。①

此外，所谓“破坏分权基础”的问题是根本不成立的：（1）且不说在我国现行体制下，宪法并不承认所谓分权制约，而只强调权力的分工与协作，即便在西方国家，所谓严格的“分权”，也早已随着社会发展变得不切实际。就立项状态而言，三权分立意味着制定规则、实施规则、使用规则三种职能分别由立法机关、行政机关、司法机关专属行使，但没有哪个国家真正严格按照这个模式建构起来。特别是行政权，其扩张程度早已超越了执行权的界限。“现代行政机构的显著特点是它拥有对私人权利和义务的决定权，通常是采取制定规则或作出裁决的方式。典型的行政机构既享有立法权也享有裁判权。立法权表现为颁布具有法律效力的规则和条例，司法权表现为裁决个人案件在行政权的范围之内，行政机关制定法令和执行裁判的权力，在重要性上至少可以和立法机关、审判机关行使的权力相比。”②（2）即便这个所谓的“分权基础”真实存在，只要法院有对案件的终局裁判权，就不可能破坏所谓“分权基础”。因为如果行政裁决破坏了这一基础，那么，其他措施如仲裁制度、人民调解制度等，也都在一定程度上分担了纠纷解决的功能，是否也应当认为“破坏了分权基础”呢？保证法院判决的终局性，并不排斥其他制度对纠纷的初步解决。（3）从权力运行的实际情况来看，一些民事纠纷根本就无法由法院处理，如《矿产资源法》第49条之规定：“矿山企业之间的矿区范围的争议，由当事人协商解决，协商不成的，由有关县级以上地方人民政府根据依法核定的矿区范围处理；跨省、自治区、直辖市的矿区范围的争议，由有关省、自治区、直辖市人民政府协商解决，协商不成的，由国务院处理。”如此规定的主要原因在于，法院不是国有矿产资源的管理者，也不代表国家行使矿产资源的所有权，因此无法处理矿区范围的争议，只能将其交给政

① 参见 Christopher B. Mc Neil, The Administrative Hearing Officer and the National Appeals Division of the United States Department of Agriculture: A Brief History, A Contemporary Perspective, and Some Thoughts for the Future, 19 J. Nat' l Ass' n Admin. L. Judges 79, 1999；官继慧：《美国行政法官制度研究》，武汉大学2012年博士学位论文，第25页。

② ［美］施瓦茨：《美国法律史》，王军等译，中国政法大学出版社1990年版，第229页。

府处理。这一类型纠纷还有很多，如果都交给法院通过民事诉讼处理，同样会面临民事纠纷的处理结果与行政裁决不一致的问题。

二、行政裁决案件审理体现的暗示变更

在行政裁决案件的审理中，人民法院作出的判决，体现了前文所述的所谓暗示变更。这实际与法院对行政裁决纠纷性质的判断密切相关——如果将此类纠纷视作民事纠纷加以解决，自然无所谓司法变更的问题，但如果将此类纠纷视作行政纠纷，则法院在行政诉讼制度的体系框架内，对行政裁决案件进行审理之时，如果就民事纠纷解决作出与行政裁决不一致的决定，实际是以暗示的方式对行政行为进行变更。应当认识到，行政裁决案件有双重特性——对于行政裁决的审查，意味着司法机关要在行政诉讼框架下解决民事纠纷，对行政裁决涉及的民事纠纷进行全面审查。这必然带来很多复杂的问题。

关于行政裁决的必要性问题，学界目前已经基本达成一致，均认为这一制度有利于纠纷的合理解决，有必要予以保留乃至于发扬。但当出现行政裁决纠纷之时，应当如何定性，并应通过何种程序对其进行审查、处理，实务界和学界都曾有过不同看法：

一种看法认为，此类纠纷属民事争议，应由人民法院民事审判庭按照民事纠纷进行处理，其理由主要包括：（1）就性质而言，行政裁决是行政机关对民事纠纷的处理，行政机关对民事纠纷的参与，并未改变这些行为的性质。（2）就立法而言，我国《行政复议条例》（已废止）、《行政复议法》的相关规定印证了这一点。甚至在《行政诉讼法》将行政裁决纳入行政诉讼受案范围后，我国仍有一些学者根据行政复议的相关规定，认为行政裁决案件不应纳入行政诉讼受案范围。这主要体现在1990年《行政复议条例》（已废止）第10条规定：“公民、法人和其他组织对下列事项不服，不能依照本条例申请复议……（三）对民事纠纷的仲裁、调解或者处理不服的……”此后的1999年《行政复议法》第8条第2款则规定：“不服行政机关对民事纠纷作出的调解或者其他处理，依法申请仲裁或者向人民法院提起诉讼。”这些条文如何理解？有学者认为，这意味着行政机关对民事纠纷的处理（即使像行政裁决那样具有可诉性的处理）不服，仍通过民事

途径解决。[①]“所有这些调解、仲裁或为了调解、仲裁的顺利执行而作出的某些保全措施，都不是行政机关对行政管理相对人的单方面行政处理，行政机关不是一方当事人，而是站在公正的立场上，以第三者的身份帮助民事纠纷双方当事人处理好民事纠纷。当事人在行政机关的主持下，不能达成调解协议，或者对行政机关作出的仲裁和处理决定不服不能以行政机关为被申请人向复议机关申请复议，而应该依法向人民法院的经济审判庭或民事审判庭起诉。被告也不是行政机关，而是民事案件的另一方当事人。”[②] 这种观点并不孤立。有学者认为：“这一处理决定也不同于通常的具体行政行为，而是行政机关依照民事法律法规和规则对纠纷的判断。行政机关作出处理后，也不影响当事人依照法律规定寻求民事裁决渠道。”[③]

早期的司法实践也支持了这一观点。譬如，在行政诉讼法实施之前，最高人民法院于1987年作出了《最高人民法院关于人民法院审理案件如何适用〈土地管理法〉第13条、〈森林法〉第14条规定的批复》，就采取这一观点，该规定指出，《土地管理法》第13条、《森林法》第14条规定当事人之间发生的土地、林木、林地所有权和使用权争议由县级以上人民政府处理，当事人对人民政府处理不服的，可以向人民法院起诉。此类案件虽经人民政府作过处理，但其性质仍属民事权益纠纷，人民法院审理此类案件仍应以原争议双方为诉讼当事人，此类案件依法起诉到人民法院的，由民事审判庭受理。又如，就房屋拆迁补偿安置纠纷的处理，最高人民法院1993年11月法民字第9号复函规定，房屋拆迁主管部门或同级人民政府对此类纠纷裁决后，当事人不服向人民法院起诉的，人民法院应以民事案件受理。至1996年7月，最高法又以复12号批复通知各高级法院，公民、法人或者其他组织对人民政府或者城市房屋主管机关依职权作出的有关房屋拆迁补偿安置等问题的裁决不服，依法向人民法院提起诉讼的，人民法院应当作为行政案件受理。同时废止了1993年法民复字第9号函。可见，具体到特定

---

① 参见茅铭晨、李春燕：《行政裁决法治化研究》，载《行政论坛》2003年第3期，第55页。

② 钮涟、余朝群、袁曙宏：《行政复议概论》，安徽人民出版社1990年，第77、78页。

③ 赵威、方军、吉雅杰：《行政复议法起草问题及条文释解》，中国人民公安大学出版社1999年版，第194页。

领域的行政裁决，司法机关对其态度也存在一定的不明朗。

另一种看法认为，此类纠纷经过了行政处理，如果当事人只能提起民事诉讼，则很可能出现行政裁决与民事判决并行的结果，一旦二者结果不一致，则会产生行政裁决与民事判决的效力冲突。有鉴于此，最高人民法院在 1991 年 6 月在《关于贯彻执行〈中华人民共和国行政诉讼法〉若干问题的意见（试行）》中将部分行政裁决争议作为行政案件，规定对人民政府或者其主管部门有关土地、矿产、森林等资源的所有权或者使用权归属的处理决定不服的，人民法院应作为行政案件受理。而考虑到此类纠纷的特殊性，2000 年《若干解释》最早规定了“一并审理”制度，并为 2014 年修订的《行政诉讼法》所采纳。

笔者赞同第二种看法，也即，行政裁决具有行政纠纷的属性，但从内容来看，此类纠纷实际上是经过了一次行政处理的民事纠纷。在现有体制下，要解决这一纠纷，应当将其纳入行政诉讼的受案范围，同时在行政诉讼的框架下，兼采民事纠纷的解决方式。

至于有学者提出的《行政复议法》第 8 条第 2 款的问题，笔者认为，从这一条文并不能推理出针对行政裁决不得提起行政诉讼的结论：（1）从语词逻辑来看，所谓“依法申请仲裁或者向人民法院提起诉讼”，并不意味着这里的“诉讼”与仲裁存在同等性质，亦即它并不意味着这里的“诉讼”仅仅是指与商事仲裁相对应的民事诉讼。（2）从立法原意来看，根据国务院提请审议的行政复议法草案，不服行政机关对民事纠纷作出的调解或者其他处理的，向人民法院提起“民事诉讼”，但在最终的立法中，删去了“民事”二字，显然，这也意味着针对行政裁决提起行政诉讼的可能性。（3）并非能够提起行政诉讼的案件就一定能够提起行政复议，应当认识到，行政裁决的目的是快速有效解决与行政活动相关的民事纠纷，这意味着行政机关对民事纠纷进行第一次处理的可行性，但这并不意味着行政机关还需要对纠纷进行第二次解决，应当认识到，如果当事人不服行政机关所作出的行政裁决，则完全没有必要继续提起行政复议，在行政程序中纠缠。毕竟，由对民事法律并不足够专业的行政机关对民事纠纷进行第二次解决，既无效率的优势，又缺了公正的好处。

总之，行政裁决涉及两个纠纷：一是民事纠纷，也就是行政裁决当事人之间发生的纠纷；二是行政纠纷，也就是行政机关在行政裁决过程中与当事人之间发生行政法律关系。针对前一纠纷，尽管行政机关进行初步处理可能更具效率，但司法程序更具公正性和严肃性，司法机关在民事纠纷解决的法律问题上也更具专业性，法院因此更有能力作出终局裁判；针对后一纠纷，行政机关既已作出裁决，其行为也同样具有行政行为的拘束力、执行力等。因此，问题的关键在于，一方面，行政裁决涉及行政行为效力问题，因此应当纳入行政诉讼审查的范围；另一方面，行政裁决所解决的纠纷，在本质上仍是一种民事纠纷。因此，从行政行为的性质来看，法院本不该进行过分严格的司法变更，但从最初的民事纠纷的性质来看，法院却享有较为宽泛的裁判权，甚至可以通过公平原则等进行司法裁量。正因如此，如果人民法院无法变更行政裁决，则对民事纠纷的处置将很有可能与行政裁决的结论直接冲突。

小　结

学界曾有一种较为普遍的观点，把司法变更权理解为变更判决。实际上，这一认识并未考虑到司法变更权制度的实际意义。应当认识到，司法变更，实际是司法权代替行政权进行一定的社会管理，究其本质，司法变更制度集中体现了在行政诉讼中司法权与行政权的相互冲突。相关理论研究的目的，其意图在于应对这一过程中司法权与行政权之间的紧张关系，从而在确保司法权对行政权的有效监督的同时，又有效充分地发挥行政权的效能。

这就不应单纯从变更判决出发对司法变更权进行理解，具体而言，包括两方面内容：第一，判决制度中的司法变更，分别体现在变更判决、重作判决和情况判决的制度规范中；第二，行政裁决案件审理中的司法变更，则体现为法院对行政裁决案件中涉及的民事纠纷进行全面审查，从而间接变更了行政裁决。

第四章　我国司法变更权的制度审视

我国现行法律规范中体现的司法变更权制度集中体现在变更判决、撤销重作判决和情况判决上。总体看来，对这一问题的规定，反映了立法上的零敲碎打。这一问题产生的原因很多，可能有立法技术问题，也可能有因循旧有观念问题，更可能出于对某些司法现实的无奈妥协。但总体而言，我国的司法变更权制度安排，实际体现了立法者对相关问题认识的不充分。这也充分说明了对司法变更权制度进行系统反思与重构的突出必要性。

第一节　合法性审查原则影响下的司法变更权

司法变更权问题，归根结底取决于法院与行政机关的相互关系。对我国而言，行政诉讼合法性审查原则是影响变更权的法理基础，人民法院在行政诉讼中失衡地位则是影响司法变更权的现实基础。

一、我国行政诉讼制度的合法性审查原则

司法变更权制度，究其性质是行政诉讼对行政权和司法权相互关系的制度回应。我国司法变更权制度，同样是基于我国宪法体制及行政诉讼体制对司法机关与行政机关进行的一种权力配置。

从宪法理论来看，我国并不实行三权分立制度，但在行政诉讼法制定之时，时任全国人大常委会副委员长王汉斌指出："人民法院审理行政案件，是对具体行政行为是否合法进行审查，至于行政机关在法律法规规定范围内作出的具体行

政行为是否适当，原则上应由行政复议处理，人民法院不能代替行政机关作出决定。”① 基于这样一种立法意图，人民法院在行政诉讼中对被诉行政机关的行政行为只能进行合法性审查，对于违法行政行为，只能作出维持或撤销的裁定，不得变更，这也是当时学界认为的行政诉讼不同于民事诉讼的重大特点之一。

具体而言，合法性原则从两个方面对司法机关职权进行了明确：

第一，原则上排斥了人民法院对行政行为的合理性审查，而只承认人民法院对行政行为的合法性审查。这里的合法性，意味着行政机关进行行政活动时，应当主体合法、依据合法、程序合法等；合理性则意味着，行政机关进行行政活动时，应当遵循比例原则，不偏私，审慎地进行裁量。认为人民法院只审查行政行为合法性的观点，最早见于最高人民法院 1986 年 10 月 24 日发布的《人民法院审理治安行政案件具体应用法律的若干问题的暂行规定》，根据该规定第 4 条的规定，人民法院只就公安机关后一次裁决是否符合事实以及是否合法进行审查，依法作出维持或者撤销的裁定。此后制定的行政诉讼法也对此进行了明确规定，在 1989 年《行政诉讼法》第 5 条中明确规定人民法院审理行政案件，对具体行政行为是否合法进行审查，明文确立了合法性审查的原则。2014 年《行政诉讼法》则延续了之前的规定，但去掉了“具体行政行为”的“具体”二字。据此，学界普遍认为我国的行政诉讼确立了行政行为的合法性审查原则，人民法院在行政诉讼中仅仅审查行政行为的合法性，一般不审查其合理性。合法性审查原则排除了人民法院的合理性审查，对司法变更权产生了非常重大的影响，具体表现就是，人民法院只能严格根据行政机关的行为是否符合主体、程序、依据等方面的要求进行审查，合法的就应驳回诉讼请求，违法的就应撤销行政行为，而不能对其行为内容直接进行修改。基于这一要求，一旦行政行为涉及裁量是否适当的问题，法院多会采取避让态度，将其交给行政机关自行处理。

第二，促成了诉讼程序中的职权主义和当事人主义的混合。不同于民事诉讼，行政诉讼案件的审理，一般采取职权主义，更加强调法院在行政诉讼案件审

① 王汉斌：《关于〈中华人民共和国行政诉讼法（草案）〉的说明》，载《中华人民共和国全国人民代表大会常务委员会公报》1986 年第 2 期。

理中的主导作用。在西方英美法系国家，民事诉讼往往采取当事人主义，这意味着，在民事诉讼中，各方当事人主导诉讼程序，以其诉讼活动推动诉讼过程的发展，并促成案件有效审理；法官则在整个诉讼过程中恪守其中立性与被动性，始终处于消极中立的地位，不得过分干预当事人的活动。特别是在证据制度上，当事人承担证明责任，并对举证不力承担相应的后果与败诉风险，法官则不能自行主动收集证据。然而，在行政诉讼中，当事人主义却容易产生对行政行为的纵容，一方面，行政机关在诉讼中没有自身的利益，有可能无原则地退让避事；另一方面，当事人难以掌握行政机关行为的全貌，采取当事人主义容易使其处于更加不利的地位。因此，西方大陆法系国家在行政诉讼中一般采用职权主义模式，这具体体现在程序推进和证据制度两个方面：在程序推进上，大陆法系国家往往设置专门的行政法院，对行政纠纷进行迅速解决，行政法院的程序由法官为主导推进，而不完全受制于原被告的诉讼活动；在证据制度上，大陆法系国家的行政诉讼制度中，法院在调查事实和证据上有较为宽泛的职权，不仅可以对原被告双方的证据进行审核，更能主动对案件事实情况进行调查。而在英美法系，其传统上就采取当事人主义，行政诉讼也体现了当事人主义的要求，但即便如此，基于行政诉讼制度中公共利益的考虑，为了有效解决行政争议，法院也不可能完全受制于当事人的诉讼行为，必须采取一些特殊的诉讼手段和程序。例如，在 1977 年，英国法院就确立了所谓“申请司法审查”程序，体现了法院依职权原则迅速、恰当救济行政相对人利益的原则。① 但对我国而言，合法性审查原则的确立，明确了人民法院在行政诉讼案件中的审理对象为行政机关行为的合法性，这就导致了职权主义与当事人主义的混用：一方面，合法性审查原则压制了职权主义的作用发挥，这主要表现为，法院在诉讼过程中仅就行政行为作出时的情况进行审查，其采用的主要依据，是行政机关在行政行为过程中作出，并在行政诉讼过程中提交的证据，至于在行政行为作出之后搜集的证据，以及人民法院在诉讼过程中自行调查到的有关行政行为合法的事实，则并非法院审查的主要对象。另一方面，合法性审查原则又促使法院采纳了职权主义的很多观点，例如，法院在

① 参见王宗光：《职权主义——我国行政审判模式的必然选择》，载《政治与法律》2001 年第 4 期。

审理过程中，如果发现原告撤诉可能受到行政机关的威胁或不符合公共利益时，可以不准许原告撤诉，这就充分体现了法院在行政诉讼中对公共利益的权衡，甚至不惜以此为由否定行政诉讼原告的撤诉权。

二、合法性审查原则对司法变更的影响

合法性审查原则，对司法变更权产生了非常直接的影响，主要是使司法机关难以对裁量行政行为进行审查。对羁束行政行为而言，由于行为的内容由法律明确规定，因此并不存在是否合理的问题，而只存在合法与否的问题，合法性审查原则也因此不对羁束行政行为的审查产生实质影响。

裁量行政行为则有所不同。裁量行政行为，是行政机关对如何作出行政行为有较大自由余地的行为。这种行为有时被称作“行政自由裁量”。1983 年新中国出版的第一部行政法教科书，就采取了“自由裁量”的提法,① 然而，依当前的学界通说，任何裁量，都必须在裁量权范围内按照法律行事，而不是随心所欲、独断专行。所谓自由，应该仅仅交由公民，而不可能为政府所享有。因此，目前已经少有学者仍然继续采用自由裁量的提法,② 笔者此处亦采用行政裁量这一概念。关于裁量行政行为的审查，也因此涉及两方面问题：第一，合法性问题，即裁量行政行为必须符合法律的要求，不得超越法律授权作出行政行为，这与羁束行政行为并无差异；第二，合理性问题，即裁量行政行为虽然没有超出法律规定

---

① 编写组：《行政法概要》，法律出版社 1983 年版，第 113 页。

② 关于“自由裁量”的概念，学界曾有较为广泛的争议，譬如，杨建顺教授认为，自由裁量权概念的产生，也许源于对英语中的“discretion”翻译上的误差。“英语 discretion，本意是慎重、辨别力、考虑、处理权的意思。作为行政法上的专有概念，译成‘行政裁量（权）’最为适宜。”亦有学者认为，行政裁量是否具有“自由”属性，实与司法审查政策有莫大关系。长期以来，法院对行政裁量放弃司法审查，故在行政裁量的概念之中嵌以“自由”二字可谓恰如其分。进入现代尤其是 20 世纪中期以来，为了抑制行政自由裁量权的滥用，塑造良好行政，西方各国法院一改往昔保守立场，纷纷介入这一领域，且有介入程度日渐加深之势。法院态度转变的结果之一就是，法律留给行政的裁量空间被不断压缩，甚至所谓“裁量被压缩至零”的现象也不时出现。裁量的压缩意味着自由的减少，裁量压缩至零则表示自由不复存在，在此情境之下，“行政自由裁量”的说法日趋名不副实。参见杨建顺：《行政裁量的运作及其监督》，载《法学研究》2004 年第 1 期；王振宇：《行政裁量及其行政裁量》，载《人民司法》2009 年第 19 期。

的范围，但因种种原因存在权力滥用的问题。

无论是合法性还是合理性问题，都说明了裁量行政行为没有能够有效实现行政机关职权行使所应达到的目的。然而，合法性审查原则直接排除了法院对合理性问题的审查，法院仅在一些极为特殊的情况下，方能进行合理性审查。在相当程度上，合法性审查原则使司法机关放弃了对裁量行政行为的有效监督，司法变更更是无从谈起。

三、合法性审查原则的突破

我国法律规定了“合法性审查原则”。但对羁束行政行为而言，由于法律明确了此类行为的内容、幅度，就性质而言，羁束行政行为的审查也自然只能是合法性审查。因此，合法性审查的原则主要限制的是裁量行政行为的审查。然而，这一审查也并非没有例外，主要体现在撤销判决和变更判决当中，具体而言，就是基于“明显不当”的审查，体现了对合法性审查原则的突破。

（一）基于“明显不当”的审查

在行政诉讼法的修改中，行政处罚“显失公正”被修改为“明显不当”，并扩充了范围，撤销判决也新增了一项“明显不当”的理由。二者有何区别？笔者认为，它不仅仅是简单的理由的扩充，更在一定程度上体现了理念的变迁，反映了对我国行政诉讼合法性审查原则的突破。

我国1989年《行政诉讼法》第54条第2款规定：“（二）具体行政行为有下列情形之一的，判决撤销或者部分撤销，并可以判决被告重新作出具体行政行为……5. 滥用职权的。”根据学界的通常理解，滥用职权是指，行政机关在权限范围内作出行政行为，但存在不公正的情形，从而违背了法律授权的目的。① 这一规定突破了合法性审查的范围，达到了合理性审查的领域。在立法之初，江必新也将滥用职权的概念分析为10种：不正当的目的、不善良的动机、不相关的考虑、不应有的疏忽、不正确的认定、不适当的迟延、不寻常的背离、不一致的

① 参见姜明安：《行政法与行政诉讼法》，北京大学出版社2005年版，第592页。

解释、不合理的决定、不得体的方式。① 显然，此时的司法者希望通过对滥用职权概念的解释，扩大司法权对行政权的监督范围，其内容甚至完全涵盖了行政机关一切不合理的行为。实际情况却事与愿违，在实践中，以滥用职权为由作出的撤销判决在实践中非常少见。譬如，有学者根据广州市中级人民法院与广州市番禺区人民法院的行政案件作为样本。自 2001 年至 2004 年，在广州中院审结的 1727 起行政案件中，行政机关败诉 713 件，而因滥用职权被撤销的仅有 53 件，仅占败诉案件总数的 7%。广东省是行政诉讼发展较好的地区，情况尚且如此，其他地方更是可想而知。②

2014 年在修改《行政诉讼法》时，又新增了“明显不当”这一项。江必新教授认为，二者虽然都是针对行政裁量权，但角度有所不同，“明显不当是从客观结果角度提出的，滥用职权是从主观角度提出的”。③ 但这个理由显然较为牵强，因为没有哪个问题可以通过单纯的主观或客观视角进行解释，一个行为的作出，当是主观和客观两方面因素共同作用的结果。姜明安教授也认为，滥用职权的认定，必须结合主客观两方面的因素，从主观上看，行政机关应当有违反法律规定的目的的情况；从客观上看，行政行为存在很不合理，显失公正的情况。④ 实际理由可能在于，由于刑法上有“滥用职权罪”，当人民法院判决认定行政行为滥用职权的，就存在一个追究刑事责任的问题，因此在司法实践中，法官极少适用此项进行裁判。⑤ 姜明安教授亦指出，滥用职权往往与问责联系到一起，“法院一旦认定行政机关‘滥用职权’，可能导致相应执法者和相关负责人被问责，故绝大多数法官‘下不了手’，不敢轻易启用‘滥用职权’条款”。⑥ 实际上，可能只是为了避免司法机关与行政机关的矛盾，才产生了“明显不当”这一

---

① 参见江必新：《行政诉讼问题研究》，中国人民公安大学出版社 1989 年版，第 270~276 页。

② 参见卜晓虹：《行政合理性原则在行政诉讼中之实然状况与应然构造：论司法审查对行政自由裁量的有限监控》，载《法律适用》2006 年第 1~2 期。

③ 江必新：《中华人民共和国行政诉讼法理解适用与实务指南》，中国法制出版社 2015 年版，第 329 页。

④ 参见姜明安：《行政法与行政诉讼法》，北京大学出版社 2005 年版，第 595 页。

⑤ 参见姜明安：《行政法与行政诉讼法》，北京大学出版社 2005 年版，第 595 页。

⑥ 姜明安：《论新行政诉讼法的若干制度创新》，载《行政法学研究》2015 年第 4 期。

判决理由产生的余地。可以想见的是，在修法之后的行政判决中，以滥用职权为理由进行撤销的可能性变得更小了。同样地，变更判决制度也将原来的“显失公正”更改为“明显不当”，二者之间仅在用词上有差异，内容应当没有变化，从立法者意图看，可能同样是为了避免语词上过于严厉，干扰了法官采用此项判决理由。

(二)“明显不当”行政行为就是不合理的行政行为

这种基于“明显不当”的司法审查，其性质究竟为何？由于行政诉讼法出台时间尚短，学界并无充分讨论。但在旧法语境下，受合法性审查原则的影响，关于变更判决和以滥用职权为由的撤销判决的审查是否为合理性审查的问题，学界还是存在着不同观点：

第一，合理性审查例外说。有学者认为，此类审查是合法性审查的例外，但例外的范围还存在差异：罗豪才先生认为这一例外仅仅是变更判决规定的情形，他主张，人民法院在行政诉讼中原则上不对行政行为的合理性问题进行审查，只有审查行政处罚这类具体行政行为时才存在例外。① 姜明安教授和叶必丰教授则认为，除开变更判决规定的情形以外，人民法院就行政机关滥用自由裁量权作出的审查，也是合理性审查。②

第二，合法性审查说。与此前学说针锋相对的是，也有学者认为此类审查并非合理性问题。例如，章剑生教授认为，法院一般不审查行政行为的合理性，只有当不合理的程度极为严重，以至于超越了合法的限度时，法院才能对其进行撤销或变更。③ 这种观点得到了一定支持。譬如胡建森教授认为：“行政滥用职权是一种违法行为，而不是行政不当行为。”④ 2014 年修法之后，即便立法使用了“明显不当”这一明显涉及合理性的表述，学界仍然没有放弃这一说法：“明显

---

① 参见罗豪才：《行政法学》，中国政法大学出版社 1999 年版，第 332~333 页。

② 参见姜明安：《行政法与行政诉讼法》，北京大学出版社 2005 年版，第 457 页；叶必丰：《行政法与行政诉讼法》，中国人民大学出版社 2003 年版，第 296~297 页。

③ 参见章剑生：《行政诉讼法基本理论》，中国人事出版社 1998 年版，第 19~20 页。

④ 胡建森：《有关行政滥用职权的内涵及其表现的学理探讨》，载《法学研究》1992 年第 3 期。

不当具有以下特征……第三，这种不合理和不适当严重违背了法律的目的和精神，从而使合理性问题变成了合法性问题。”① 我国台湾地区似乎也采取合法性审查说，该地区“行政诉讼法”第4条第2项规定：“逾越权限或滥用权力之行政处分，以违法论。”因此，林腾鹞教授认为：“行政机关为权力之滥用，亦属违法。”② 陈新民教授则指出：“由于裁量不能正确地符合授权之目的，因而该行政裁量处分不仅仅是‘不当’的处分，更是‘滥用权力’之处分，应该视同为违法行政处分也。”③

笔者赞同第一种观点——所谓不合理达到了不合法的程度，本身缺乏一个明确界限，最终只能由人民法院自行判断。如果人民法院在审理案件的过程中发现行政行为已经超出了裁量权限，并导致行政行为违法，则完全可以运用超越职权这一判决理由对行政行为进行撤销。而所谓明显不当，实际指的是审查的强度较弱，而不是审查本身是合法性审查或合理性审查的问题。而且，台湾地区的所谓“以违法论”“视同违法”，实际还是将其视作不合理，只是将其当作违法处理，如果其本质是违法问题，则不应使用“以违法论”的表述。

第二节 “司法过度谦抑”影响下的司法变更权

人民法院在行政诉讼中地位尴尬，要行使司法变更权，仍有一定障碍。这就产生了所谓“司法过度谦抑”的问题。司法权在案件审理过程中过度妥协，甚至直接反映到了法律制度的具体设计上。这种妥协性，在变更判决、重作判决和情况判决制度中都有非常显著的体现。

一、司法实践中的“司法过度谦抑”

司法谦抑是司法活动的正常现象，但在当前的行政诉讼中，存在一种所谓司法过度谦抑的问题，这意味着在某些个案中，行政权被司法权过度尊重、谦

① 江必新：《中华人民共和国行政诉讼法理解适用与实务指南》，中国法制出版社2015年版，第347页。

② 林腾鹞：《行政诉讼法》，台湾三民书局2009年版，第91页。

③ 陈新民：《行政法学总论》，台湾三民书局2005年版，第332页。

让。① 这极有可能损害公民合法权利，破坏法治秩序。这种司法谦抑，主要有如下几点成因：

第一，权力配置的失衡，使法院的监督往往失之软弱。我国的法院无论在司法裁判还是在司法行政管理方面，都难以做到排除外界的控制与干涉。这种失衡体现在多个方面，作为一个发展中的大国，我国在相当长的时间内强调经济效率的提高，行政权的优先发展自有其现实考虑。特别是在改革开放之前，我国的行政权触及社会经济发展的方方面面，拥有着巨大的经济和社会管理职能，尽管随着市场经济的发展，行政机关的经济管理职能逐渐剥离，向市场转移，社会管理职能也同时得到了强化，权力配置仍然较多地集中于行政机关。而在中国历史传统文化中，行政与司法本就没有明确的分野，缺乏法律人共同体意识，在具体行政诉讼案件的处理过程中，内部掣肘非常严重。这种深层问题的存在，使得司法机关面对行政机关之时，往往难以有效进行监督。同时，法院体系内部的监督，亦有很多牵扯，如上级法院、本级法院领导、政法委等，都可能影响到法官在具体案件中的判决。在这个背景下，法院在审判行政诉讼案件的过程中，不能够单纯地考虑事实和法律，而不得不考虑体制内所可能具备的多种束缚和遵循的多元规则。根据林莉红教授课题组的调查，有 54.4%的法官会在作出判决时考虑“可能得罪当地行政机关”，86.4%的法官会考虑“政法委的意见”，95.3%的法官会考虑“上级法院的意见”，92.3%的法官会考虑“本院领导的意见”。②

第二，行政法官的人身保障难以落实，地位尴尬。法官进行司法裁判活动过程中独立于其同事以及上级法院的法官。法院内部在保障法官独立裁判方面如果存在制度上的瑕疵，法官就可能受到来自法院内外各方的压力，从而危及司法中立。更为极端的是，在一些行政案件发生之后，行政法官甚至会遭到直接的打击报复。例如，1996 年 1 月 31 日，在一起劳动教养案件中，平邑县法院作出判决，撤销了被告临沂市劳教委作出的一份劳动教养决定。该案后经上诉，由临沂市中级人民法院于 1996 年 3 月作出二审判决，维持原判。然而，到 1996 年 9 月，平

① 参见林莉红：《行政法治的理想与现实——〈行政诉讼法〉实施状况实证研究报告》，北京大学出版社 2014 年版，第 326 页。

② 参见林莉红：《行政法治的理想与现实——〈行政诉讼法〉实施状况实证研究报告》，北京大学出版社 2014 年版，第 39 页。

邑县检察院对审理该案的一审法院合议庭成员阮某某、靳某某实施传唤，隔离审查，并搜查其住宅；此后，以徇私舞弊罪分别将阮某某、靳某某刑事拘留、逮捕；12 月，平邑县检察院分别对阮某某、靳某某作出免予起诉决定书，认定阮某某、靳某某在审理该案中，非法收受马某某之妻郭某某所送贿赂现金各 2000 元及其他物品一宗。这起案件引起了国内法律界极大的关注，两位法官经过四年多的上访，并经最高人民法院的直接关注，山东省检察院才于 2000 年 11 月 28 日作出“刑事申诉复查决定书”，撤销了平邑县和临沂市两级检察院的决定，认定他们当年审判案件时“有明显的徇私行为，但不构成徇私舞弊罪”；所谓收受贿赂之事“事实不清，证据不足，不予认定”。① 针对这一案件，时任最高人民法院副院长的罗豪才教授还曾专门给最高人民检察院的领导写了信，他在接受采访时指出，“我到最高法院工作后，一直分管行政审判工作，时常遇到行政法官因办理行政案件而受冷遇甚至打击报复的情况……本着爱护同志、保证行政审判工作正常开展的考虑，我们一直在密切关注此事，积极呼吁有关部门尽快作出复查结论。”②

第三，司法机关的人财物受制于行政机关，在监督时往往缺乏底气。在一些地方党委政府负责人的眼里，法院不过是一个没有什么特殊性的部门。就人员来看，法院的院长、法官的人事任命都由地方统管；就物资来看，同样受制于地方。电力局、规划局、财政局等机关，都往往能够在某些问题上遏制法院，要求法院为了个案正义，冒着被断电、停工资的风险，显然也有些不切实际。

在这种情况下，甚至法官都对行政诉讼信心不足，如在林莉红教授课题组的调查中，当问及“如果您不服行政机关的处罚，请问您首先会怎么办”时，仅 23.6%的法官选择提起行政诉讼，33.1%的法官选择“与行政机关沟通”，5.9%的法官选择“忍了算了”，9.4%的法官选择“找关系私了”，14.9%的法官选择行政复议。③ 对于行政机关而言，选择到法院起诉的更少，仅占了 7.8%，这一

① 参见孟天、郑永节：《法官，谁为你主持公道》，载《法制日报》2000 年 1 月 10 日；王进：《为洗清不白之冤，山东两名法官上访整四年》，载《北京青年报》2001 年 1 月 16 日。

② 孟天、郑永节：《法官，谁为你主持公道》，载《法制日报》2000 年 1 月 10 日。

③ 参见林莉红：《行政法治的理想与现实——〈行政诉讼法〉实施状况实证研究报告》，北京大学出版社 2014 年版，第 30 页。

比例甚至低于民众意图起诉的比例（11.2%的纸质问卷和7.51%的网络问卷的民众在遇到行政纠纷时首选行政诉讼解决纠纷）；与之相应的，行政机关工作人员中，遇到纠纷首选行政复议的比例则有42.9%，这一比例高于民众（19.3%的纸质问卷和20.09%的网络问卷的民众在遇到行政纠纷时首选行政复议解决纠纷）。①

近些年来，这种情况得到了显著改善。十八届三中全会以来，大量改革措施层出不穷，如人财物省以下统管、法官检察官员额制，等等，都是从司法权是中央事权这一定位出发，逐步去除司法地方化的重要举措，对确保依法独立公正行使审判权、检察权至关重要。然而，制度毕竟是有惯性的，观念更是有惯性的。改革只能循序渐进地发挥作用，却不可能产生立竿见影的效果。在司法变更权的问题上，我国行政诉讼法最终还是体现了对司法改革之前所存在诸多问题的无奈妥协。这种妥协不仅体现为司法权的退让，还在一定程度上体现为对行政权的迎合，以司法变更的形式为行政机关的违法行为进行辩解回护。

二、“司法过度谦抑”对变更判决的影响

变更判决是一种直接变更，它很可能涉及执行问题，因此也可能增加法院的执行难度，这是变更判决模式遭到抛弃的一个重要理由。关于司法变更的问题，我国学界早在20世纪80年代就展开过讨论。江必新教授曾在1989年出版的一部著作中认为，行政行为的监督有两种判决形式：（1）撤销发回模式，也即撤销行政机关的行为，并将案件发回行政机关；（2）变更模式，也即由法院直接作出恰当的判决，直接变更行政机关的决定。江必新教授虽然没有明确说明应当采取哪种模式，但也将二者优劣进行了比较分析。他认为：撤销发回模式的优点在于使行政机关有机会纠正错误，增强信心，同时减轻法院执行的负担；然而，这种模式有赖于行政机关的自觉，要么轻纵违法者，要么使当事人合法权益得不到保护，甚至使公民处于更加不利的境地。变更判决的优点则在于避免循环诉讼，既可以减少行政机关的麻烦，又可以减少行政相对人的诉累，而且更加容易平息行

① 参见林莉红：《行政法治的理想与现实——〈行政诉讼法〉实施状况实证研究报告》，北京大学出版社2014年版，第72、108页。

政纠纷。但是，不足之处则在于，司法变更的结果最终还要行政机关执行，如果行政机关不同意变更，则会增加执行难度，且在某些情况下，如果范围不能明确，司法变更易有越俎代庖之嫌。① 最终，变更模式在总体上遭到抛弃，仅在行政处罚领域得以实现。显然，这在很大程度上是担心造成行政机关的抵触与对抗，造成执行难度的增加。

实证研究显示，变更判决在司法实务中很少被采用。从数据来看，法院实际运用变更判决也极少，林莉红教授组织对七省一区两市（广东省、河南省、湖北省、湖南省、辽宁省、江苏省、青海省、广西壮族自治区、上海市、重庆市）发生的部分判决结果进行统计，在 2767 份一审行政诉讼裁判文书中，当事人仅仅提出了 10 次变更请求，产生了 3 份变更判决；在二审行政裁判文书中，仅有 1 份变更判决。② 其他学者的统计也印证了这一点：“在 2010 年全国法院审结的近 13 万件一审行政案件中，变更判决只有 137 件，其中行政处罚 44 件，几乎可以忽略不计。”③

有些学者则通过案例研究发现，对一些可能适用撤销判决，也可能适用变更判决的行政处罚案件，不少法院都会选择作出撤销重作判决，而不会采用变更判决。即使在适用变更判决的案例中，也会出现诸如各审级法院在法律适用或事实认定等看法不一的情况。还有学者对《最高人民法院公报》自 1985 年创刊以来刊载的 76 个行政诉讼案例进行分析，发现“显失公正”的主张仅出现了两次，法院均未作出回应——在“丰浩江等人诉广东省东莞市规划局房屋拆迁行政裁决纠纷案”中，原告以“显失公正”为由指责房屋拆迁的评估价格不合理，但这显然不属于“行政处罚显失公正”的情形；在“博坦公司诉厦门海关行政处罚决定纠纷案”中，原告针对行政处罚提出了“显失公正”的问题，但人民法院并未对此予以回应。④

① 参见江必新：《行政诉讼问题研究》，中国人民公安大学出版社 1989 年版，第 277～278 页。

② 参见林莉红：《行政法治的理想与现实：〈行政诉讼法〉实施状况实证研究报告》，北京大学出版社 2014 年版，第 132、315、152 页。

③ 余凌云：《论行政诉讼法的修改》，载《清华法学》2014 年第 3 期。

④ 参见郑春燕：《“隐匿”司法审查下的行政裁量观及其修正：以《最高人民法院公报》中的相关案例为样本的分析》，载《法商研究》2013 年第 1 期。

三、“司法过度谦抑”对重作判决的影响

从内容上看，重作判决看似是对行政机关的一种要求和指示，但实际上，它蕴含了这样一层含义——当行政行为被撤销时，司法机关并未完全反对行政机关，反而是承认了行政机关行为的必要性。这一点在2000年《若干解释》第60条第1款规定中体现得较为明显。根据该条之规定，“人民法院判决被告重新作出具体行政行为，如不及时重新作出具体行政行为，将会给国家利益、公共利益或者当事人利益造成损失的，可以限定重新作出具体行政行为的期限。”此条文看似合理，实则表达了一层含义：对行政行为的撤销，不是因为此类行政行为不该作出，而是作出的方式并不合适，只要对这一方式、程序进行微调，不合法就可以成为合法——这就让重作判决成为撤销之后法院为行政机关留有颜面的重要方式。

对比其他国家，我们注意到，重作判决在一些国家和地区的法律中也有所体现，但并不涉及行政行为的效力问题。譬如在德国，《行政法院法》第113条第（2）项规定，在涉及款额认定的案件中，如果法院认为确定或认定钱款需较大精力或花费，法院可以在更正具体行政行为的同时，指出未公正考虑到的或未考虑到的事实或法律关系，以使行政机关能依据法院裁判计算出钱款数目。我国台湾地区亦采取了这一立法例，其“行政诉讼法”第197条规定：“（撤销诉讼代替判决）撤销诉讼，其诉讼标的之行政处分涉及金钱或其他代替物之给付或确认者，行政法院得以确定不同金额之给付或以不同的确认代替之。”

实际上，在这些国家和地区，确认金钱给付的诉讼属于一般给付之诉，并不涉及重新作出具体行政行为的问题。在这个过程中，法院没有对原行政行为的效力予以判定。因此，这些国家所确定的这种重作判决，并不关注行政机关的行政行为的效力——这种确认，在撤销判决中就已经处理完毕了。我国这种重作判决的立法例，实际包含一个隐患：是否应该重新作出具体行政行为，从而保护本应由行政行为保障的国家利益、公共利益或当事人利益，本身应是行政机关分内之事，法院越俎代庖地就行政机关是否重新作出具体行政行为作出决定，却隐含着为行政机关撑腰的意思，是否有违其中立性呢？正因如此，有学者认为，从立法上看，重作判决实际体现了司法机关对违法行政的迁就纵容。违法行为被人民法院撤销后，判决重作，事实上导致了行政机关的违法责任免于处理和监督，从而

减轻了行政机关的违法责任，这不符合权力应受监督的基本法治原则。①

实践中的一些案例也说明了这一点，譬如，在南京市煤气总公司不服江苏省工商局不正当竞争行政处罚案中，一审法院判决维持江苏省工商局的行政处罚决定，二审法院则以程序违法为由判决撤销原行政处罚决定。此时，江苏省工商局完全可能自行就相对人的违法行为重新作出具体行政行为，然而，江苏省工商局仍然提出申诉，其中一项理由就是“二审法院未依法判决申诉人重新作出具体行政行为，属适用法律错误”。江苏省高级人民法院最终撤销二审判决，维持了一审判决。② 这一案件，很生动地说明了重作判决的“面子判决”特征。重作判决的大量适用，明显体现了“司法过度谦抑”的现实问题。

四、“司法过度谦抑”对情况判决的影响

情况判决本就是妥协。这一制度最早产生于日本，该国 1948 年《行政诉讼特例法》中首次规定该制度。根据该法第 11 条之规定：“处分虽属违法，惟衡量一切情事之后，认为变更或撤销处分，不符合公共利益时，法院得驳回请求。前项裁判，应载明处分违法及驳回请求之理由。受第一项判决者，仍得请求损害赔偿。”③ 这是情况判决制度最初确立的情形，其意图主要在于应对违法公营造物的问题。时至今日，日本仍然保留了这一制度，根据该国《行政案件诉讼法》第 31 条之规定，法院基于公共利益之考虑，在不撤销行政行为的同时，驳回原告的请求。④ 该制度后又传入我国台湾地区，台湾地区“行政诉讼法”第 198 条、第 199 条作出了类似规定。⑤ 可以明显看出，较之日本，我国情况判决在判决形

① 参见吴华：《行政诉讼类型研究》，中国人民公安大学出版社 2006 年版，第 249 页。

② 江苏省高级人民法院（2000）苏行再终字第 7 号行政判决书。

③ 参见杨建顺：《日本行政法通论》，中国法制出版社 1998 年版，第 754 页。

④ 《行政案件诉讼法》第 31 条规定：“由于撤销（处分）将给公共利益带来严重危害，在考虑原告所蒙受的损害的程度、其损害的赔偿或者防止的程度及方法以及其他一切情况的基础上，认为撤销处分或者裁决不符合公共利益时，法院可以驳回请求。”黄学贤：《行政诉讼中的情况判决探讨》，载《行政法学研究》，2005 年第 3 期。

⑤ 台湾地区“行政诉讼法”第 198 条规定：“行政法院受理撤销诉讼，发现原处分或决定虽属违法，但其撤销或变更于公益有重大损害，经斟酌原告所受损害、赔偿程度、防止方法及其他一切情事，认原处分或决定之撤销或变更显与公益相违背时，得驳回原告之诉。前项情形，应于判决主文中谕知原处分或决定违法。”第 199 条规定：“行政法院为前条判决时，应依原告之声明，将其因违法处分或决定所受之损害，于判决内命被告机关赔偿。原告未为前项声明者，得于前条判决确定后一年内，向高等行政法院诉请赔偿。”

式上还有不同，原告起诉，本是为了撤销被诉行政行为，应在撤销判决的类型中进行诉讼活动，法院要么驳回，要么撤销，但最终却作出了一个确认违法的判决，这种做法显然违背了原告提出诉讼的本意，违反了依诉择判的诉讼原则。日本的立法者大概也是考虑到这一点，在情况判决中适用的是驳回诉讼请求之判决。

然而，由于情况判决的本质是基于“公共利益”的考虑使一个违法的行政行为仍然存续，其合法性遭遇了日本学者的严重质疑。但这种质疑主要在于：第一，情况判决不符合法治原则，实际是对违法行政的纵容，“情况判决为日本官宪国家及专制体制之产物……此一旧时代之遗留物既与民主法治主义理念格格不入”。① 第二，情况判决在当前并无必要。正因如此，在日本，情况判决只适用于极端例外的情况，其具体适用极为谨慎。②

实际上，对日本而言，情况判决都是特定的历史时期的产物。日本的情况判决制度于 1948 年设立，此时国家、社会陷入困境，为了国家经济的发展，行政权遂占据了较重要地位，立法通过对依法行政原则与国民权利保障的牺牲，强化对行政干预效率性的保障，也是可以想见的事情。对我国而言，改革开放以来，我国一直以经济发展为重心，引进情况判决制度，充分体现了我国对行政行为效率性的尊重。③ 但归根结底，情况判决制度毕竟是以牺牲依法行政原则，弱化法院监督为代价的一种妥协。它的合理性建基于特定历史时期，于今时今日，是否合适，仍需进一步审视。对于法院而言，更是不可将其当作一种常用的判决加以适用，唯在极特殊的语境下方可适用之。

第三节　“准司法行为”理论影响下的司法变更权

作为行政司法化的体现，行政机关行使了大量原本由法院行使的权力。对

---

① 吴庚：《行政争讼法论》，台湾三民书局 2005 年版，第 200 页。

② 参见金成波：《中国情境下的情况判决——经由案例的钩沉》，载《行政法学研究》，2011 年第 1 期 。

③ 参见尹权、金松华：《情况判决的理论与现实反思及其完善》，载《政治与法律》2008 年第 3 期。

于这些“准司法行为”，法律自然不能赋予其与判决一般的终局性，法院必须对这些行为进行严格的审查，并且，这种审查的强度实际远远高于对其他行为的审查。这就使法院能够顺理成章地对这些“准司法行为”进行审查乃至于变更。

一、“准司法行为”的具体内容

这里的所谓“准司法行为”，实际是行政司法化的一种体现。司法与行政虽然都属于执行权，但在性质上有较大差别。在传统理论上，二者之间的区别本来非常清楚明晰。“司法”是一种与立法、行政相对应又有区别的国家权力或活动的术语，它是由中立的第三方（法院）依据法律对社会关系上的纠纷进行解决的活动。① 司法权与行政权之间有非常明显的区别，孙笑侠教授认为：“司法权以判断为本质内容，是判断权，而行政权以管理为本质内容，是一种管理权。”② 这里的判断是一种“认识”，是针对真假是非曲直，根据特定证据和既定规则通过一定程序进行认识；管理则是一种“行动”，发生在社会生活全过程，不一定以争端的存在为前提。可见，行政权与司法权在行使方式上有很大区别。

然而，随着权力运行体制的变化，行政活动开始具备一些司法特征，如行政处罚，原先就是司法职能，行政裁决、行政复议等，亦有解决纠纷的效果。可以说，行政权与司法权之间愈发不能严加区分，而呈现出一种动态、交叠的繁复景象。有学者将这种景象称为“行政司法化”，实际上就是行政机关担当了司法的部分权能，并在制度安排上植入了司法制度的种种特性，从而实现类似司法权力运行的效果。③ 如此一来，现代社会中的部分行政行为，实际就具有了一定的司法属性，成为一种所谓“准司法行为”。就实践来看，此类“准司法行为”有三类。

① 参见李卫平：《司法制度教程》，郑州大学出版社 2004 年版，第 2 页。

② 参见孙笑侠：《司法权的本质是判断权：司法权与行政权的十大区别》，载《法学》1998 年第 8 期。

③ 参见耿玉基：《超越权力分工：行政司法化的证成与规制》，载《法制与社会发展》2015 年第 3 期。

第一，解决纠纷的行政裁决行为。根据国家机关职权分工的传统观点，平等主体之间的民事权益纠纷，应由法院、仲裁机构解决。然而，随着行政管理范围的不断扩大，一些纠纷涉及的技术性和专业化程度不断增强，司法机关和仲裁机构已经难以有效处理这些纠纷；同时，法院的诉讼负担在现代社会逐渐增大，为了分流案件，发挥行政机关处理纠纷更加及时高效的优势，减轻法院的负担，解决民事纠纷的职能部分转移到行政权领域，这就产生了行政裁决制度。相比司法机关和仲裁机构，行政裁决具有程序简便、灵活的优点，能够快速处理一些细微的民事纠纷，不致造成当事人过度繁重的诉累，也有效分担了司法机关的负担。然而，行政裁决也有其局限性，作为一种行政救济手段，其程序远不如司法程序复杂严密，权益保障亦不及司法严格，不能成为一种最终救济手段，从而不具有司法最终性。这也使法院对行政裁决进行全面审查成为必要。

第二，提供救济的行政复议行为。行政复议行为，是行政机关解决行政争议的法律制度。从该制度本身来看，它是上级机关对下级机关行政行为的监督，毫无疑问是一种行政行为，但从制度设计的内容来看，又显然具备了一定的司法属性——首先，从复议参与人的情况看，行政复议中的双方分别称为申请人、被申请人，行政复议机关则以第三者身份出现，独立于争议双方当事人，类似于法院在行政审判中的地位；其次，从复议的内容看，行政复议的意义在于纠纷解决，这原本属于司法管辖的范围；再次，从复议的程序看，行政复议的程序相比其他行政程序更加严整规范，特别是受理、决定、期限等制度的创设，使这一制度的运行非常类似于司法程序。显然，行政复议并非一般的行政行为，它具有的种种特性，实际与司法权非常类似。

第三，进行制裁的行政处罚行为。行政处罚是行政机关依法制裁行政违法活动的行政行为，早在行政诉讼法立法之初，我国学界就将行政处罚视作准司法行为。我国《行政处罚法》同样采取此种认识，该法不仅在一般程序中规定了立案、调查、检查、审查、陈述与申辩、决定、送达等必经环节，而且还正式规定了听证程序；听证会要告知受处罚当事人作出行政处罚决定的事实、理由、依据以及依法享有的申辩和质证权利。这在一定意义上有利于加强对行政机关具体行政行为的监督，也有利于行政机关更好地贯彻程序的公开、参与及正当化原则，使其能够在听取利害关系人对于事实、证据意见的基础上，通过理性争辩的活动，正确适用法律，实现行政主体对公共利益和公民权利的均衡维护与分配，这实际上是对司法程序的一种借用。

二、“准司法行为”理论对变更判决的影响

在第二节，我们已有述及，行政诉讼法制定之初，就在总体上抛弃了变更模式，而选择了撤销模式。然而，作为例外，1989 年《行政诉讼法》规定人民法院有权对显失公正的行政处罚进行变更，则是出于对行政处罚“准司法性”的考虑。立法之前，江必新即指出：“大多数国家的立法，治安处罚权一般都赋予司法机关，这些国家或设立专门的治安法院，或作为违警罪由普通法院给予处罚，也就是说治安处罚权本身就属于司法权的范畴。”① 国外一般将类似治安管理处罚的行政处罚权赋予法院系统的治安法庭或警察法庭行使。例如，苏联就将人身自由处罚权直接交给法院，且允许法院变更减少行政的罚款数额。我国这种“准司法行为”，一向都是由行政机关实施。行政机关不仅可罚款巨额，还可以剥夺公民的人身自由。因此，确立司法变更权对之加以严格限制，就有了积极意义。② 可见，将行政处罚视作原本属于司法机关权限的认识，实际是立法时的普遍认识。

基于这种普遍认识，赋予司法机关审查、变更这类行政行为的权力，其出发点仅仅在于，既然法律已经将原本应当由司法机关行使的权力（治安处罚权）交由行政机关行使，那么，为了避免行政机关的恣意妄为，司法机关就必然有权收回行政机关的这项权力，由其自身行使。正因如此，我国行政诉讼法以“准司法性”的理由将行政处罚纳入行政诉讼范围。这种认识还决定了行政诉讼法关于行政处罚司法变更的具体制度设计，譬如，《行政诉讼法》第 77 条第 2 款规定：“人民法院判决变更，不得加重原告的义务或者减损原告的权益。但利害关系人同为原告，且诉讼请求相反的除外。”这一规定，意在保护行政处罚相对人的诉权，从内容来看，与刑事诉讼中的上诉不加刑制度如出一辙，体现了明显的司法

① 江必新：《论行政诉讼中的司法变更权》，载《法学研究》1988 年第 6 期，第 31 页。

② 参见张志明：《略论行政审判中的司法变更权》，载《理论月刊》1992 年第 1 期，第 29~30 页。

性。显然，人民法院能够审查行政处罚，其理由在于对行政处罚行为的性质判断。立法者认为行政处罚权在一定程度上具备了司法属性，因此将这类行为交由法院进行最终变更。

然而，随着学界研究的进一步深入，这一观点是否正确，行政处罚是否应当被视作行政权力对司法行为的侵夺，显然还需要进一步厘清。前已述及，人民法院能够审查行政处罚，其理由在于对行政处罚行为的性质判断。立法者认为行政处罚权在一定程度上具备了司法属性，因此将这类行为交由法院进行最终变更。然而随着研究深入，学界普遍认识到，当时的这一认识显然是有一定局限性的——用司法程序惩罚轻微违法的主要是英美法系国家。因司法传统的考虑，英美法系国家和地区往往采用刑罚手段处理行政违法，根本就没有所谓行政处罚的概念。但是，针对情节轻微的违法行为，亦不至于采取复杂的刑事诉讼程序加以处置，因此就产生了与行为危害性相适应的相对较简易的程序，如我国香港特区的《简易程序治罪条例》，实际就是对轻微违法的处理程序。

但在其他国家和地区，情况则显然不同。特别是大陆法系国家和地区，对行政处罚存在着较为不同的认识：（1）将行政处罚理解为国家对公民、组织违反行政法规范，破坏行政管理秩序的行为所给予的处罚。譬如在我国台湾地区，所谓行政罚，不仅包括行政机关实施的处罚（此类处罚又可称作“秩序罚”），还包括刑罚（又可称作“行政刑罚”）、执行罚（即对违法行政义务的人，课予财产上的不利益，甚至拘束人身自由，迫使其履行义务）、惩戒罚（对律师、医生、公务员等人员进行的惩戒）。其中，执行罚是迫使当事人履行义务的措施，本质上与我国大陆地区的行政强制一致，一旦当事人履行了义务，执行罚就不再执行了；惩戒罚则类似于我国大陆地区的行政处分。日本同样采取此类说法，但日本的秩序罚范围较小，仅限于财产罚，我国台湾地区的秩序罚范围则较为宽泛，较类似于我国大陆的行政处罚。（2）将行政处罚理解为根据特别法规定惩戒行政违法的活动，德国、俄罗斯等欧洲大陆国家的行政处罚观念即属此类，在这些国家，行政处罚与刑罚相分离，并根据特别法之规定实施，采取更为简便的准司法程序，法院和行政机关都负有相应职权，是一种“二元主义”的行政处罚概念。①

① 参见冯军：《行政处罚法新论》，中国检察出版社2003年版，第37~41页。

我国则将行政处罚理解为行政机关以及其他行政主体依法对行政违法行为的制裁，在这个理念下，行政处罚为行政机关专属，法院没有行政处罚的初始决定权。吊诡的是，对于这种仅属于行政机关专属的权力，我国学界竟将其视作“准司法权”的事项，并将其视作司法权让渡给行政权的权力。这一认识实际与西方国家的实际情况并不一致。

显然，我们关于西方国家行政处罚实际情况的认识有所偏差，处罚权的准司法性在比较法依据上有所缺失，处罚权并非司法权所专属。然而，笔者仍然认为，行政处罚具有一定的准司法性。具体而言，这种“准司法性”体现在如下几个方面：

第一，从比较法的角度来看，法院可以直接行使一些与行政处罚权相重叠的处罚权。前已述及，尽管很多国家的行政机关都有行政处罚权，但很多法院也同样分担着相当数量处罚的初始决定权。虽然将其视作原本就属于司法机关专有的权力，有所不妥，但将其视作司法机关能够行使的权力，至少从比较法的角度来看，应当没有太大的障碍。

第二，我国《行政处罚法》也说明了行政处罚在一定程度上有司法性。根据《行政处罚法》之规定，行政处罚的管辖、简易程序、一般程序都与司法制度有相当程度的相似之处，特别是听证制度的规定，更是极为生动地体现了行政处罚的“准司法性”。

第三，行政处罚与刑罚具有的同质性，使其必然具有一定程度的司法性。(1) 就本质而言，行政处罚与刑罚一样是罚，是法律制裁，就是让相对人因其违法行为而承担法律上的不利后果。其目的在于报复反社会的行为，损害违法者的自由、利益，或限制、剥夺违法者的能力。①《治安管理处罚法》则在第2条明确规定，“扰乱公共秩序，妨害公共安全，侵犯人身权利、财产权利，妨害社会管理，具有社会危害性，依照《中华人民共和国刑法》的规定构成犯罪的，依法追究刑事责任；尚不够刑事处罚的，由公安机关依照本法给予治安管理处罚。”这种思路，实际上就是将治安处罚与刑罚联系到一起，认为二者在质上都是制裁性，仅在量的问题上存在区别。(2) 将行政处罚与刑事处罚视为性质相同的行

① 参见司久贵、张林海:《行政处罚法综论》，河南人民出版社2000年版，第6页。

为，还有利于公民权利的保障。我国台湾地区最初认为行政罚与刑罚之间存在异质性，但新的观点则采取“同质性”说，即行政罚与刑事罚都是来自于公权力的侵害，因此刑法的相关之总则规定，只要是保护人权，应该尽可能地适用在行政法的案件之上。因此，新学说主张行政罚与刑事罚主要系“量的不同”，而不是本质的不同。①（3）从行政处罚的诸多原则和规则看，它们实则脱胎于刑罚，譬如行政处罚的处罚法定主义、起诉不加罚的原则，都与刑事法律制度的罪刑法定主义、上诉不加刑原则颇为相似，完全体现了这两种制度的同质性。

正是基于上述理由，我们认为，完全有理由也有必要承认行政处罚的所谓“准司法性”。以“准司法性”为理由对行政处罚进行审查，实际也有法理上的科学依据，我国的司法机关也应享有对行政处罚的司法变更权。而且，对我国而言，准许司法机关对行政处罚进行司法变更，更是有实践上的重要意义——从实际情况出发，与大多数国家不同，我国司法机关在通常情况下根本无法介入行政处罚，如果在行政诉讼过程中又无法对行政处罚进行变更，显然很容易侵害到公民的合法权利。

三、“准司法行为”理论对行政裁决案件的影响

对于行政处罚设定司法变更权的主要考虑在于，行政处罚在一定程度上具有“准司法性”，但从制度运行的实际情况来看，行政裁决制度的“准司法性”体现得更为明显：（1）行政裁决制度是一种三方关系，在行政裁决制度中，作出行政裁决的一方是中立的裁决者，行政处罚制度则体现为一种两方关系，作出处罚的一方是公共秩序的维护者，是行政行为的实施者，受到处罚的则是秩序的破坏者，是行政行为的相对方。显然，行政裁决更加类似于司法的结构。（2）行政裁决处理的纠纷，本质上是一种民事纠纷，但行政处罚则应对的是行政争议。

正是基于对行政裁决“准司法行为”的认识，我国行政诉讼法对行政裁决案件进行了特别对待。具体而言，就是所谓“一并审理”制度：“一并审理”制度最初只是针对行政裁决案件的制度安排——《若干解释》（2000）第61条规定：“被告对平等主体之间民事争议所作的裁决违法，民事争议当事人要求人民法院

① 参见陈新民：《行政法学总论》，台湾三民书局2005年版，第407页。

一并解决相关民事争议的，人民法院可以一并审理。"但到了 2014 年，"一并审理"制度扩展到了范围更加广泛的民行交叉案件——2014 年修订的《行政诉讼法》新增第 61 条规定："在涉及行政许可、登记、征收、征用和行政机关对民事争议所作的裁决的行政诉讼中，当事人申请一并解决相关民事争议的，人民法院可以一并审理。"这就扩充了"一并审理"案件的范围，从而使法院能够在行政诉讼中解决与行政诉讼有关的民事争议。

具体而言，这里的所谓"民行交叉案件"，实际涉及三种情况：（1）行政行为的有效性是民事纠纷解决的先决问题，例如：原告与第三人就房屋所有权发生争议，但第三人获得了房地局颁发的房屋所有权证，原告遂主张被告房地局颁发房产证的行为无效，该房产证的效力问题，是解决该不动产争议的前提。（2）行政行为的有效性与民事纠纷解决并无关联，但可能与民事纠纷解决的结果发生冲突。例如，行政机关就某项民事纠纷进行行政裁决，当事人就民事纠纷和行政裁决分别向法院起诉，如果人民法院就民事纠纷和行政争议分别立案审理，就很有可能产生民事纠纷与行政裁决的冲突。（3）行政行为的有效性与民事纠纷解决并无关联，也不产生结果上的相互影响。例如：原告被第三人殴伤，公安机关作出行政处罚，原告认为处罚偏轻，遂提起行政诉讼，虽然此时原告与第三人之间还存在民事纠纷，但这一民事纠纷与行政决定并无直接联系，也并不影响各自结果，对法院而言，不应对其进行一并审理。

"民行交叉案件"的这三种类型，并非都涉及司法变更问题。其中，2014 年《行政诉讼法》规定可以进行"一并审理"的许可、登记、征收、征用，一般是第一种情形，即以行政行为有效性为民事纠纷解决先决问题的争议，人民法院在处理行政纠纷之后，基于诉讼经济的考虑，对与之相关的民事纠纷一并解决。行政机关对民事争议所作出的裁决，则一般是第二种情形，即行政行为的有效性与民事纠纷解决并无关联，但可能与民事纠纷解决的结果发生冲突。至于第三种情形，行政纠纷和民事纠纷在性质和内容上均无关联，则完全没有必要进行一并审理。显然，在这三种情形中，涉及司法变更权的仅仅是第二种情形——法院代替行政机关解决民事纠纷，从而直接变更了行政裁决的结果。

小　结

对我国而言，司法变更权显然受制于合法性审查原则，法院对行政机关行为的审查不得不限缩在“合法性”的狭隘范畴之内，只在某些特定情形下得以有限松绑。同时，我国司法机关的地位、行政机关的守法自觉都存在一定问题，这使得法院一方面对自身权力进行自我束缚，另一方面亦受困于其在国家政治生活中的地位问题，难以有效进行司法变更，进而发挥其监督行政的作用。

结合前一章节，我们可以很清楚地看到，我国现行法律规范中体现的司法变更权制度集中体现在变更判决、重作判决、情况判决和行政裁决案件的审理中。总体看来，对这一问题的规定较为散乱，而且存在诸多逻辑上的混乱之处。这一问题产生的原因很多，可能有立法技术的问题，也可能有因循旧有观念的问题，更可能出于对某些司法现实的无奈妥协。具体而言，包括如下两方面问题：(1)基于相关行政行为性质的认识，就变更判决和行政裁决案件审理而言，二者都处理所谓的“准司法行为”，学界将其视作准司法行为，因此产生了所谓司法变更问题。(2)基于司法妥协的考虑，重作判决、情况判决都很明显地表现了司法机关在审查过程中对行政机关的妥协，重作判决体现了法院对违法行政行为的迁就，是法院给行政机关“留面子”的重要途径，情况判决则直接体现为对行政机关违法行政行为的纵容，它甚至直接维护了违法行政行为的效力。

第五章　我国司法变更权的制度重构

基于前章论述，我们可以明确认识到，司法变更制度受制于合法性审查原则、“司法过度谦抑”和“准司法行为”的理论。和域外司法变更权制度一样，这些问题，实际上都与“司法权—行政权”的边界划分密切相关。然而，这几个问题的成因各自不同：合法性审查原则源自立法规定，“司法过度谦抑”源自司法实践中的法院地位失衡，“准司法行为”理论则起因于行政权的扩张和纠纷解决机制的多元化。成因的不同，导致司法变更相关制度变得支离破碎。解决这些问题，还是要从变更权本身的逻辑基础出发，厘清与之相关的制度安排，使其能够脉络清晰，逻辑周延。

第一节　司法变更的理论依据

我国行政法学理论在很大程度上受到德国行政法理论的影响，因此，围绕着行政诉讼性质问题，行政法学界在近些年进行了较为充分的讨论。就目前来看，学界普遍认同主观诉讼的观点，并辅之以客观诉讼的学说。但也有许多学者立足我国行政诉讼在不同面向的特征，认为我国的行政诉讼制度融合了客观诉讼和主观诉讼两种属性，并在不同问题上分别呈现不同特征，提出了“混合说”的学说。这些理论上的差异，从行政法基础理论层面影响了司法变更的性质认定。

一、客观诉讼说

客观诉讼的观点，强调行政诉讼的目的是维持客观法秩序，也就是维持行政客观的公法秩序并确保公法实施的有效性，其功能取向在于协助行政创造或重建行政行为的客观合法性，旨在维护客观存在的法律秩序的尊严。①从诉讼的本源来看，诉讼本身是因权利纠纷而产生的，诉讼活动围绕权利维护展开，法院对案件的审查，也主要围绕着当事人的权利是否遭到侵犯、值得保护这类问题展开，所以诉讼本身就是一种以保护权利为中心的活动，体现了当事人维护自身权利的强烈意愿。但在行政诉讼领域，各国在民主政治建立之初实施行政诉讼制度，其初衷并不主要为了保障人民权益，而首先是为了维护客观的公法秩序，协调司法权与行政权的关系。②如法国构建行政诉讼制度，其背景是法国大革命时期，法院成为封建旧势力的堡垒，经常利用司法权否定行政权，为了保护行政权不受司法权影响，当时的行政部门和普通法院之间，自路易十五以来就产生了极大的对立情绪，法院的反抗给当时的政府造成了很大麻烦。法国大革命的最初阶段，欧洲的封建势力在奥国和俄国皇帝的号召下，组成奥、俄、英、普等国参加的国际联合武力，对法国的资产阶级政权发动侵略战争。法国国内的封建势力和外国的封建势力互相勾结。资产阶级政府为了自身的安全起见，不得不禁止普通法院受理行政机关的案件，以加强行政机关的权力。③ 1791 年 9 月 3 日法国《宪法》第 3 篇第 5 章第 3 条规定："关于立法权之行使，法院不得停止法律之执行，亦不得侵害行政作用，不得以其职务为由传唤行政官员。"④与此同时，为解决行政纠纷，国家在行政体系内设立了行政法院制度，用以保护行政权不受普通司法权干涉。在这类诉讼中，法院需要转移审查的重点，不再以当事人权利主张为审查的基础，而将行政机关的行为是否具有合法性作为判断的重点，这就在 20 世纪产生了客观诉讼的学说。

最初形成主观诉讼和客观诉讼区分的，是法国学者狄骥，他坚持的便是客观诉讼说，在他看来，"实在的法律所确认和实现的客观法是一种一般而抽象的规则；在实际上这种规则本身既不对任何人产生应享的权利也不对任何人产生应负

① 邓刚宏：《论我国行政诉讼功能模式及其理论价值》，载《中国法学》2009 年第 5 期。

② 林莉红等：《行政诉讼法问题专论》，武汉大学出版社 2010 年版，第 67 页。

③ 参见王名扬：《法国行政法》，北京大学出版社 2007 年版，第 436 页。

④ 参见张惠东：《司法裁判、行政裁判抑或是纯粹行政？——法国行政法学的基础课题》，载《台北大学法学论丛》，2011 年第 77 期，第 10 页。

的义务……依法申诉不是别的东西，只是动用集体的强制的手段。公职人员所做的不是别的事情，只是使自己符合法律，而这种法律又命令他在某种情况下行动起来，因此我们看不出他在行使一种权利；他不过在实施所规定于他的命令规则而已。"①狄骥之所以产生此种观点，与法国行政审判制度产生的背景密切相关，法国行政审判制度是由于大革命前在普通法院和行政机关之间存在对立情绪而设立的，把行政案件交给行政机关自己进行处理，实质是行政机关内部的层级监督，是行政机关的自我反省制度，目的是维护和促进行政职能的实现。这便较为自然地产生了客观诉讼的理念。②在此种理念之下，在法国的越权之诉中，普通的法国公民可以作为原告提起诉讼，起诉条件并不要求其主观法律"权利"受到侵害，而只需要其本人的"利益"直接受到违法行政决定的侵害，该利益不必是属于申诉人"个人的利益"。这样就可以使越权之诉既不是使任何人都成为检察官的全民之诉，也不是限于保护申诉人自己权利的主观之诉。③

最初的行政诉讼制度是一种客观诉讼，行政诉讼的功能在于维护客观法秩序，其目标在于协助行政机关重建行政行为客观的合法性，因此各方在这个过程中担负不同角色：(1) 法院必须对行政决定是否合法进行完全的司法审查，这种审查并不限于原告的诉讼请求，亦不因原告放弃权利、自认而豁免。(2) 原告在诉讼中发挥启动诉讼程序的作用，仅仅扮演行政监督者的角色，至于其利益是否得到保护，不过是在审查行政决定的过程中所附带产生的效果，受制于此，原告不能对诉讼标的加以处分，同时民事诉讼上的辩论主义、当事人主义在行政诉讼中也不再适用。(3) 由于法院的主要任务是行政行为的合法性审查，因此不再对合法性以外的事务自行处理，因此仅设置撤销诉讼，即可满足行政诉讼之目的。

现任最高人民法院行政庭副庭长的梁凤云法官认为，从总体上讲，我国现行行政诉讼法确立的是一种客观诉讼制度。他的观察窗口，是行政诉讼法规定的审查对象和判决类型——行政诉讼审查的是行政行为的合法性，而不单纯局限于对

---

① ［法］狄骥：《宪法论：法律规则和国家问题》，钱克新译，商务印书馆 1959 年版，第 216 页。

② 邓刚宏：《论我国行政诉讼功能模式及其理论价值》，载《中国法学》2009 年第 5 期。

③ 王名扬：《法国行政法》，中国政法大学出版社 1989 年版，第 652 页。

原告请求的审查，而判决类型则采取否定性判决和客观判决优先。但他也同时承认，行政诉讼的原告资格制度、受案范围制度，都体现了主观诉讼的特征。因此他的最终结论，是“要坚持维护客观法律秩序和公民主观权利的两相结合，片面强调哪一方面不仅有可能违反行政诉讼规律，也有可能影响行政诉讼制度在法治国家中运行的实际效果”。①

二、主观诉讼说

主观诉讼说是以主观公权利理论为基础的。相比客观诉讼说强调客观法秩序维护的诉讼目的，主观诉讼说则反其道而行之，认为行政诉讼的核心功能在于保障人民公权利，而客观法秩序维护只是在人民公权利受侵害的范围内，附带地成为行政诉讼的功能。在客观诉讼理念之下，法院只审查干预行政，这并不是因为只有干预行政才值得审查，而是因为在那一时期，行政的主要内容便是干预行政，其他类型的行政则凤毛麟角。但到了20世纪，国家理论发生巨变，特别是受到工业化的影响，人口逐渐集中居住于大城市，越来越多的社会矛盾和社会问题不断产生，个人日趋依赖国家的主动作为；特别是在20世纪20~30年代，市场失灵所可能产生的问题日益凸显，受凯恩斯经济理论的影响，需要政府对经济进行更加深入、更加有效的干预。要应对这些问题，国家不得不对公民的经济生活进行相当程度的干预。在这一时期，除了保障个人的社会安全外，国家还必须设立各种公共设施，完成各种给付行为。“随着社会环境及国家政治体制之变迁，现代法治国家之任务不同于昔日之自由的市民法治国家或夜警国家，请求主动、积极、服务及计划，其任务之领域亦较诸昔日之广袤。昔日以保障人民自由权及财产权消极地不被行政违法侵害之行政诉讼，其诉之原因、对象及种类，自不同于给付国家或社会（形成）国家之积极扩大其措施于生存照料、社会福利、助长及指导、行政计划等，所引起之行政诉讼。”②由此，行政法的任务，早已不再局限于对公民权利的消极保护，而要求国家本着新的行政理念，提供社会各阶层在现代社会生活所应当具备的种种保障，促成社会发展实质正义的实现。

① 梁凤云：《行政诉讼法修订的若干理论前提》，载《法律适用》2006年第5期。

② 蔡志方：《行政救济法新论》，台湾元照出版公司2001年版，第113页。

在这一大背景下，传统的“小政府”已不能满足行政理念的剧变，政府权力向经济社会文化等诸多领域大步进军，对社会生活进行强有力的干涉。这就使政府职能范围逐渐拓宽，行政权力迅速膨胀，甚至拓展到了原本属于立法和司法的领域。在这一时期，所谓的“三权分立”，在概念的内涵与外延上已经变得非常含糊不清，行政、司法的关系更加紧密，而非单凭法律所能够直接确定。倘若仍然恪守最初的行政理念，固守原有的权力分工学说，仅仅强调撤销判决的作用而忽略了其他类型判决的必要性，将无法有效应对和解决行政违法行为愈加复杂的现状。例如，当事人要求行政机关进行一定财产给付、作出特定行政行为时，撤销诉讼无法有效适应当事人需求，因此难以有效解决问题。

德国学者耶利内克在 1892 年出版的《主观公法权利体系》一书中，完成了对主观公权利理论的系统建构。耶利内克将主观公权利定义为，“由法制所承认和保护的针对益（Gut）和利益（Interesse）的意志权力（Willenmacht）”他同时认为，服从者的主观公法权利为客观法所创设和保护，但这并不意味着主观权利就是客观法的反射物。人之所以享有主观公权利，乃是因为主观公权利是“国家成员的人格”，它不是权利，而是一种身份、一种地位，而在这种身份上附带有权利。①公法的思维，便不再以国家的意志为中心，反而以个人这个国家成员的身份地位出发，从而破除了传统国家与个人之间命令与服从的权力关系。映射到行政诉讼制度中，主观公权利的观点顺理成章产生了一种重要的可称为“主观诉讼”的学说。

德国在其行政诉讼规则中增加了许多新的诉讼类型，如确认诉讼、给付诉讼、课予义务诉讼等，用以应对行政行为的新类型，从而有效监督行政机关依法行政，并适应行政相对人保障自身权利、解决行政纠纷的现实需求。正因如此，德国直到 1960 年才正式确立了给付判决。在这个过程中，主观诉讼逐渐发展起来了。在这一时期，公民自己的权利遭到侵害，并不一定是政府僭越了权力的要求侵害到公民的自由，还很可能是政府没有履行法定的义务而侵害到公民享有的福利。

---

① 参见［德］耶利内克：《主观公法权利体系》，曾韬、赵天书译，中国政法大学出版社 2012 年版，第 40、52、62 页。

从目前来看，更多的学者主张我国建立的是一套主观诉讼制度。主观诉讼的观点，强调行政诉讼旨在维护公民的主观公权利。于安教授就说："我国现行行政诉讼法，只设立了保护公民、法人和其他组织合法权益的诉讼种类，即保护当事人主观权的主观诉讼，而没有专门设立保护国家和公共利益的客观诉讼制度。"①他的主要观察窗口，是我国的原告资格制度，因为我国法律要求原告必须具备相应的利害关系，否则不具备诉讼主体资格。有学者则从诉讼制度的基本原理出发，认为诉讼主要是一种保护主观权利的制度，对相对人权利的保护是行政诉讼的首要目的和功能。在这一目的充分实现的基础上，才有客观诉讼存在的余地。该论认为，监督行政的目的虽然很重要，但在福利国家时代和人权理念不断膨胀的今日，监督行政的目的应居于救济权利之下。即使在公益诉讼频繁出现的今天，行政诉讼救济权利的目的仍然居于主导地位。因此将我国行政诉讼的立法目的定位为以救济权利为主的多元目的，符合行政诉讼的性质和发展趋势。②

主观诉讼的观点，实际更加强调法官对当事人权利的尊重，并赋予当事人（尤其是原告）对诉讼工具更多的自主选择权。在这种诉讼中，各方同样担负不同角色：（1）法院的角色是被动的，只根据当事人的诉讼请求开展诉讼活动。（2）原告有权决定是否行使其权利，并决定其行使方式，能够在诉讼程序的发展过程中有充分的自主权。（3）被告行政机关的行为，仅在侵害公民权利之时才得到法院的否定性评价。（4）由于权利保护的完善性，诉讼种类增多，而且不限于撤销诉讼，只要涉及公民权利的事项，均可提起审查，从而增加了给付诉讼、课予义务之诉等诉讼类型。

这一观点目前也得到司法实务的肯定，这主要是基于对原告主体资格问题的观察。例如最高人民法院在 2017 年的一起申诉案件（该案审判长为时任最高人民法院行政审判庭副庭长李广宇）中指出："现行行政诉讼法在确定原告主体资格问题上，总体坚持主观诉讼而非客观诉讼理念，行政诉讼首要以救济原告权利为目的，因此有权提起诉讼的原告，一般宜限定为主张保护其主观公权利而非主张保护其反射性利益的当事人。""只有主观公权利，即公法领域权利和利益，受

① 于安：《行政诉讼的公益诉讼和客观诉讼问题》，载《法学》2001 年第 5 期。
② 孔繁华：《行政诉讼性质研究》，人民出版社 2011 年版，第 241 页。

到行政行为影响，存在受到损害的可能性的当事人，才与行政行为具有法律上利害关系，才形成了行政法上权利义务关系，才具有原告主体资格（原告适格），才有资格提起行政诉讼。”① 关于当事人资格问题，我们在后文详述之，而从这份判词可以看出，即便是最高人民法院的不同法官，在对我国行政诉讼制度的性质判断方面，仍然存在明显争议。

三、混合说

显然，从不同角度来观察，我们对我国的行政诉讼制度性质很容易产生不同认识。这就理所当然为“混合说”提供了空间，“混合说”的主要提出者同样是曾经代职最高人民法院行政审判庭副庭长的薛刚凌教授。该说认为，我国行政诉讼既不是完整意义上的主观诉讼，也不是完整意义上的客观诉讼，诉讼请求的主观性与法院审判的客观性使得我国行政诉讼在构造上呈现出一种扭曲的“内错裂”形态。

表 5-1 **主观诉讼与客观诉讼的主要特征②**

诉讼类型	主 观 诉 讼	客 观 诉 讼
主要目的	保护个人主观公权利	维护客观法秩序
原告资格	主观权利受影响的相对人	认为受行政行为不利影响的相对人
审查对象	权利主张及合法性争议	行政行为的合法性
裁判内容	解决权利争议	判定行政行为是否合法
判决效力	约束当事人，无对世效力	约束当事人，有对世效力

我们逐一分析各项，会清晰发现，我国在原告资格上总体采取主观诉讼观点（公益诉讼除外），在审查对象和裁判内容上采取客观诉讼观点，在判决效力上同时采取主观诉讼和客观诉讼的观点。

① 中华人民共和国最高人民法院（2017）最高法行申 169 号行政裁定书。

② 参见薛刚凌：《行政公益诉讼类型化发展研究——以主观诉讼和客观诉讼划分为视角》，载《国家检察官学院学报》2021 年第 2 期。

而从趋势来看，情况就更复杂了：

一方面，行政诉讼引入了公益诉讼相关制度，极大扩充了原告资格，体现出客观诉讼的特征。《行政诉讼法》2017年的修改，新增了第25条第4款，明确规定人民检察院就生态环境和资源保护、食品药品安全、国有财产保护、国有土地使用权出让等问题上提出检察建议、公益诉讼。公益诉讼制度的确立，显然体现了对客观法律秩序的维持，体现了客观诉讼的要求。①

另一方面，在诉讼目的和判决形式方面进行的修改，强调对原告的保障，体现了主观诉讼的精神。而在2014年对《行政诉讼法》的修改中，行政诉讼应当"维护行政机关依法行使职权"的表述得以删除，相应的"维持判决"也在判决形式中删去，行政诉讼的目的被定义为"为保证人民法院公正、及时审理行政案件，解决行政争议，保护公民、法人和其他组织的合法权益，监督行政机关依法行使职权……"这就更加强调和突出了行政诉讼法对相对人合法权益的保障，以及依诉择判、尊重原告诉权的精神。

正因如此，主观诉讼说和客观诉讼说都不能充分说明我国行政诉讼制度的性质，混合说具有较为明显的科学性。但在总体采取混合说的同时，仍然应当有所侧重，在具体问题上采取不同策略。如在公益诉讼上，在当事人请求撤销行政机关行政行为的诉讼上，显然以客观诉讼为基础，而在给付诉讼等问题上，则应以主观诉讼为主要考虑。这种区分具体问题进行的具体分析，才是我们寻求对此类问题准确认识的科学态度。

四、行政诉讼性质理论对司法变更权的影响

主观诉讼和客观诉讼在诉讼目的、对象和当事人关系上存在显著差异，这些影响使得司法变更权在两种诉讼理论下呈现出不同的特点和运用方式：

主观诉讼更侧重于保护个体利益，因此在这种诉讼理论下，司法变更权更多

① 也有学者认为，行政公益诉讼是否为客观诉讼，取决于具体的诉讼构造。如果诉讼目的为维护秩序公益，法院以审查行政行为的合法性为核心，则为客观诉讼；如果以保护特定领域的公共利益为目标，法院以特定领域的公共利益是否受到损害、如何恢复为核心展开审理和裁判，则成为主观诉讼。参见薛刚凌：《行政公益诉讼类型化发展研究——以主观诉讼和客观诉讼划分为视角》，载《国家检察官学院学报》2021年第2期。

地被用于调整和平衡个体利益与公共利益之间的关系。当个体利益受到行政行为的侵害时，法院可以行使司法变更权，对行政行为进行变更，以保护个体的合法权益。司法变更权的行使范围也相对明确，主要针对那些对个体利益产生直接影响的行政行为。在主观诉讼中，双方当事人之间的权利与义务关系通常较为明确且存在对立关系。法院在行使司法变更权时，需要充分考虑双方当事人的权益，确保变更后的行政行为能够平衡双方利益。

客观诉讼旨在维护正确的法律秩序和社会公共利益，因此在这种诉讼理论下，司法变更权更多地被用于纠正违法的行政行为。这意味着司法变更权的行使范围可能更加广泛，不仅限于个体利益受损的案件，还包括那些涉及公共利益和法律秩序的行政行为。在客观诉讼中，双方当事人之间的权利与义务可能并不存在直接的对立关系，法院在行使司法变更权时，需要更多地考虑公共利益和法律秩序的需求，而非仅仅局限于个体利益的平衡。

综上所述，主观诉讼和客观诉讼理论对司法变更权的影响主要体现在诉讼目的、诉讼对象以及双方当事人关系等方面。

第二节　司法变更的规范依据

司法变更是司法权在法治语境下对行政权的有效监督。它不是司法权的专横任意，必须有一定的规范依据。法院以何为据进行司法变更？笔者认为，此处有两项问题需要考虑：一是法律规范；二是行政规则，又可称之为行政规范、其他规范性文件等，从实践来看，主要指行政机关自行制定的裁量基准。针对这二者，应有不同认识。

一、法律规范

对行政机关而言，法律是对其行为的授权，也是对其行为的限制和约束。在司法变更问题上，法律规范同样决定了司法变更的可能性和具体范围。它从三个方面对行政机关的权力边界进行了厘清，对司法权的审查界限进行了说明：（1）授权法，即行政机关根据法律享有行政权力的法律基础；（2）不确定法律概念，即法律据以对行政机关的裁量权进行限制的法律语言；（3）裁量余地，即在不确定法律概念的涵摄过程中不能由法院审查的那部分例外情况。

（一）授权法：行政权力的合法性基础

在公法领域，对行政机关而言，法律的首要作用就是对行政机关的主体资格予以明确，对其作出行政行为的权限范围进行厘清。从法治原则出发，法律对行政机关的授权，至少意味着：（1）对行政机关而言，这体现了法律对行政机关作出某项行为的信任，行政机关能够在一定范围内自行作出决定；（2）对司法机关而言，亦应尊重法律赋予行政机关的职权，并在审查此类行为的过程中做到充分的司法尊重和自我克制。

在一些传统观念中，既然法律已经授权行政机关对社会事务进行管理，那么，他们自然有充分的决定权，只要没有超越法律的授权，即不应遭到法律的限制。其中，法律对行政机关羁束行政行为的作出进行了严格限定，因此应当严格依法实施，但对裁量行政行为而言，行政机关可以自行作出决定。

但这种观点在近现代遭遇冲击，随着行政裁量在现代社会生活中愈发普遍，重要性更加增大，学界开始认为，行政机关的裁量行为同样应当受到法律的限制，这种限制有两方面：第一，当裁量行政行为违反了法律规定，实际就超越了法定权限，此时原则上应对其进行撤销，而非变更，在这一问题的处理上，超越了法定权限的裁量行政行为，与违法作出的羁束行政行为并无区别——譬如法律仅规定了行政机关为罚款之处罚，但行政机关作出了行政拘留之处罚，则无疑超越了边界，构成了违法行为，在此种情况下，自应作出撤销判决，而不能以变更代替，这一点与羁束行政行为的审查并无差异。有学者认为："法院在判断裁量权的行使有无瑕疵时，应审查是否逾越法定的裁量界限，或是否以不符合目的的方式行使裁量权。对于滥用裁量权或裁量已经逾越权限的情形应被视为违法而加以撤销。"① 第二，当裁量行政行为并未违反法律规定时，同样应当受到授权法律的约束，当裁量行政行为无法实现授权法希望达到的意图时，其行为仍属不当，法院理应对其进行审查，从而避免其沦为行政机关的专横任意。诚如美国学者施瓦茨所言，"（司法）复审自由裁量权是法治制度的基本特征"，"我们可以

① 马怀德：《行政诉讼原理》，法律出版社2003年版，第115~116页。

用来衡量行政法制度有效性的可靠标准是允许法官复审自由裁量权的程度。”①又如德国联邦宪法法院在1959年的一份判决中指出的那样，“法治原则要求，行政机关只能依照法律的授权干预个人的权利。法律授权在授权的内容、主体、目的和程度上都规定了明确的限制，使行政机关干涉个人的权利是可以测量的，并且在某种程度上是可以被公民预见和计算的”。②

总之，法律的授权并不影响司法机关对行政权的审查，但从实践的角度出发，问题的关键在于，在前一种情况下，当裁量行政行为出现合法性问题时，对其合法性进行审查是一个确定性的是非评价。然而，一旦被审查的行政行为不涉及形式上是否合法的问题，而仅仅是对行政裁量实质内容的审查，则审查标准的确定便成为难题——行政机关在行政裁量的过程中，必然带有一定的价值判断与专业考虑，从司法机关的立场与能力出发，也不宜过分干预，乃至于侵扰行政机关的职权行使。因此，在行政裁量的概念之下，产生了所谓“行政保留”问题，它指的是“受宪法保障之行政自主地位”③。不同于避免行政越权的法律保留，行政保留，是避免国会干预的行政权的固有领域。一般说来，由于这一领域具有高度政治性，涉及专业判断，因此其他机关（包括立法机关和司法机关）均难以进行有效规制，亦不应过分干涉。

（二）不确定法律概念：法律对裁量的限制

法律不仅对行政机关进行了授权，还通过各种方式对行政权力进行了限制，这种限制可能是程序性的，亦可能是实体性的。程序性规范包括公众参与、信息公开、理由说明等细致入微的制度设计，通过控制行政行为的作出过程对行政机关进行约束。程序性规范并非本书所重点关注的问题，我们只讨论有关实体性限制，这主要是不确定法律概念。

不确定法律概念是一个源自德国法的术语，它是在行政裁量概念不断发展的过程中产生的一个名词。它实际上是法律中规定的一些内容不明的概念，如“公

① ［美］施瓦茨：《行政法》，徐炳译，群众出版社1986年版，第567页。

② ［印］赛夫：《德国行政法：普通法的分析》，周伟译，山东人民出版社2006年版，第152页。

③ 吴庚：《行政法之理论与实用》，中国人民大学出版社2005年版，第90页。

益”“合目的性”“必要性”等，均为典型的不确定法律概念。这些概念有如下几点特征：一是概念内涵上的不确定性，不确定法律概念的内容，法律并未对此进行充分说明，而需要由行政机关或司法机关对此进行解释和说明；二是功能上的控权性，不确定法律概念的产生，其意图在于通过立法控制行政机关的裁量权，这种控制并非直接规定行政机关能够或不能够作出的行政行为，而是对这种行政行为作出的条件进行某种模糊的限定；三是司法审查的可能性，由于这些概念的目的在于控制行政权力，如果司法机关不能对其进行审查，则不可能实现控制行政权力的目的。

早在行政裁量概念产生之初，不确定法律概念就已经有其萌芽。前已述及，行政裁量概念的系统化和理论化，应归功于大陆法系国家特别是德国的长期努力。而“不确定法律概念”，则是因奥地利特茨纳（F. Tezner）等学者的发展而从行政裁量中分离出来。针对“不确定法律概念”，“二战”后的德国又进一步作出了更加精细化的研究，对判断余地等问题进行了细致展开，这才最终形成了行政裁量理论的当前面貌。实际上，在夜警国家阶段，裁量理论并未得到重视，行政机关不过是执行法律的工具，非授权不得作出行政行为，其裁量活动亦受到严格的限制乃至禁止。直到行政机关的权力范围大为扩张，方产生了裁量之必要，亦产生了行政裁量理论完善的基础。在这个过程中，不确定法律概念的产生就变得顺理成章了。这实际与西方学界对行政裁量的认识密切相关——在传统学说看来，行政裁量本身是法律准许行政机关自主决定的事项，因此在原则上不接受司法审查。然而，对行政机关而言，不受审查的权力显然是不合适的。因此，早在裁量理论产生之初，就已经预留了不确定法律概念产生的可能性，而随着裁量理论的不断发展，产生了不确定法律概念在行政裁量中的脱离。

揆诸西方行政法治发展的历史，德国学者梅耶（F. F. Mayer）于 1862 年首创了行政裁量的概念。根据当时的行政法理论，行政行为可以划分为三类：羁束行为、法规裁量行为和自由裁量行为，这也是当时大陆法系国家关于行政行为区分的通说观点。羁束行为自不必言，而所谓法规裁量行为和自由裁量行为，实际都是裁量行为，其区别在于，羁束裁量行为对行为的范围和幅度进行规定，当行为违反了法律规定的标准时，即可认定违法；自由裁量行为则只规定原则，行政主体可以自主采取措施，决定权被赋予行政主体，法院难以进行审查。① 这就产生了后来“自由裁量”与“不确定法律概念”分野的可能。

此后，行政裁量的理论传入奥地利，该国学者特茨纳（F. Tezner）认为，所有规定行政与人民之关系的法规，不管其确定与否，除法律另有规定外，法院均应视其为法律概念，并对其进行审查，这就产生了所谓“不确定法律概念”的提法。② 在他看来，行政法院不应以无管辖权为由，拒绝处理行政机关基于自由裁量权所作出的行为。他进而将裁量行为分成两个问题：一是不确定法律概念，即所有有关规范行政行为的语言，除非法律明确规定，法院均应视其为法律概念加以审查。二是裁量，他认为，所谓“自由裁量”是一种选择自由，行政机关基于法律明确授权，行使对各种执行可能性之选择时，完全属于行政自治的空间，法院不得加以审查。③ 此后，不确定法律概念得以不断完善，在这个概念中，有明确的部分，更有模糊之处，翁岳生先生将其理解为“包含一个确定的概念核心以及一个多多少少广泛不清的概念外围”。④ 有学者将其形象地分解为“概念核”和“概念晕”，其中“概念核”是概念的内容与范围，“概念晕”则是概念中的疑惑之处。“在没有月光的午夜 12 点，在我们这个地区的没有亮光的外面笼罩着黑暗，这是清楚的，疑问产生如曙暮时分。”⑤

由于行政裁量与不确定法律概念关系过于密切，其内容和形式也非常类似。因此，直到“二战”之后，不确定法律概念的理论才最终从裁量理论中划分出来。在这一理论指导下，行政裁量的法律适用过程被分成四个阶段：确定事实、解释法律、涵摄、决定法律后果。确定事实，就是行政机关探求一个客观存在的事实；解释法律是对客观的法律进行认知；涵摄是将确定的事实与法律规定的要

---

① 参见杨建顺：《论行政裁量与司法审查：兼及行政自我拘束原则的理论根据》，载《法商研究》2003 年第 1 期。

② 参见陈振宇：《不确定法律概念与司法审查》，载《云南大学学报（法学版）》，2008 年第 4 期。

③ 参见周通：《论不确定法律概念的司法审查》，郑州大学 2009 年硕士学位论文，第 5~6 页。

④ 翁岳生：《行政法》，中国法制出版社 2002 年版，第 225 页。

⑤ ［德］卡尔·恩吉施：《法律思维导论》，郑永流译，法律出版社 2004 年版，第 134 页。

件进行判断，确定其是否相符。这三个过程都是客观的，因此，它们涉及的问题是不确定法律概念。决定法律后果则不同，它包含了强烈的价值判断，是在客观问题解决之后的主观判断，是一种裁量活动。

不确定法律概念是对事实和法律的客观解释，裁量则是一种想法，其所依据的是行政机关的意志，而非对某种客观事实的判断。虽然行政机关适用不确定法律概念时也需要判断性解释，它在实践中与裁量自由非常相似，但本质仍应有所区别。简言之，行政机关裁量的客体是法律后果，不确定的法律概念的客体是法定事实要件。在此意义上，不确定的法律概念以受到全面的司法审查为原则，在遇到不可逾越的事实界限及与其相应的法律界限的情况下，例外才是合法的。①正因如此，学界一般认为，不确定法律概念在原则上是可以由法院审查的。

（三）判断余地理论：司法审查的例外

当然，德国仍是裁量理论最发达之地，特别是在“二战”之后，有关裁量、不确定法律概念的理论又得到了新的发展，这主要是因为某些特定问题上的不确定法律概念的解释变得极为复杂，这在制度上体现为“判断余地”理论的出现。学界普遍认识到，不确定法律概念虽然同样要经过全面的司法审查，这种可审查性将不确定法律概念与裁量区分开来，但不确定法律概念中也存在一定的由行政机关自行判断的空间。对此，德国学者巴霍夫（Bachof）在 1955 年提出了判断余地理论，当行政机关对不确定法律概念存在判断余地时，法院应当克制自身的审查。所谓判断余地，是在使用不确定法律概念过程中，行政机关基于某些原因而享有的涵摄自由，法院不能审查行政机关在该领域内所作出的判断，只能对行政机关是否超越了界限进行审查。② 具体而言，判断余地应当包括：（1）不可替代的决定。包括考试决定、学业评定、公务员法上的判断等，这些决定遵循的是法律之外的标准，涉及高度属人性的或人格条件的价值判断，理应为法院所尊重。（2）由独立的专家及委员会作成的评价决定。如医疗事故鉴定委员会基于其

① 参见［德］哈特穆特·毛雷尔：《行政法学总论》，高家伟译，法律出版社 2000 年版，第 124 页。

② 参见［德］哈特穆特·毛雷尔：《行政法学总论》，高家伟译，法律出版社 2000 年版，第 134 页。

专业知识作出的医疗事故鉴定等。(3) 预测决定。也即对未来的事实的预测，根据经验法则，推论将来事实关系（盖然性）的发生与否，并据此作出决定，由于此类预测行为并非涵摄，因此一旦出现瑕疵，其后果由行政机关负责。(4) 高度技术性及政策性的决定。对于此类决定，应当根据特定的科学见解与专业技术之经验法则审定，从而拒绝法院之审查。

判断余地是不确定法律概念之下的一个例外空间，它虽然与裁量一样不受司法审查，但其产生的原因则有所不同——裁量是法律赋予的不受审查的空间；判断余地则不直接由法律规定，是尊重行政机关的专业本质而有所自限而已，体现的是一种司法谦抑的精神。它产生于不确定法律概念之下，从理论上看，法院之所以要对行政机关对不确定法律概念的适用进行严格的司法审查，其意图在于尽可能确保行政行为遵守法律对其行为所作出的限制；而之所以强调司法审查给行政机关留有一定的判断余地，是因为某些判断一旦作出，就不宜由其他部门重新进行认定。①

（四）不确定法律概念和判断余地在行政诉讼中的运用

从具体案件来看，尽管裁量行政行为应当在一定程度上受到司法变更。但裁量行政行为的司法变更，比较羁束行政行为而言更加复杂，在实践操作中也产生很大的困惑。即便我国法院在案件审理过程中自觉不自觉地部分借鉴了关于不确定法律、判断余地的理论，但在实践中，对裁量行政行为的变更，也存在诸多争议，对相关问题的不同认识，导致了法院在处理类似案件时，经常出现同样情况不同处理的问题。

1. 不确定法律概念的运用

我国实务界对不确定法律概念存在不同认识，并产生了司法实践中的不同做法。下述两个类似案件，即反映了这一问题：

马某某诉被告厦门市公安局思明分局公安行政处罚案

原告马某某在娱乐场所从事了被现行法上定性为嫖娼的行为，被行政机

① 参见王贵松：《论行政裁量的司法审查强度》，载《法商研究》2012 年第 4 期。

关当场查获。厦门市公安局思明分局依据《中华人民共和国治安管理处罚法》（以下简称《治安法》）第66条第1款①的规定，给予对马某某行政拘留10日的处罚。马某某认为处罚过重，依据行政诉讼法第54条第4项诉请法院将拘留10日的处罚变更为拘留2日。

一审法院认为，《治安法》在对卖淫、嫖娼行为的处罚上，进一步限定公安机关的自由裁量权，按情节轻重区分了处罚幅度。对于如何理解法律规定的所谓“情节较轻”，公安机关虽然可以基于个案的具体情况进行判断，但也必须遵守在实践中形成的某些共识。原告是初次嫖娼，程度上轻于一般意义上的性行为，应当认定为属情节较轻。据此一审法院认为公安机关行政处罚显失公正，依法应予变更。因此将给予原告马某某行政拘留10日的决定，改为给予原告行政拘留3日。

被告不服，提起上诉，二审法院认为《治安法》第66条第1款有两个档次的规定，第一档次为一般规定，第二档次为“情节较轻”的规定。本案中，马某某的嫖娼行为已经成立，这已没有争议。一审法院根据思明公安分局举证的本案的证据材料，认定马某某系初次嫖娼，并无不当。但是否“初次嫖娼”，就是属于“情节较轻”，并没有相应的法律规定，公安机关对马某某的嫖娼行为按照《治安法》第66条第1款的一般规定进行处罚，并不违反法律的规定，也不存在显失公正的情形。况且，“情节较轻”的认定属于行政机关适用法律的问题，并非属于显失公正。因此二审法院撤销了一审判决，维持了公安机关的行政处罚决定。②

显然，一审法院和二审法院在此问题上的不同态度，反映了法院对行政机关裁量权范围的认识仍然存在差异。此外，在旧法语境下讨论这一问题，如果是属于适用法律问题，则适用撤销判决，如果是显失公正问题，则可以适用变更判

① 《中华人民共和国治安管理处罚法》第66条第1款规定：“卖淫、嫖娼的，处10日以上15日以下拘留，可以并处5000元以下罚款；情节较轻的，处5日以下拘留或者500元以下罚款。”

② 参见（2006）思行初字第28号行政判决书，及（2006）厦行终字第82号行政判决书。

决。但在新法的语境下，如果属于适用法律问题，则既可以是撤销判决里的“明显不当”情形，还可以是变更判决里的“明显不当”情形。这就极易出现同案不同判的问题。总而言之，法院能否行使、在何种程度上行使司法变更权，撤销判决与变更判决该如何选择适用等问题，都需要在理论上、法律上更加明确。

笔者认为，在此案中，当事人和法官虽然都没有明确提出，但双方所争议的关键问题显然在于：“情节较轻”属于不确定法律概念还是行政裁量的范畴？司法审查对待这二者应否区别？一审法院在认定行政机关裁量不合理的情况下，依据行政诉讼中变更判决的规定，直接代替行政机关行使裁量（在判决中将拘留10日的决定改为拘留3日），这一做法，实际上就是把“情节较轻”视作了一个不确定法律概念，并据此进行审查。二审法院则显然更加保守，没有将“情节较轻”视作一个不确定法律概念，而是将其视作行政裁量的范畴，以法律没有规定为由维持了行政机关的处罚决定。

而在另外一个案件中，法院的做法则更加耐人寻味：

陈某诉深圳市公安局罗湖区分局思明分局公安行政处罚案

陈某，系深圳市罗湖区莲塘片区居民。2014年7月8日，该片区部分居民担心如果途经该片区的地铁八号线采取磁悬浮技术，可能会产生污染，影响身体健康，遂聚集在福田区地铁大厦门口，悬挂横幅，呼喊口号。陈某在此过程中有呼喊口号的行为，并负责为该片区居民筹集经费、征集签名。次日，深圳市公安局罗湖分局对陈某作出深公罗行罚决字〔2014〕03224号《行政处罚决定书》，对陈某作出行政拘留5日的行政处罚决定，陈某不服，向深圳市公安局提起行政复议，深圳市公安局维持了该决定，陈某遂向罗湖区人民法院提起诉讼，请求人民法院撤销该处罚决定。罗湖区人民法院判决驳回原告诉讼请求，陈某不服，向深圳市中级人民法院提起上诉。该院经审理认为：本案争议的焦点是深圳市公安局罗湖分局对陈某作出行政拘留5日的行政处罚是否合法、合理。也即，陈某的行为是否符合《治安管理处罚法》第23条规定的“情节较重”？

深圳市中级人民法院认为，一方面深圳市公安局罗湖分局不能提供“情节较重”的证据，另一方面陈某事发当天去案发现场实属事出有因（深圳市地铁集团副总经理曾与该片区居民相约在该地协商），其在现场的行为也尚未造成严重损失。罗湖分局对陈某处以行政拘留5日的处罚，违反了《治安管理处罚法》规定的“治安管理处罚必须以事实为依据，与违反治安管理行为的性质、情节及社会危害程度相当”，“办理治安案件应当坚持教育与处罚相结合”等原则。因此，该院最终撤销原判，变更拘留5日的行政处罚为警告，同时作出了相应的行政赔偿判决。

深圳市中级人民法院在这个案件中表达了这么几层含义：（1）对于“情节较重”的问题，行政机关应当提供相应证据。（2）当行政机关未能提供有效证据时，法院有权探知实情，并据此判决。但这两层含义实际上都没有法律的明确规定。

当我们结合这两个案例进行判断的时候，我们的困惑就更深了：

第一，在前一案中，法院认为，只要法律没有规定“情节较轻”的判断标准和具体情形，哪怕行政机关未能提出证据证明涉案情节不符合“情节较轻”，都在其裁量范围之内。在后一案中，法院则认为，行政机关必须提供“情节较重”的证据，那么，当行政机关未能提供这一证据时，即可能出现违法或不合理的问题。

第二，在后一案中，法院认为行政机关应当提供“情节较重”的证据，行政机关未能提供，这是否属于撤销判决中的“证据不足”？人民法院最终没有适用撤销判决，而选择以显失公正为由采取了变更为警告的判决，是否妥当？

第三，行政机关未能提供有效证据时，法院能否对何谓“情节较重”“情节较重”进行解释？在前一案的一审判决和后一案的二审判决，法院都进行了解释，这是否侵犯了行政机关对相关事实进行裁量的权力？

具体到上述案例中，笔者认为，如果参考关于裁量、不确定法律概念等理论，可得出如下结论：

两起案件中的相对人的行为都具有违法性，此一问题可以认定。但这里存在的问题是：上述两起案件中的行为是否属于“情节较轻”？“情节较轻”是否为一种不确定法律概念？从前文论述中可知，“情节较轻”一语，其目的就在于从法律上对行政机关要件认定进行限制，为实现其目的，应当将其视作不确定法律概念。对于这一概念，尽管行政机关并未进行解释，也没有说明适用或不适用的原因，法院也因此拥有对这一要件的解释权。

在第一案的一审中，法院行使了这一解释权，实际将“初犯”理解为“情节较轻”；二审中，这一解释权被二审法院放弃。

在第二案的一审中，法院适用了驳回判决，从该案一审的说理中，也没有对“情节较轻”的问题进行解释；二审中，法院一方面要求公安机关提出相关证据证明自身关于“情节较轻”的要件认定行为的合法性，另一方面对“情节较轻”这一不确定法律概念进行解释。笔者认为这也是不妥当的——如果行政机关对“情节较轻”在理解上与法院不相一致，则属于裁量的合理性问题；但如果行政机关毫不考虑是否“情节较轻”，直接作出行政处罚，在旧法语境下，则很可能在主观上构成了滥用职权，虽然其表现形式与显失公正的处罚相同，但实际意义却截然不同。因此，法院在判决理由中，将二者等量齐观，同时以证据不足和显失公正为由进行变更判决，就存在较为明显的问题。

2. 判断余地理论的运用

我国实务界对这一问题有一定考虑，譬如，在 1999 年的田永诉北京科技大学拒绝颁发毕业证、学位证行政诉讼案中，法院显然对判断余地有所考虑：北京市海淀区人民法院于 1999 年 2 月 14 日作出（1998）海行初字第 00142 号行政判决，对学位证书和毕业证书作出了不同处置，一方面要求北京科技大学在判决生效之日起 30 日内向田永颁发大学本科毕业证书，另一方面却要求北京科技大学在判决生效之日起 60 日内组织本校有关院、系及学位评定委员会对田永的学士学位资格进行审核。

显然，这一判决对毕业证书和学士学位资格采取了不同的处理——针对毕业证书，法院要求学校直接颁发；但就学士学位资格，法院要求学校组织有关学位评定委员会进行审核。这显然是对判断余地理论的尊重——就毕业证书而言，只要符合法律法规所明确的毕业条件，法院即可认定，所谓毕业条件，这是一个法律概念的解释问题；然而，有关学位证书的问题，则需要相对人达到一定的学术水平，这属于判断余地的问题，应由专业机构作出学业评定。显然，在这个案件中，人民法院尊重了高校关于学术判断的权力，体现了对行政机关判断余地理论的认同。

（五）保护规范理论对司法变更的影响

“保护规范理论”是德国现代公法的一项重要理论，早年由德国学者布勒（Otto Buehler）于1914年提出。他在主观公权利的理论之下，强调主观权利对客观法的依赖性，并将主观公权利的探求诉诸客观法规范，在他看来，个人权利来源于法的具体规范，而非自然法之下权利和自由的抽象观念。他将主观公权利的判断回溯到客观法规范，从而将那些明显不是保护个体利益的客观规则排除在主观公权利依据之外（如国家机构规范），并认为在解释客观规则时应当优先考虑立法者的主观意图。后来的学者则对此进行了修正，对这一理论进一步发展，并使其保持了相对持久的生命力。①其中又可分为旧保护规范说和新保护规范说。旧说认为，判断某一法规是否具有保护个人公民法益的功能时，仅单纯依据该法规的用字遣词和立法者的立法意图；新说则提升至宪法层面，着重客观的规范目的，就规范结构、规范范围、适用对象的特定性和其他社会因素加以判断。②显然，新保护规范说对公民权利的保护更趋宽泛，更加倾向于扩张解释法规的意图。日本亦产生了类似跃迁——在其撤销诉讼中，为明确原告适格问题，形成了“受法律保护之利益说”和“值得法保护之利益说”两种学说。前者强调当事人的利益应由实体法所明确规范，后者则主张当事人的利益要值得通过裁判加以保护，而无须实体法明确的要求。显然，新保护规范理论扩张了对规范的解读，形成了规范的宽泛理解，在保障权利方面更具完备性。

随着保护规范理论的引入，2017年4月26日，最高人民法院在“刘某明诉张家港市人民政府行政复议案”中首次明确应用保护规范理论来判断起诉人是否具有行政诉讼原告资格，该裁定开篇即明确指出，“只有主观公权利，即公法领域权利和利益，受到行政行为影响，存在受到损害的可能性的当事人，才与行政行为具有法律上的利害关系，才形成了行政法上权利义务关系，才具有原告主体资格，才有资格提起行政诉讼”。同时认为：“保护规范理论或者说保护规范标

---

① 赵宏：《保护规范理论的历史嬗变与司法适用》，载《法学家》2019年第2期。
② 参见吴庚：《行政争讼法论》，台湾三民书局1999年版，第112页。

准，将法律规范保护的权益与请求权基础相结合，具有较强的实践指导价值。即以行政机关作出行政行为时所依据的行政实体法和所适用的行政实体法律规范体系，是否要求行政机关考虑、尊重和保护原告诉请保护的权利或法律上的利益，作为判断是否存在公法上利害关系的重要标准。”从这一理论出发，如果行政机关在作出行政行为时，法律没有要求行政机关对当事人的利益加以考虑，便不具备法律上所能保护的利害关系。

这里还要注意的是，在刘某明案裁判者的论述中，保护规范理论的运用，也与我国《行政诉讼法》规定的“行政行为合法性审查原则”相契合。该裁定指出：“法院对行政行为合法性的评判，除了依据行政诉讼法等行政基本法，更要依据行政机关所主管的行政实体法；在实体问题上的判断，更多是依据行政实体法律、法规、规章甚至规范性文件。如果原告诉请保护的权益，并不是行政机关做出行政行为时需要考虑和保护的法律上的权益，即使法院认可其原告主体资格，但在对行政行为合法性进行实体审查时，仍然不会将行政机关未考虑原告诉请保护权益之情形，作为认定行政行为违法的标准”。

具体到该案案情，法院进行了长篇论述，认为根据相关规定，“发展改革部门对政府投资项目的审批行为和企业投资项目的核准和备案行为，主要是从维护经济安全、合理开发利用资源、保护生态环境、优化重大布局、保障公共利益、防止出现垄断等方面，判断某一项目是否应予审批、核准或备案（以下统称项目审批行为）。考察上述一系列规定，并无任何条文要求发展改革部门必须保护或者考量项目用地范围内的土地使用权人权益保障问题，相关立法宗旨也不可能要求必须考虑类似于刘某明等个别人的土地承包经营权的保障问题。”因此，“发展改革部门在作出项目审批行为时，也就无须审查项目用地范围内的征地拆迁、补偿安置等事宜，无须考虑项目用地范围内单个土地、房屋等权利人的土地使用权和房屋所有权的保护问题。”既然行政机关无须对此加以考虑，那么项目建设涉及的土地使用权人或房屋所有权人与项目审批行为不具有利害关系，也不具有行政法上的权利义务关系，其以项目审批行为侵犯其土地使用权或者房屋所有权为由，申请行政复议或者提起行政诉讼，并不具有申请人或者原告主体资格。①

① 最高人民法院（2017）最高法行申169号行政裁定书。

刘某明案体现的是哪种保护规范理论呢？笔者认为，从说理部分看，该裁定体现了新保护规范理论的精神，最终却适用了旧保护规范理论进行了裁判。在刘某明案中，法院指出："对行政实体法某一法条或者数个法条保护的权益范围的界定，不宜单纯以法条规定的文意为限，以免孤立、割裂地只见树木不见森林，而应坚持从整体进行判断，强调'适用一个法条，就是在运用整部法典'。在依据法条判断是否具有利害关系存有歧义时，可参照整个行政实体法律规范体系、行政实体法的立法宗旨以及作出被诉行政行为的目的、内容和性质进行判断，以便能够承认更多的值得保护且需要保护的利益，属于法律保护的利益。"这种立场显然体现了新保护规范理论的思想，但在审理这些案件的过程中，却只是将行政机关直接依据的规范条文进行考察，其依据主要是《政府核准投资项目管理办法》第 23 条之规定，事实上仅考虑个别的具体规范，在解释时应予关注的规范整体结构并未显现。①从这个意义来看，最高人民法院虽然有意引入保护规范理论，但在适用上却相当谨慎。而在 2019 年的"北京联立房地产开发有限责任公司诉北京市东城区人民政府复议案"中，法院认为在适用保护规范理论时，应拓宽所需参酌法规范的范围：除行政活动的直接根据规范外，还应考虑潜在适用的规范、制裁规范、违反规范时的不利益或法律责任、立法宗旨甚至是其他权利救济途径的情形，从而实现"将法律保护的利益扩大到值得法律保护且需要法律保护的利益"。在实际的适用过程中，法院不拘泥于根据规范（行政许可规范），而是关注根据规范以外的法律后果规范（房屋租赁规范），从对当事人所设定的不利后果的角度承认原告的公权。与刘某明案不同，最高法在该案中摒弃了旧保护规范理论，试图重新弥合理论认知与司法适用之间的缝隙。司法实践在新旧保护规范理论之间的如此跳跃表明，确定的审判基线尚未形成，如何准确适用保护规范理论仍然使法院面临考验。

最后，我们总结一下我国法院对于公权与保护规范理论的理解与适用。本案中，法院裁判的说理部分主要包括以下三个方面：其一，公权的界定。公权是"公法领域的权利与利益"，是法规范要求"行政机关考虑、尊重和保护原告诉

① 王世杰：《保护规范理论的始源形态——布勒公权论的再认识》，载《行政法学研究》2021 年第 1 期。

请保护的权利或法律上的利益”。其二，公权的依据。法院认为，公权的规范依据应为“行政机关作出行政行为时所依据的行政实体法和所适用的行政实体法律规范体系”，存在的形式包括“行政实体法律、法规、规章甚至规范性文件”。其三，法规范的解释方法。在解释方法上，法院尤为强调要从规范的整体结构中进行解释，特别是要“通过语义解释法、体系解释法、历史解释法、立法意图解释法和法理解释法等法律解释方法”。此后，刘某明案所确立的如上规则成为后续法院认定行政诉讼原告资格的权威基准。可以看到，在理论的铺陈方面，法院不仅将公权的外延界定为法律上的利益，而且较为宽泛地肯定公权的规范依据，并慷慨地承认不同法律解释方法在公权识别中的运用可能性。

这一理论最终也反馈到司法解释对受案范围的认定，如根据2018年《最高人民法院关于适用〈中华人民共和国行政诉讼法〉的解释》第13条之规定，“债权人以行政机关对债务人所作的行政行为损害债权实现为由提起行政诉讼的，人民法院应当告知其就民事争议提起民事诉讼，但行政机关作出行政行为时依法应予保护或者应予考虑的除外。”可见，利益是否“依法应予保护或者应予考虑”，成为行政诉讼能否将其纳入受案范围的关键因素。关于这一问题，中国行政审判指导案例第3号案例“洪某英等四人诉浙江省慈溪市人民政府土地行政登记案”作出了示范。该案中，被告浙江省慈溪市人民政府对沈某荣夫妇的土地使用权进行了变更，而原告洪某英等四人享有对沈某荣夫妇的合法债权，原告认为，被告的行为减少了沈某荣夫妇的可供执行的财产价值，又使房屋所有权存有瑕疵，导致法院难以处分该房屋。法院受理了该案，指出：涉及房地产登记的一般债权人通常不能被赋予原告主体资格，因为债权属于民事权益保护范围，行政行为并不会导致债权人债权的消失，债权的实现程度与行政行为也没有必然的联系，同时，是否存在债权也不是作出行政行为时必须考虑的因素。但是，当债权人为保护债权的实现，对债务人的财产采取了抵押、查封等措施后，其与债务人受权利限制的财产之间就建立起了一种受法律保护的、特定的关系。当行政主体作出的行政行为涉及该财产时，就突破了法律规定的权利限制，该行政行为对债权人的债权产生了实际影响，此时，债权人与行政行为即有了法律上的利害关系，可以成为行政诉讼的适格原告。

基于对这些案例的研究，我国也有学者提出了我国“保护规范理论”的具体内容：（1）公法规范要件：行政诉讼中的“利害关系”是法律上的利害关系，原则限于公法上的利害关系，除非有法律上特别规定的情形，才有可能向私法领域拓展。（2）法定权益要件：行政机关应当“考虑、尊重和保护”的权益必须是法定的。这种“法定”主要由制定法规定，但有时也包括不具有法属性的行政规范性文件，特殊情况下还包括行政惯例等不成文法。（3）个别保护要件：行政机关作出行政行为所依据的行政实体法要求行政机关“考虑、尊重和保护”特定的、个别的公民、法人或者其他组织的权益。①笔者认为，这一论述符合当前最高人民法院通过指导案例明确的利害关系标准，反映了我国“保护规范理论”的制度实践。

二、裁量基准

影响司法变更权的行政规则，主要体现为裁量基准制度。作为行政机关控制裁量权的一种重要措施，其对司法变更产生了较为复杂的影响。这主要涉及裁量基准对行政机关自身的拘束力，以及法院在审查过程中的司法适用问题。

（一）裁量基准在我国的发展

裁量基准，是指将法律预先规定的行政裁量范围加以细化，并设以相对固定的具体判断标准的制度，它是由行政机关自行制定的适用于行政裁量的标准。有学者认为，它是“行政执法者在行政法律规范没有提供要件——效果规定，或者虽然提供了要件——效果规定但据此不足以获得处理具体行政案件所需之完整的判断标准时，按照立法者意图、在行政法律规范所预定的范围内、以要件——效果规定的形式设定的判断标准”②。

作为来自基层行政机关制定的一种规则化的执法标准，裁量基准得到了学界和实务界的广泛认可。2008年国务院发布的《关于加强县市政府依法行政的决定》最早提出这一问题，党的十八届四中全会通过的《中共中央关于全面推进依

① 章剑生：《行政诉讼原告资格中“利害关系”的判断结构》，载《中国法学》2019年第4期。

② 王天华：《裁量基准基本理论问题刍议》，载《浙江学刊》2006年第6期。

法治国若干重大问题的决定》则提出了“建立健全行政裁量权基准制度，细化、量化行政裁量标准，规范裁量范围、种类、幅度”。而在 2015 年，国务院发布的《2015 年推进简政放权放管结合转变政府职能工作方案》提出，要深入推进行政审批改革，所有行政审批事项都要逐项公开审批流程，压缩并明确审批时限，约束自由裁量权，以标准化促进规范化。在地方层面，也有一些省的地方性法规对裁量基准问题进行了明确，如《湖南省行政程序规定》明确规定，享有裁量权的行政机关或者县级以上人民政府按照规范性文件的制定程序制定裁量权基准并予以公布，行政机关应当在行政活动中遵守裁量权基准。

行政裁量基准制度的设立，主要有两个方面原因：一是遏制行政裁量失范的问题。我国立法素有“宜粗不宜细”的传统，法律往往授予行政执法机关广泛的裁量权，使其能够在实践中作出相当宽泛的决定，同时又未能对这些裁量权进行严密的程序制约，这使得行政裁量滥用的现象在实践中时有发生，引起了群众的强烈不满。为了避免裁量权滥用的问题，通过制定规范性文件，在行政系统内部建立起更加细致、更加具有可操作性的裁量基准，则能够在很大程度上遏制裁量权的滥用。二是实现行政机关的自我保护。我国很多地方还是熟人社会，对一些基层行政机关而言，执法活动经常受制于人情因素，为了避免这些因素造成的负面影响，制定裁量基准，以避免熟悉相对人违法所造成的执法困境，也就成为一种必然选择。

（二）裁量基准对行政机关的外部拘束力

裁量基准的产生，带来的一个新问题是：裁量基准是否有对行政机关的外部拘束力？违反裁量基准的行为是否构成行政违法行为？学界对此存在三种差异甚大的观点：（1）一种观点认为，行政裁量权直接由法律授予，行政裁量应结合行政活动的实际情况进行。就此而言，上级机关无权以文件的方式剥夺下级在行政执法过程中的裁量权。行政行为应当直接根据行政法律作出，约束行政执法机关的是行政法律本身，而非作为裁量基准的内部决定，因此，违反裁量基准作出的具体行政行为并不必然导致该行为违法。① 应当认识到，法律之所以赋予行政机

① 参见王天华：《裁量基准基本理论问题刍议》，载《浙江学刊》2006 年第 6 期。

关裁量权，实际是要求行政机关根据实际情况审慎地行使裁量权，对个案进行判断，这是法律明确赋予的义务，即便上级机关根据法律进行了裁量基准的具体化，执法机关亦应对具体行政事件进行分析，并依据法律规定对其进行审查，不能简单地适用裁量基准，而不考虑其他因素作用。（2）另一种观点则认为，无论裁量基准以何种形式出现，其一旦制定颁布，即具有规范效力、外部效力。① 我国台湾地区学者认为，行政规则以下级机关与行政人员为相对人，原则上仅在内部生效，但大多在于指示行政机关及行政人员应当如何对人民执行其行政任务，实际上对人民，亦即外部发生影响。目前一般认为，行政规则之事实外部效力亦具有法律效力，人民得根据该行政规则之外部法律效力请求权利保护。（3）还有一种观点认为，如果完全承认裁量基准的效力，并认为其具有法律强制力，又如何确保裁量权有效行使？如前所述，裁量本就是法律赋予行政机关根据实际情况进行裁量的权力。对行政机关而言，是否必须根据裁量基准进行活动？关于这一问题，姜明安、周佑勇等教授主张"软法效力说"，认为裁量基准是软法，行政机关可以背离软法，但必须以书面形式说明理由。②

笔者认为，这一问题应该区别来看，具体而言，可以分解为两个问题：

第一，裁量基准是否有法律效力？笔者认为，裁量基准具有法律效力。这种效力意味着，合法的裁量基准具有对行政机关的自缚力，应当得到行政机关尊重。具体而言，有如下几点原因：

一是信赖保护的要求。关于信赖保护的适用范围问题，实际有两种观点：（1）一种观点认为，信赖保护仅存在于授益行政行为，国家的授益行政行为一旦作出后，即产生行政相对人的信赖利益，公民可以基于对行政机关的信任安排自己的活动，从而从根本上维护社会秩序的稳定。这就要求行政机关不得任意更改其所作出的授益行政行为。如果基于公共利益的考虑，对授益行政行为进行了撤销，则必须予以补偿。在现代福利国家中，国家的授益行政行为日渐增多，公民

---

① 参见王锡锌：《自由裁量权基准：技术的创新还是误用》，载《法学研究》2008 第 5 期。

② 参见姜明安：《行政裁量的软法规制》，载《法学论坛》2009 年第 4 期；周佑勇：《在软法与硬法之间：裁量基准效力的法理定位》，载《法学评论》2009 年第 4 期。

对行政机关的信任，甚至已成为日常生活得以维持的重要基础。①（2）另一种观点认为，信赖保护原则不仅适用于授益行政行为，更适用于行政权行使的全部领域、全部过程当中。在任何情况下，行政机关的行政行为都有产生信赖保护的可能。② 笔者同意后一种观点，认为信赖保护原则应当贯穿于行政权运行的全过程。信赖保护原则的法理基础在于维护行政行为的可预测性，使得每个信任法律有效实施的公民，都能从这种信赖中得到满足，这不仅可以保护公民的合法权利，还能维护权力的适当权威。相反，如果信任法律的公民因信法而受损，则法治权威将无从谈起。从这个意义上讲，信赖保护考虑的是法律的安定性，并对政府提出了诚实信用的要求。就此意义而言，只要存在信赖基础和信赖事实，都有可能产生信赖利益，而不仅仅是授益行政行为领域。在德国，联邦宪法法院于1961 年 12 月 19 日作出的裁判奠定了信赖保护原则的基础。其中的部分表述也通常被视作对信赖保护原则的经典阐释："法安定性原则乃法治国家原则之基本要素。对于国家可能对其作出的干涉行为，公民应能有所预期并采取相应措施；公民应当能够信赖的是，对于其基于现行法作出的行为，法律秩序应以其原本所应获得的所有法律后果予以回应……对于公民而言，法安定性原则首先意味着信赖保护。"③ 对裁量基准而言，作为一种经行政机关发布了的规则，它是否受到信赖保护原则的约束，关键在于它是否构成当事人的信赖基础。笔者认为，这主要取决于两方面问题：（1）裁量基准的合法性，如果裁量基准本身超越、违背了上位法的规定，自然属于违法行政行为，无法产生值得保护的信赖。（2）裁量基准的公开性，裁量基准有可能发布，也有可能仅在行政机关内部传播。对相对人而言，如果裁量基准仅在行政机关内部秘密传播，自然不可能产生对行政机关依据裁量基准活动的合理期待，然而，一旦裁量基准得以公布，行政相对人基于对行政机关行为的信赖，自然可以期待行政机关在行政实践中依据该裁量基准进行活动，一般情况下，行政机关也应尽可能地根据裁量基准作出行政行为，从而有效满足相对人的这种期待。

---

① 参见周维峰：《论行政法信赖保护原则》，载《政法论丛》2003 年第 2 期。

② 参见李春燕：《行政信赖保护原则研究》，载《行政法学研究》2001 年第 3 期。

③ 刘飞：《信赖保护原则的行政法意义：以授益行为的撤销与废止为基点的思考》，载《法学研究》2010 年第 6 期。

二是基于公平原则的要求。我国《宪法》第33条第2款规定："中华人民共和国公民在法律面前一律平等。"这明确了公平原则的宪法要求。根据这一原则，法律确认和保护公民在享有权利和承担义务时处于平等的地位，不允许任何人有超越法律之上的特权。任何人不论其身份地位为何，在法律面前皆平等，而不会因为其身份地位而获有差别待遇。对行政机关而言，一个具体行政行为的作出，亦应公正、无偏私，对同等情况同等对待，不得因地域、职业、身份的不同而故意偏袒。裁量行政行为更是要坚持公平原则。裁量基准的设立，在很大程度上就是为了实现行政活动的公平，保证同等情况同样对待。譬如在德国，裁量基准设立的目标，就是为了确保行政机关在进行行政裁量之时的统一性和平等性。① 在日本，裁量基准设立有两方面的价值，对行政机关而言，裁量基准的设立，旨在防止行政决定恣意、专断，对相对人而言，则意在实现行政行为的可预测性。② 对于行政机关而言，既然已经制定了裁量基准，并予以公布，这就意味着行政机关在大多数情况下会按照该基准进行行政活动，如果在个别案例中脱逸该裁量基准，未能按照同等情况予以对待，则显然有违平等原则的基本要求。

第二，违反裁量基准会产生何种法律后果？

就违反裁量基准会带来何种后果的问题？笔者认为，这同样应当从以下两方面展开分析：

一是在实体法上并不一定违法。裁量权的设立，本就是考虑到现实情况的复杂性，要求行政机关进行裁量，并不意味着行政机关可以通过制定某项规则来取消裁量。因此，笔者部分赞同软法说，即裁量基准并不要求行政机关严格遵守。具体而言，行政机关因行政管理过程中的特殊情况，逸脱该裁量基准，也并不会被诉诸国家强制力来追究其违法责任。这一观点也得到了比较法上的佐证。根据法国法的原则，"面对确定裁量基准的指示，受理行政相对人申请的每一个行政机关均有权决定是否适用之，然而，这种能否适用的判断一定要建立在个案分析

① 参见［德］哈特穆特·毛雷尔：《行政法学总论》，高家伟译，法律出版社2000年版，第594页。

② 参见［日］盐野宏：《行政法》，杨建顺译，法律出版社1999年版，第193页。

的基础之上。”① 正因如此，行政机关在适用裁量基准时，尽管满足了裁量基准，亦应对个案进行个别审查，对行政机关而言，只要满足平等原则的要求，亦可脱逸裁量基准，进行区别对待，而没有无条件遵守裁量基准的义务。

二是在程序法上产生行政机关的理由说明义务和证明责任。脱逸裁量基准不必然产生行政违法，但这也不意味着行政机关可以任意脱逸裁量基准，裁量基准的对内的拘束力主要是基于行政机关领导权或监督权而产生，在行政体系内，上级对下级有非常明确的领导关系，上级机关完全可以通过各种机制（如执法质量考评、执法监督检查等）保障裁量基准在行政执法过程中得到有效实施，这些机制甚至可能影响行政执法人员的考评结果和迁转流动，这“足以使裁量基准‘令行禁止’，具有甚至比法律还强的、还有效的拘束力和执行力”。② 因此，笔者并不认为裁量基准是一种所谓“软法”，裁量基准是一个行政规范性文件，不按照裁量基准进行行政执法活动，而根据实际情况结合法律进行裁量，本应是裁量基准设立之时所明确表达的意图。同时，当裁量基准没有得到遵守，行政机关又没有就不遵守裁量基准提出合理的看法时，裁量基准就成为确认行政行为违法或不当的依据，这显然不是什么“软法”。

（三）裁量基准在行政诉讼中的运用

裁量基准的自我约束力既无疑问，新的问题却由此产生：作为行政机关的自我约束，裁量基准在司法实践中是否适用？周佑勇教授曾对 15 则涉及裁量基准的案例进行研读，得出如下两个方面结论：第一，在运用裁量基准的问题上，半数以上的案件将裁量基准作为行政诉讼的审查依据，运用裁量基准解决，其中有些案件还将其视作主要甚至唯一的审查依据。第二，在评价裁量基准的问题上，法院却往往不对裁量基准进行评判，采取了一个相对保守的立场。③

实际上，裁量基准是否能够对行政机关产生实质约束，并在诉讼中得以适

① 张莉：《行政裁量指示的司法控制：法国经验评析》，载《国家行政学院学报》2012 年第 1 期。

② 余凌云：《游走在规范与僵化之间：对金华行政裁量基准实践的思考》，载《清华法学》2008 第 3 期。

③ 参见周佑勇：《裁量基准司法审查研究》，载《中国法学》2012 年第 6 期。

用，关系到行政裁量司法审查的根本价值问题。应当认识到，行政裁量的一个内在矛盾，在于法律的普遍公正和个案特定情况之间的矛盾。裁量基准正是缓解这一矛盾的重要手段。法律要强调公正性与统一性，但社会现实总是复杂多元的，各式各样问题的存在，导致现实中行政机关不得不结合具体实际情况作出不同的处置，可以说，法律的普遍适用与行政行为面临的具体社会问题之间，存在着相当复杂的紧张关系，这也是行政裁量制度设立的目的。就裁量基准而言，它一方面限制了行政机关的裁量余地，更好地实现了法律的普遍性要求，但也在另一方面限缩了行政机关对具体情况进行衡量的权力，这本身是法律设置裁量的重要原因和目的所在。可以说，与裁量一样，裁量基准的设置，既有相当的合理性，又有相当程度的片面偏颇之处。

而在另一个具体案例中，此一问题更加凸显：

周某明诉文山县交警大队交通行政处罚案

2007 年 8 月 2 日，周某明在云南省文山县境内驾车时，因超速被文山县交警大队处以罚款 200 元、记 3 分的处罚。此时，当地限速为 70 公里/小时，而周某明车速为 90 公里/小时。周某明以交警测速程序违法、自身违法证据不清且交警罚款 200 元的处罚没有法律依据为由，拒绝在处罚决定书上签字，并向文山县人民法院提起行政诉讼，请求人民法院判决撤销处罚决定书。

案件的争议焦点在于，《道路交通安全法》第 90 条规定："机动车驾驶人违反道路交通安全法律、法规关于道路通行规定的，处警告或者 20 元以上 200 元以下罚款。"而根据云南省公安厅制定的《云南省道路交通安全违法行为罚款处罚标准暂行规定》第 9 条第 31 款规定，机动车超过规定时速未到 50%的，处 50 元以上 100 元以下罚款。

文山县法院经审理后判决：文山县交警对周某明的行政处罚，事实清楚，证据充分，适用法律正确，然而，周某明超速未达 50%，交警处罚显失公正，应予变更；判决对周罚款 80 元，对违法行为不再扣分。文山县交警不服，提起上诉。

文山壮族苗族自治州中级人民法院认为，不能证明交警对其实施行政处罚事实不清及程序违法的事实，终审撤销原判，维持文山县交警大队作出的行政处罚决定；驳回被上诉人周某明的诉讼请求。①

显然，本案反映了两级法院在裁量基准上的不同看法：(1) 文山县法院承认裁量基准的存在，同时认为违反裁量基准是一个合理性问题，违反裁量基准意味着行政机关的行政处罚显失公正，因此适用了变更判决。(2) 文山壮族苗族自治州中级人民法院则反对这种观点，但在判决中没有提出合理的理由——本案件的焦点问题是裁量基准有无效力，但在判决中，上诉法院完全没有回应这一问题，而是把焦点变成了"事实不清""程序违法"，实际回避了本案中的争议焦点，未将裁量基准的效力问题进行讨论。

笔者认为，合法的裁量基准应被纳入行政诉讼，并作为判断行政裁量合理性的依据：

第一，裁量基准作为一种规范性文件，而根据《最高人民法院关于裁判文书引用法律、法规等规范性法律文件的规定》第6条之规定，人民法院在行政诉讼案件审理的过程中，可以根据审理案件的需要，经审查认定该规范性文件合法有效的，可以将其作为裁判说理的依据。而裁量基准在规范性文件中具有显著的特殊性，直接指导牵涉其中的行政行为，人民法院在审理过程中更是不应忽视对裁量基准的审查与考虑。

第二，在行政执法活动中，行政机关脱逸裁量基准，说明行政机关在个案中作出行政裁量时有一种独特的考虑，如果行政机关在裁量过程中不遵守裁量基准作出处理，必须同时告知相对人如此处理的原因，这也应当是行政机关理由说明义务的一部分。在诉讼中无法说明这种独特考虑的原因，并证明这一原因客观存在，也将构成对立法意图的违反，侵害了他人平等权。

但是，这并不意味着裁量基准可以像法律、法规、规章一样，对行政机关产生严格的拘束效力。行政机关在一般情况下应当遵守裁量基准，而在违反该基准时，应当尽到理由说明义务。

① 参见陈娟：《驾驶机动车超速，究竟该罚多少：云南省公安厅红头文件引争议》，载《人民日报》2008年4月2日，第15版。

具体到前述案例，我们可以初步地得出三个意见：（1）行政机关有权作出200元罚款的行政处罚。行政机关可以严格适用以规范性文件形式设定的裁量基准，但不能罔顾个案具体情况，在本案中，作为超越裁量基准罚款的原因很多，譬如，超速地段极为危险，拥堵非常严重，其超速行为给道路交通带来了极大隐患，以至于按照裁量基准进行处置会产生明显的不公。（2）行政机关应当在作出200元罚款的行政处罚的同时，应当告知周某为什么要进行超出裁量基准的处罚。（3）在行政诉讼的过程中，行政机关应当向人民法院说明当时超出裁量基准处罚的理由和客观情况。但从案件报道中，我们不仅没有看到行政机关在行政执法过程中的说明理由，也没有看到在诉讼过程中的相关陈述。显然，他们忽略了在此种情况下的理由说明义务。

那么，本案中，两级法院在处理这一问题时，实际都存在偏颇：（1）对一审法院而言，过分强调行政机关对裁量基准的遵守，而没有对行政机关执法的实际情况予以考虑，有学者说，这里“只有‘批发的正义’而没有‘裁量正义’”。① （2）对二审法院而言，则毫不考虑裁量基准的适用，没有对行政机关的理由说明义务进行明确和要求。实际上，即便在本案中对文山县交警具体行政行为的效力予以维持，也不会影响裁量基准的效力，但倘若交警作出脱逸裁量基准的行为，却没有充分的理由，裁量基准将彻底丧失存在的意义。

笔者认为，就裁量基准这个问题，本案的处置应当包括如下过程：首先，明确裁量基准的效力，查明该基准是否存在违法制定等情形；其次，要求行政机关证明其脱逸裁量基准进行行政活动的原因。最后，如果行政机关没有脱逸裁量基准进行活动的依据，法院应当将其视作一个合理性问题进行变更。

第三节 行政诉讼判决制度的重构

变更判决的制度重构，关键在于扩充变更的范围。而要解决这个问题，必须区分行为性质，根据不同行为的权力边界，明确变更判决的适用范围。

① 参见王天华：《裁量基准与个别情况考虑义务：周某明诉文山交警不按“红头文件”处罚案评析》，载《交大法学》2011年第2卷，第235页。

一、变更判决的制度重构

我国设立变更判决制度，其理由在于，行政处罚具有“准司法性”，但这种“准司法性”的认识是否妥当？随着学界研究的深入，实有不同看法，而从行政诉讼法最近的修改情况来看，变更判决实已不再局限于传统认识中的所谓“准司法性为”，而扩展到了涉及金额认定的行政行为。

（一）2014年行政诉讼法对变更判决的影响

前已述及，人民法院能够审查行政处罚，其理由在于对行政处罚行为的性质判断。立法者认为行政处罚权在一定程度上具备了司法属性，因此将这类行为交由法院进行最终变更。但到了2014年，关于此问题的认识却发生了变化。变更判决的范围扩大到了“涉及对款额的确定、认定”的行政行为，实际改变了变更判决的确定依据，它使得内容相当广泛的裁量行政行为可以采取变更判决加以应对与处理。这就不简单是变更判决范围扩大的问题，更是变更判决制度设立根据的变更。

作出这一规定的原因，最初可能起因于2009年6月26日公布的《最高人民法院关于当前形势下做好行政审判工作的若干意见》，其中规定：“依法审理好因企业经营状况恶化而引发的劳动和社会保障类行政案件。正确把握法律规范的原则性和灵活性，注重维护劳动者实体权益。在涉及养老、失业、医疗、工伤和生育保险等社会保险费用和工人工资的金额认定方面，合理分配举证责任，准确把握证明标准。行政机关认定的基本事实成立，但在相关金额计算上存在错误的，人民法院可以依法确定相应数额。”这就避免了在数额认定错误时，由法院判决给付后由于行政机关的不给付行为而引发新的诉讼的问题，从而更加及时地保障行政相对人的合法权益。

（二）变更判决原则上不宜适用于羁束行政行为的变更

羁束行政行为是行政机关没有裁量权的行为，直接适用变更判决，意味着法院直接根据法律代替行政机关作出行政行为，这种变更是否必要、可行？在本书第二章第二节，我们已经明确，羁束行政行为能否进行直接司法变更，根本取决于行政诉讼中法院的功能和地位。对我国而言，对羁束行政行为违法的，不应进行司法变更。

笔者认为，羁束行政行为违法的变更，实际以职权探知主义的诉讼理论为基础。根据台湾地区“行政诉讼法”第125条第1款之规定，“行政法院应依职权调查事实关系，不受当事人主张之拘束”，第133条更是明确规定“行政法院于撤销诉讼，应依职权调查证据，于其他诉讼，为维护公益者，亦同”。我国台湾地区“行政诉讼法”明确所谓“职权探知主义”的原因，还是受到了法规维持说的影响，强调行政行为对公共利益的有效实现。

实际上，在台湾现行“行政诉讼法”修改之前，采取的处置方式与我国大陆现行行政诉讼法的方式类似，即行政法院对于事实证据不应自行调查，而径行撤销发回重核，这种做法产生的后果是，“当事人反复缠讼多年，永无宁日，浪费人力物力，故解释上，行政法院本于职权自行查明事实，使案件成熟达于可裁判之程度。只有在极端例外情形，为减轻法院负担，可认为有重大必要由行政机关进一步调查事实及证据，且考量当事人间之利害关系亦为适当时，始得撤销原处分发回交由原处分机关重为调查处分”。① 正因如此，在台湾的“行政诉讼法”修改之后，法律要求法院采取一种所谓“职权探知主义”。在职权探知主义的理论引导下，我国台湾地区的撤销诉讼本身就包含了司法变更制度——撤销诉讼“系对违法损害人民权利或法律上利益的行政处分，请求行政法院予以撤销或变更之行政诉讼”。②

但笔者认为，这一做法存在很大的问题——撤销诉讼是一种形成之诉，它是直接“排除行政机关所为有拘束力和执行力行政处分的法律救济途径”。③ 在撤销诉讼中作出变更判决，实际上是一种请求应为行政处分之诉，这与撤销判决的功能不相一致，在诉讼理论上缺乏严谨性。

对于我国大陆而言，由法院自行调查事实，并对行政行为直接进行变更，则完全不符合行政诉讼发展的实际情况：

---

① 陈清秀：《行政诉讼法》，台湾植根法律事务所1999年版，第509页。

② 陈敏：《行政法总论》，台湾新学林出版有限公司2007年版，第1363页。

③ 林腾鹞：《行政诉讼法》，台湾三民书局2009年版，第71页。

第一，我国的行政诉讼制度并不完全采取职权探知主义。职权探知主义主要涉及证据问题，但从行政诉讼的审查对象来看，法院要对行政行为的合法性进行审查，而不是对相对人行为进行审查。而行政行为合法性的证据，主要应当依托被告所提出的在行政行为实施过程中的证据。当然，为了保证人民法院正确、及时地审理行政案件，《行政诉讼法》在规定被告对被诉行政行为的合法性负担证明责任的同时，又规定了人民法院必要时有权调查收集证据。然而，这种调查权亦有明确限制，即“不得为证明行政行为的合法性调取被告作出行政行为时未收集的证据。”由此可见，我国《行政诉讼法》的证据体制以当事人主义为基础，同时兼采职权主义的原则。其中，主要的证明责任在行政机关，人民法院虽然有权在必要时调查、收集证据，但不得就行政机关行为合法与否进行调查。这显然是对当事人举证的一种补充。如果人民法院在审查的过程中依据所谓“职权探知主义”对当事人行为的合法性进行调查，则有悖于法院在行政诉讼中的中立地位，不利于人民法院合法公正地作出裁判。退而言之，如果为了便于法院对案件进行实质审理而放宽对人民法院举证的限制，很可能在司法实践中产生更为严重的危害，使行政程序中双方当事人的不对等地位在司法程序中延续下去。

第二，从另一个角度来看，如果法律允许司法机关对所有羁束行政行为都能进行变更，则很可能给法院带来过度的负担，产生大量的变更判决的执行问题，从而超出法院的能力。就当前法院的能力而言，法院在行政诉讼中的职权相当弱小，甚至难以对行政机关的行为进行有效监督。要求人民法院在诉讼过程中代替行政机关进行决定，并将该决定有效执行下去，显然超出了人民法院的能力。从目前来看，在涉及执行内容的案件中，经常存在执行难的问题。如果法院在撤销的同时作出变更判决，很容易造成判决变更被告行为，却难以得到有效执行的问题，反而影响到司法权威的实现。

第三，德国所采立法例，实际是在诉讼类型理论下所做的安排。从这一理论出发，“各国之行政诉讼，习惯上仍循一定之方式、形式或类型，原告始得就其所受侵害，请求行政法院提供救济，而行政法院亦仅能就法定之诉讼种类所相应得以救济之方法为裁判。此种诉讼方式或裁判形态之格式化，谓之‘行政诉讼之种类’。每一个行政案件中，原告仅能在一定之种类范围内请求行政法院为一定之裁判，相应地行政法院亦仅得且应在法定之裁判方法范围内为裁判”。① 诉讼类型区分的依据是行政纠纷的性质——对违法的负担行政行为，法院适用撤销诉讼；对行政机关的不作为，则应当运用课予义务诉讼……行政纠纷类型的增多，往往也是基于行政诉讼类型的增加，例如，为了满足行政给付领域的权利救济要求，给付判决逐渐得以确立，德国直到 1960 年才正式确立了给付判决。而对于某种纠纷，自然可能有不同的处置方式。对撤销诉讼而言，牵涉其中的行为并非满足了应当撤销的条件而成为撤销诉讼，它只是符合行为的某种要件——如侵益性，而产生了撤销诉讼。法院在撤销诉讼中可以运用撤销判决，也可以适用变更判决甚至情况判决，如果原告主张不成立，法院还可以适用驳回诉讼请求的判决。但对我国而言，情况则有所不同，我国没有诉讼类型，只有判决种类，选择判决种类，不过是因为牵涉其中的行政行为符合某些法律上的某些标准，而采用了某种判决，实际就是采取了某种特定的处置方式。借鉴德国的立法例，应当充分考虑这个问题。就变更权而言，在我国台湾地区的撤销诉讼中，法院能够进行变更，但撤销诉讼只是对干预行政行为而提起的诉讼，至于此类行政行为究竟是羁束行政行为，还是裁量行政行为，在所不问。但对我国而言，判决就是判决，选择判决就是选择对案件的处置方式，不可能发生同时适用变更判决和撤销判决的问题。正因如此，如果在借鉴域外行政诉讼制度之时，简单地将撤销诉讼理解为撤销判决，没有考虑到制度上的差异，容易产生误解。

（三）变更判决适用于裁量行政行为的变更

裁量行政行为的司法审查，面临诸多困境。行政机关享有裁量权，表明了法律准许行政机关依法进行判断，法院对其进行审查，极有可能产生对裁量权的不当干涉。在传统理论中，认为法院之所以难以对自由裁量权进行有效的司法审查，这主要出于六个方面原因：（1）法院缺乏明确的法律规范用以衡量行政自由裁量权；（2）过度规制对行政自由裁量权和行政效能的消极影响；（3）法院不具有行政机关所拥有的行使自由裁量权的专业知识和经验；（4）法院不具有行政机关所拥有的进行政策选择的地位和优势；（5）法院的民主正当性低于行政机

① 蔡志方：《行政救济法新论》，台湾元照出版公司 2001 年版，第 170 页。

关；(6) 特定案件中，行政机关对行政事件的发生过程及实际情况最为熟知，法院事后无法重建“现场”进行二次判断。①

这六个原因，归根结底还是体现了本书第一章所述的两个方面问题：一是司法权对行政权之间的明确划界所产生的影响；二是行政权自身的专业性所产生的司法尊重。为了解决行政裁量的司法审查问题，在一些大陆法系国家和地区，产生了一系列理论学说，如行政裁量、不确定法律概念、裁量余地等，其意图是将一定事务范围类型化，从而确定司法干涉的范围。法官基于对这些概念的理解，将行政裁量的整个过程进行精细化区分，从而划定哪些事务属于行政权专有的事务范围，以及哪些纠纷可由法院进行审查。可以说，相关学说的出现、完善与精细化，都是为了解决司法权对行政权审查范围的问题。甚至在一些日本学者看来，行政行为中的裁量之所以成为行政法学中最具有实用性的重要课题，就是因为它是指“法院在审查行政行为时，能够在何种程度上进行审查的问题，即法院在何种程度上必须以作出行政行为的行政厅的判断为前提来审理的问题”。②

尽管存在上述困境，但这些都无法构成裁量不受司法审查的理由。换言之，裁量行为终究是政府活动的一部分，自然不可能不受到法律上的制约。这种制约应当是全方位的，譬如，周佑勇教授就主张一种以“原则”为取向的功能主义建构模式，亦即，在法定、均衡和正当等行政法原则的统制之下，通过行政规则、利益衡量、意志沟通和司法审查等功能因素的有效发挥达到行政裁量的最佳建构，以实现行政裁量的法治化治理。控制行政裁量权滥用离不开作为规则之治的裁量基准、实体上的利益衡量、程序上的利益沟通以及对裁量的司法制衡。③ 可以说是一种多管齐下控制行政裁量的体系，其中，行政机关的自我约束非常必要，但司法控制显然同样是重要的一环。

在依法治国的大背景下，裁量行政行为应当接受司法监督，这一点当无任何疑问。问题在于，裁量行政行为的哪些内容可以得到法院的审查？又应当得到怎

---

① 参见黄先雄：《司法谦抑的理论与现实基础——以美国司法审查为视角》，载《湘潭大学学报（哲学社会科学版）》2007 年第 5 期。

② ［日］盐野宏：《行政法》，杨建顺译，法律出版社 1999 年版，第 90~91 页。

③ 参见周佑勇：《行政裁量治理研究：一种功能主义的立场》，法律出版社 2008 年版，第 42 页。

样的审查？这里首先要处理的便是我们先前讨论的合法性审查原则的问题——如果人民法院不能对行政行为的合理性进行审查，也就没有对行政裁量进行司法变更的可能。笔者认为，应当破除裁量行政行为合法性审查原则的桎梏，对裁量行政行为进行合理性审查，理由如下：(1) 我国法律并不排斥行政裁量的合理性审查。如前所述，即便是在行政诉讼法修改之前，法律仍然要求法院对行政机关裁量行政行为的合理性进行有限的审查。在这个语境下，合法性审查原则已经非常破败，用这一原则遮蔽裁量行政行为在诉讼中的审查，本身不现实，也没有必要。(2) 在裁量行政行为大量出现，甚至成为行政活动中极为重要的一部分的情况下，对裁量行政行为进行合理性审查，有其现实的必要性。特别对我国而言，在从计划经济向市场经济转型的过程中，行政机关的裁量权的范围非常宽泛，对社会生活的介入程度极高，从而具有产生危害的极大可能。在此背景之下，由司法机关对行政裁量权进行合理性审查的必要性就更为突出。(3) 裁量行政行为的合理性与合法性有时难以区分，强行区分二者容易造成对行政裁量审查的弱化乃至虚化。在司法实践中，行政行为合法性审查原则在很多时候成为法官拒绝审判的挡箭牌，一些法官过分强调合法性审查原则，甚至在一定程度上导致司法审查的形式化，合法性审查在一定程度上演变成了单纯的行政程序审查，降低了判决结果的实效性和可接受性。(4) 对裁量行政行为进行合理性审查，并不意味着法院能够对裁量行政行为的所有问题进行审查，对于那些应由行政机关进行裁量、判断的问题，法院仍应自觉放弃审查。

总之，相比羁束行政行为的司法变更，裁量行政行为的司法变更更为复杂。作为司法审判的职能机关，面对立法机关尚且无能为力的诸多行政裁量权，法院陷入了三重被动的境遇——它既要接受立法机关对行政裁量权的认可，又要审视自身合法性判断职能的局限性，还要面临审查行政裁量权时法律审查依据不足乃至无法可依的尴尬地位。于是，法院对行政裁量权的司法审查采取消极应付的态度。这既是法院无奈的选择，也是法院明哲保身的要求。然而，从保障公民合法权利、监督行政机关依法行政、建设法治国家的角度出发，人民法院对行政机关滥用行政裁量权的问题有着最为完整而清楚的认识，也应当坚定地要求将行政裁量权控制在合理的范围之内。

这里衍生出来一个新的问题：根据我国法律之规定，针对“明显不当”的行政行为可以适用撤销判决，那么在控制裁量的过程中，司法变更是否还有其必要？运用撤销判决的方式是否已经足够解决裁量的审查问题？

笔者认为，尽管我国法律规定了对“明显不当”的行政行为的撤销判决，但撤销判决不足以解决裁量行政行为的监督问题：(1) 撤销判决只适用于极端不合理的现象，但当行政机关的行为存在司法机关可审查的不合理，却又未达到相当程度时，法院适用撤销判决，似乎过于严苛；而不采取其他措施，又有纵容之嫌。(2) 撤销判决不足以解决行政机关裁量行政行为的审查问题。我国亦有学者认为：“既然过去希望行政主体自律的做法已被证明并非完全有效，那么唯一可能的出路就是由司法权对行政主体的自由裁量领域进行合理性审查，赋予法院司法变更权，只有这样，合理性选择才能落到实处。”①

(四) 行政裁量变更判决的制度设计

可以说，行政裁量是否应当得到有效监督的问题，在当前应当不至于产生太大争议。然而，在具体做法上，对行政裁量的司法监督问题，大陆法系国家和地区与我国的认识还是存在较大差异，产生的结果也有所不同。

1. 法院应当在行政裁量上有充分的变更权

从法治的角度看，行政裁量的行使，不仅应当合乎法律的明确规定，而且还必须根据法律所规定的目的审慎行使。对裁量权的限制，是法治国家建设的重要目标。正是在推进法治国家建设的大目标上，学界和实务界对裁量行政行为是否应当进行司法审查达成了较为一致的共识。无论是从理论上还是在实践中，裁量行政行为应当接受司法审查，这一点应当已经没有障碍。学界和实务界普遍认识到，作为行政权的一种，裁量权必须得到制约，在行政裁量权极大扩张的今天，法院尤其不能放弃对行政裁量权的约束。

2. 对行政裁量进行过程分析

具体而言，德国强调对裁量过程的细致划分，并从中寻找可以进行裁量的内容。我国则较为粗放地从必要性角度，宏观地考虑行政行为的内容。这实际不利

① 夏锦文、刘志峰：《行政诉讼司法变更的理论基础》，载《法制与社会发展》2004年6月。

于裁量行政行为司法变更的有效实施。对裁量行政行为的司法审查仍然存在一些理论和实践中的困境，在制度建设的过程中，应当对这些困境予以充分考虑。其中，最主要的问题就在于，裁量行政行为中，哪些行为是可以由法院审查并进行变更的，又有哪些是法院应当保持司法尊重的。

同样地，尽管行政裁量理论的体系化最终完备于德国，但英美法系国家也在一定程度上承认这种理念。例如英国学者戴维斯认为，行政裁量包括三个过程：第一，寻找法律；第二，实施法律；第三，在事实和法律都已知晓的情况下决定适宜的做法。① 可见，虽然术语不同，但对行政裁量的各个环节进行细致区分，体察这些过程对行政机关活动的不同要求，并对其进行程度不同的审查，是一个较为普遍的态度和做法。其中，作为裁量的核心部分的价值判断是放到最后的，也是司法审查禁足之地。

在此问题上，有两种观点：（1）一种观点认为，行政裁量是一种对法律后果的判断，而不包括事实要件的评价，如周佑勇教授认为，所谓行政裁量是指在法律授权的情况下，行政机关对同一事实要件的处理根据具体情况进行选择的权力，并不包括该事实要件的评价判断。包括两层次的裁量选择，“一是作为与不作为的选择；二是在作为的情况下对有关内容、程序和时间的选择”。② 这就排除了所谓“事实要件”。（2）另一种观点认为，行政裁量不仅包括政策选择，还包括事实认定等诸多方面的内容。何海波教授认为：“如果我们不拘泥于某一个现成的概念，而把行政机关根据具体情境下的选择自由都称为裁量的话，那么，行政裁量出现的场合将是多方面的：行政机关的政策选择，行政机关在行为程序上的裁量，行政机关在事实认定上的裁量，行政机关在具体决定上的裁量。”这就把一切事实要件、法律要件等因素都考虑进了裁量。③ 这两种裁量概念的互相矛盾，实际与我们对不确定法律概念的理解密切相关。

笔者认为，可以从裁量行政行为作出的过程出发，对裁量行政行为进行细致

① KC. Davis, Discretionary Justice: A Preliminary Inquiry, University of Illinois Press, 1971, pp. 4-5. 转引自刘志刚：《中国行政法专题》，复旦大学出版社 2011 年版，第 70 页。

② 周佑勇：《行政裁量治理研究——一种功能主义的立场》，法律出版社 2008 年版，第 16 页。

③ 何海波：《实质法治：寻求行政判决的合法性》，法律出版社 2009 年版，第 332 页。

划分，将可以进行变更的那部分内容剥离出来：

第一，事实认定。例如，行政机关对相对人违法行为的认定。一般而言，事实是特定的，这个过程一般没有裁量产生的余地，往往必须遵循一定的证据规则和归责原则，如果行政机关未遵守这些规则，就可能构成违法，从而应当撤销。但这也不绝对——一方面，行政机关与相对人可能在特定情况下就事实认定达成协议，并按照该协议执行；另一方面，在科学技术运用于事实认定的情况下，事实认定也可能因科学技术在一定程度上的模糊性而具有裁量性，特别是在科技风险日趋严重，风险行政的理念日渐盛行的情况下，对某些特定的事实认定问题进行裁量的意义更是得到凸显，如德国的“原子力委员会及原子炉安全专门审查委员会”就可能在核安全是否遭到威胁这样一类的事实认定中进行相关裁量。①

第二，要件认定。即对事实认定的构成要件适用，这是对认定事实的法律意义进行明确。这有时是羁束性的。如，在治安管理处罚案件中，行政机关需要认定行政相对人的年龄是否满足减轻或免予处罚的条件，其行为是否构成自首，等等。但有时是裁量性的，如相对人的行为是否情节特别轻微，等等。

第三，程序的选择。程序选择在多数情况下是羁束性的，例如，《行政处罚法》规定了行政机关的一般程序和简易程序，适用于不同的事实要件，根据该法第 33 条之规定，“违法事实确凿并有法定依据，对公民处以五十元以下、对法人或者其他组织处以一千元以下罚款或者警告的行政处罚的，可以当场作出行政处罚决定。当事人应当依照本法第四十六条、第四十七条、第四十八条的规定履行行政处罚决定”。但在一些情况下，程序选择是裁量性的，如行政处罚法规定对较大数额罚款，当事人有要求听证的权利，如果当事人请求，行政机关要裁量拟作出该项罚款是否构成“较大数额”，如果行政机关认为该罚款不属于“较大数额”罚款，也可以选择不进行听证，在一般情况下，这并不构成行政违法。

第四，行为的选择。即是否作出行为，若作出行为的话应该作出何种行为，幅度如何，以及何时作出行为等。和程序的选择一样，这里同样存在羁束与裁量并存的问题：如根据《治安管理处罚法》第 25 条之规定，对有散布谣言等行为

---

① 参见伏创宇：《论行政功能保留：以德国核能规制为论域》，载《河南财经政法大学学报》2014 年第 3 期。

的相对人，处 5 日以上 10 日以下拘留，可以并处 500 元以下罚款；情节较轻的，处 5 日以下拘留或者 500 元以下罚款。这里的“情节较轻”是一个要件认定，而在要件认定结束之后，行政机关如果认为确属“情节较轻”的，则可以选择行为方式——拘留或者罚款，并可根据法律规定选择幅度——“5 日以内”或“500 元以下”。这种选择同时具有羁束性和裁量性，行政机关一方面不能超越法律规定，另一方面则有权在幅度内进行相对自由的选择。

3. 引入行政裁量、不确定法律概念和判断余地理论

同时，还必须系统引入行政裁量、不确定法律概念、判断余地等理论。在立法实际已经部分突破合法性原则的情况下，法院理应对裁量行政行为进行更加深入的审查，但在实践中，此类审查极为罕见，这与裁量行政行为的边界模糊有很大关系。笔者认为，尽管学界对行政裁量、不确定法律概念、判断余地等理论仍持有相当程度的反对意见，认为这种理论过于僵化，而且何谓不确定法律概念，何谓判断余地仍存在很大争议，甚至在一定程度上，有将一个复杂问题更加复杂化的倾向。然而，这一系列理论，毕竟是大陆法系应对行政裁量审查问题的一条可行路径。应当认识到，不确定法律概念、判断余地，正是为了解决司法权与行政权边界问题而产生的概念，其意图归根结底是为了实现更高水准的行政法治。具体而言，不确定法律概念的产生，是法律控制行政机关的重要工具，法院为了有效监督行政机关，应对不确定法律概念进行充分审查。判断余地的产生，是为了尊重行政机关专业判断之考虑，强调对某种专业权威、政治权威的尊重，因此法院应与判断余地保持距离和尊重。至于不确定法律概念和判断余地以外的那部分内容，法院亦不能毫无作为。

当前，我国缺乏对裁量行政行为边界的精细化界定的情况下，行政裁量的司法审查问题根本无法彻底解决，本章第一节所述两个类似案例的不同解决，就充分说明了实务界在这类问题上的认识偏差。引入不确定法律概念、判断余地等理论，有如下几点原因：(1) 有利于对裁量进行科学化理解，有效明确法院对行政裁量的审查范围。如前所述，裁量可以分为多个步骤：事实认定——要件认定——程序的选择——行为的选择。而在这些步骤中，都有裁量、羁束的可能。而在裁量之中，又可能有不确定法律概念的存在余地，如“公共利益”等。这些事项的判断，应遵循不同的规则，而不能简单地以其总体的裁量性而排除司法审

查。(2) 有利于确保法院审理案件的一致性。在上述两起案例中，法院对此问题存在严重分歧，而在 2014 年《行政诉讼法》生效之后，面对同样的“明显不当”，如何进行判决形式的选择，更是一个令人挠头的问题。换言之，当出现行政处罚的明显不当时，人民法院究竟是采取撤销判决还是变更判决？这就需要对裁量进行细致区分——当不确定法律概念解释不当时，采取变更判决似乎更为妥当，而裁量、判断余地问题出现时，采取撤销判决可能更加合适。(3) 我国实务界并非完全没有考虑相关理论。譬如，在田永诉北京科技大学拒绝颁发毕业证、学位证行政诉讼案中，法院就运用了判断余地理论来处理学位证书和学历证书这两个不同问题。

总之，由于行政权的行使具有一定的专业性，并且基于这种专业性产生了司法机关能力不能及的那部分内容，所以排斥了司法变更乃至于司法监督。然而，这并不意味着行政裁量行为不受司法审查。从总体上看，任何行为都有合法性与司法监督的问题。要处理好裁量问题上司法——行政的紧张关系，笔者认为，关键还是要从裁量理论出发，将不确定法律概念和判断余地剥离开来，让行政权的行使更加精细化，这才是解决裁量审查的正解。

二、重作判决的制度重构

前已述及，重作判决具有明显的妥协性，关于重作判决是否必要，以及它在司法变更中处于何种地位，在制度建设的过程中，都应予以充分考虑。笔者认为，行政机关在作出羁束行政行为之时，并无自主决断的空间，对羁束行政行为进行直接变更，有过度使用职权的嫌疑。而在撤销羁束行政行为的情况下，无论是所涉及的行为是负担行政行为，还是授益行政行为，对羁束行政行为而言都没有作出重作判决的必要。笔者认为，考虑到重作判决的负面效果过大，有必要在法律中予以废弃。

(一) 关于重作判决的制度争议

关于重作判决是否必要，学界存在两种观点：

支持重作判决的理由主要在于：(1) 撤销判决不足以消除违法行政行为所产生的影响。就效力而言，撤销判决是一种形成判决，其意义在于使违法行政行为归于无效，其产生的形成力自判决生效时自行发生，从而消灭被诉行政行为，不需要法院强制执行，亦不需要行政机关另为新的行政行为来撤销原被诉行政行为。但实际上，重作判决面对着撤销判决之后的基础法律关系，这些法律关系内容的确定和实现都期待于法律关系主体的行为或不行为。① 在"起诉不停止执行"原则的影响下，这种基础法律关系可能受到了行为的影响，例如，某行政机关决定对某相对人进行罚款，相对人向人民法院提起行政诉讼，要求撤销该罚款决定。如在罚款征收完成前，法院判决撤销，即可实现该诉讼救济目的。然而，如果该判决在罚款征收完成后作出，征收的罚款自然应当返还相对人，而如果行政机关拒不返还，相对人却难以基于撤销判决申请法院强制执行。此时，撤销判决能够消除行政行为效力，却无法及于因行政行为执行而产生的事实效果，从而无法充分保障相对人的合法权益。（2）撤销判决往往会造成撤销——行政机关重作——再撤销——再重做的恶性循环。例如在胡某成、胡某秀诉宁远县规划建设局系列案件中，1999 年 11 月 6 日，宁远县规划建设局通知废止原告胡某秀、胡某成的建设用地规划许可证和建设工程规划许可证。二原告不服该通知，诉至宁远县人民法院，法院撤销了被告行为，但被告又作出了四次基本相类似的重作行为（包括吊销两证、通知作废、注销两证、撤销两证等），法院也先后五次作出了撤销行政行为的判决。② 这种情况的出现，使得法院处理纠纷难以产生良好的社会效果。（3）基于客观法秩序的考虑，法院承载了相对独立于诉讼双方当事人的公共利益，重作判决集中体现了法官对行政案件的职权审查，是法官作为必要"维护客观法秩序"担当者的重要体现。③（4）此外，马怀德教授还曾提出一个较为独特的问题：行政机关先作出一个行政许可，此后又将其撤销或吊销。这就涉及两个行政行为——授益性的行政许可行为，以及侵益性的撤销、吊销行为。法院判决撤销行政许可机关的行为，却不必然导致原告获得许可或继续保留其许可，法院不可能代替行政机关向原告发放许可，因此并不一定能够有效维护当事

① 参见项一丛：《行政诉讼重作判决的法理分析》，载《公法研究》2004 年卷，第 195 页。

② 湖南省永州市中级人民法院（2010）永中法行终字第 51 号行政判决书。

③ 参见罗英：《论行政诉讼重作判决之价值与适用条件》，载《武汉大学学报（哲学社会科学版）》2010 年第 2 期。

人的合法权益，还必须采用责令重作判决，方能有效保障相对人合法权益。①

反对重作判决的理由则包括：(1) 违反行政诉讼审理对象的法律规定，根据《行政诉讼法》的规定，人民法院在行政诉讼中的审理对象为行政行为的合法性，而非相对人行为的合法性，但要判决重作具体行政行为，则不可避免地要在诉讼中审查相对人行为的合法性，而这根本不是行政诉讼中法院的任务。(2) 重作判决违反了诉判一致的诉讼法原理，实际上是对原告诉权的忽视。(3) 重作判决可能会产生司法权干涉行政权的问题。重作判决弹性大，不以当事人请求为条件，是司法权无原则扩张的表现，与人民法院居中裁判的公正性相悖。(4) 重作判决忽视了原告的利益，可能会造成循环诉讼，增加原告的诉讼成本，弱化行政审判的作用。显然，这一观点的立足点仍然是对司法变更权问题的认知。(5) 重作判决体现了对违法行政的迁就，减轻了行政机关违法行政的责任，不符合权力应受监督的基本法治原则。② 笔者赞同这种观点，认为撤销重作判决违背了法治原则的基本要求，在司法实践中产生了纵容行政机关的结果。

此外，在《行政诉讼法》修改之后，重作判决的必要性亦有所降低。具体而言，课予义务诉讼的产生，使重作判决的必要性更加降低。我们注意到，产生重作判决的情形主要包括两个方面，第一，负担性行政行为被撤销后，可能产生重作判决；第二，在授益性行政行为中，行政机关明示拒绝的行为被撤销后，可能产生重作判决。对第一种情形而言，负担性行政行为被撤销，已达到相对人的救济目的。至于撤销后行政机关是否重为行政行为，是法律规定和行政机关自身裁量的事情，无须法院判决其重作与否，我们在上文中对这一观点已有明确述及，此处不赘述。而针对后一种情形，重作判决与履行判决存在相重合之处。只有在这种情形下，才可能出现相对人主张重作判决的情形。针对这种拒绝行为的处理，各个国家或地区的做法不一，但总体趋势是从撤销判决转向课予义务判决，这在日本和我国台湾地区表现得尤为明显。(1) 最初对该情况进行处理的判决形式是撤销判决，即法院撤销行政机关这一拒绝行为。如在 2004 年日本行政事件

① 参见马怀德：《行政许可案件判决方式研究》，载《南京大学学报（哲学・人文科学・社会科学）》2000 年第 3 期。

② 参见吴华：《行政诉讼类型研究》，中国人民公安大学出版社 2006 年版，第 249 页。

诉讼法中，对于行政机关已明示或默示拒绝当事人请求的情形，当事人只有提起撤销拒绝处分的诉讼；在台湾地区，现行的“行政诉讼法”修改之前，行政机关对于人民申请案件的拒绝处分，人民只能提起撤销诉讼，作成撤销判决①。(2)替代撤销判决，对该情况进行处理的判决形式是课予义务判决，即相对人向法院提起课予义务诉讼，法院认为申请有理由，且有履行的利益，判决行政机关作出原告所申请内容的行政。日本在修法的过程中，将科以义务诉讼新设一款，作为第3条第6款：“本法所称的‘科以义务诉讼’，是指在下列情况下旨在请求法院命令行政厅作出行政处理或裁决的诉讼：(1) 行政厅应该作出一定的行政处理而没有作出时（除第 (2) 项情况外）；(2) 基于法令的宗旨申请行政厅作出一定的行政处理或裁决或审查请求的场合下，该行政厅应该作出行政处理或裁决而没有作出时。”②这样一来，日本实际上完成了一个转型，原先用撤销判决处理的事项，遂改由课予义务判决加以处理。我国台湾地区也是如此，虽然“行政诉讼法”最初用撤销判决应对此情形，但由于有违诉讼经济的原则，在实践中的执行效果也不理想，“纵然经行政法院一再撤销行政机关之拒绝、驳回处分，并命行政机关重为处分，但因行政机关硬是为不符原告人民申请目的之处分，致权益时常无法获得救济，而为人诟病”。③ 在新的“行政诉讼法”修订之时，改用课予义务处理这一问题。

(二) 重作判决不宜适用于羁束行政行为的变更

前已述及，关于羁束行政行为是否适用司法变更的问题，实际与不同国家和地区的法律制度与法治实践情况密切相关。对我国而言，羁束行政行为不应直接进行直接司法变更，也不宜采用重作判决的方式进行间接司法变更。唯一可能行使司法变更权的情形，应当仅限于情况判决的适用。

关于重作判决的讨论很多，但主要集中于否定或肯定重作判决的价值。而关于违法的羁束行政行为是否适用于重作判决的问题，学界讨论较少，但所见的观

---

① 参见林腾鹞：《行政诉讼法》，台湾三民书局2002年版，第122页。

② 王贵松：《简析日本行政诉讼法的修改》，载万鄂湘、张军主编：《最新行政法律文件解读》，人民法院出版社2005年版，第130~139页。

③ 林腾鹞：《行政诉讼法》，台湾三民书局2002年版，第122页。

点，基本肯定对羁束行政行为的重作判决。甚至有学者认为，只有羁束行政行为或裁量缩减为零的行为方才适用重作判决。譬如马怀德教授则认为，人民法院应当在一定范围内直接判令行政机关重新作出具体行政行为。即当行政机关的自由裁量权缩减为零时，法院应当判决行政机关在一定期限作出某种行政行为。① 江必新教授也认为，法院在明确执行内容时，需要考虑行政机关所享有的裁量权。② 这一观点实际产生于对行政权与司法权严格区分的基础上，认为只有在行政权必须为一定行为时，司法权才能直接支配行政权。

笔者并不赞同这一观点。姑且不论重作判决是否在总体上不恰当，单就羁束行政行为而言，一旦此类行为违法，在撤销之后判决重作是完全没有必要的：

第一，行政机关可以主动依职权作出具体行政行为，对羁束行政行为而言，作出该行政行为不仅是行政机关的一项职权，更体现为一种职责。如果行政行为因程序违法等原因被撤销，即使法院未判决重新作出具体行政行为，行政机关也应当重新作出具体行政行为，不能因为法院撤销了该类行为而放弃自身职责，在此种情况下，人民法院完全没有必要进行司法变更。

第二，负担性的羁束行政行为被撤销后，不应作出重作判决。“负担性行政行为，是指给相对人带来不利后果的行政行为，一般会对相对人施加某项义务或剥夺某项权益。”③ 如果撤销诉讼所涉及的行政行为是负担行政行为，一旦被撤销，相对人通常不会申请行政机关另作一个负担行政行为。但基于上述立法目的之考量，法院在判决撤销同时会责令行政机关重作，如“在环境行政案件中，行政机关适用法律错误作出违法的处罚决定，法院在撤销该违法决定时判决其重新作出处罚决定以维护公共利益”。④ 如果羁束行政行为是负担行政行为，如果相对人有违法情形，却因行政机关处置失当，导致原行政行为被撤销，法院责令行政机关重作，对相对人而言，实际是司法审查提前介入了行政程序，一旦相对

① 参见马怀德：《行政法制度构建与判例研究》，中国政法大学出版社 2000 年版，第 319 页。

② 参见江必新：《中国行政诉讼制度的完善：行政诉讼法修改问题实务研究》，法律出版社 2005 年版，第 277 页。

③ 罗英：《论行政诉讼重作判决之价值与适用条件》，载《武汉大学学报（哲学社会科学版）》2010 年第 2 期。

④ 张宏、高辰年：《反思行政诉讼之重作判决》，载《行政法学研究》2003 年第 3 期。

人对行政机关重新作出的行政行为不服，则难以对法院产生充分信心，影响司法审查的效果。此种情况下，行政机关自应调查证据，重新作出行政行为，无须法院多此一举。

第三，羁束性的授益行政行为被拒绝的，相对人完全可以要求人民法院同时作出一个撤销判决和课予义务判决（或一般给付判决），没有必要运用重作判决。如果在判决中法院未作出此类行为，亦可重新提起诉讼。我们认识到，在授益性行政行为中，当行政机关明示拒绝的行为被撤销后，也可能产生重作判决。所谓明示拒绝，是指行政机关对相对人的申请明确地表示不同意。行政机关明示拒绝的行为，与行政不作为有本质区别——所谓“行政不作为，是指行政机关负有某种作为的法定义务，并且具有作为的可能性而在程序上逾期有所不为的行政”。①而明示拒绝相对人申请的行为，是行政机关作出否定的明确意思表示，是行政机关行使职权的作为行为②。例如，相对人对于行政机关拒绝颁发许可证诉至法院，法院在审查这一拒绝行为的合法性时，应当从主要证据是否充分，适用法律、法规是否正确，是否违反法定程序，是否滥用职权、超越职权等方面展开合法性审查，对于当事人申请符合法定条件，行政机关拒绝颁发这一行为没有事实依据和法律依据的，人民法院在作出撤销行政机关拒绝颁发这一具体行政行为，并可以判决被告重新作出具体行政行为。③ 对于行政机关拒绝作为这一情形时，由于我国行政诉讼法中没有如德国的“课予义务诉讼”④ 这种救济类型，即相对人对于行政机关的拒绝行为，不能直接诉请法院判决行政机关颁发许可证。法院判决撤销后，相对人应重新向相关行政机关提起申请。基于防止行政机关对抗、怠惰不履行判决之考量，法院在判决撤销的同时，责令行政机关重作，也更有利

① 周佑勇：《行政不作为判解》，武汉大学出版社 2000 年版，第 18 页。

② 也有学者认为拒绝行为应是行政不作为，如姜明安认为，不作为行政行为是指行政主体维持现有法律状态，或不改变现有法律状态的行政行为，如不予答复和拒绝颁发许可证等。参见姜明安：《行政法与行政诉讼法》，北京大学出版社 2011 年版，第 182 页。

③ 参见林莉红：《行政诉讼法》，武汉大学出版社 2009 年版，第 77 页。

④ “课予义务诉讼”系请求行政法院命行政机关应作成行政处分，或应作成特定内容行政处分之诉讼，其本质为给付诉讼。在请求行政机关作成行政处分而遭拒绝时，该课予义务诉讼包含撤销该拒绝决定之撤销诉讼成分。参见陈敏：《行政法总论》，台湾神州图书出版有限公司 2004 年版，第 1347 页。

于相对人的权益保障。

第四，在一些发达国家，行政机关极为尊重法院的判决，即便法院不对行政机关的行为进行具体的约束，行政机关也会想方设法迎合法院判决的精神。正因如此，当撤销判决已经作出之后，就没有采取重作判决的必要。此一情况的出现，与制度反倒没有太多关系。法治环境的发展，才是问题的真实关键。正因如此，在一些情况下，撤销判决的乏力与变更判决的缺失，实际是我国法治发展程度较低的一种外在表现。如果整个国家的法治发展水平较高，行政机关自然会尊重司法机关，即便二者关系尚存不明确之处，也会尽可能地采取符合法院判决意图的举措。翁岳生先生在论及此问题之时，就曾经提出："关系机关应以判决所示法律见解为基础，为必要之处置，以落实行政诉讼制度之目的，乃属法治国家当然之理，自不待言。"① 也正因如此，发达国家对此问题关注并不多，就我国而言，行政机关对法院判决的尊重程度仍不算高，法院审判制度为法院内部行政管理制度所支配，在一定程度上成为法院内部行政管理体制的附属。② 在羁束行政行为司法审查的问题上，不能仅仅依赖行政机关主动回复原状而实现判决目的，更应赋予相对人一般给付之诉求，进而通过作出具有强制执行力性质的给付判决，来加强行政机关对法院判决执行的力度。

第五，在羁束行政行为的审查中作出变更判决，违反了依诉择判的原则。在我国法律规定中，重作判决是法官依行政诉讼法中规定的职权作出的，它并不以诉讼当事人的诉讼请求为基础，特别是针对相对人的负担性行政行为，相对人根本没有主动请求重作的可能。法院对原告未提出申请的行为进行处理，违背了司法被动、司法中立的基本精神，属于典型的"诉外裁判"。我们认识到，在传统的诉讼理论中，司法的被动性是司法机关最基本的一项特征，无诉讼请求就没有法院判决，判决是法院代表国家对当事人的诉讼请求作出的肯定或否定性评价。司法被动性的意义在于两个方面：一是规制司法权，司法机关只被动地受到当事人行为的影响，并根据法律作出适当反应，从而难以有越权的可能；二是保障司

---

① 翁岳生：《行政诉讼法逐条释义》，台湾五南图书出版股份有限公司 2002 年版，第 764～765 页。

② 参见朱苏力：《论法院的审判职能与行政管理》，载《中外法学》1999 年第 5 期。

法公正，因为只有在被动的基础上，司法机关才能保持公正，不偏不倚。正是在这个意义上，“虽然诉对审判权的制约程度决定于诉讼模式、诉讼类型，各国诉与审判权的制约关系也不尽相同，但诉必须制约审判，是现代诉讼所公认的一条基本规则”。① 如我国台湾地区“行政诉讼法”第218条规定，法院审理行政案件时，准用“民事诉讼法”第388条不得为诉外裁判的规定。当然，我国台湾地区和其他很多国家和地区一样，都规定了所谓“情况判决”。关于情况判决的规定，实际上是禁止“诉外裁判”的一种例外情形，但“情况判决”的适用只能基于公共利益的考量。在重作判决的问题上，是否有必要进行“诉外裁判”是值得商榷的，这又从根本上涉及行政诉讼法的立法宗旨问题，即相对人合法权益与客观法秩序的权衡。

最后，关于马怀德教授提出的授益行政行为被撤销之后如何保障权利的问题，笔者认为，授益行政行为和负担行政行为并非截然分开。譬如，我国台湾地区学者对授益行政行为与负担行政行为的分类做了如下说明：“凡对相对人产生设定或确认权利，皆属授益处分；又废弃对相对人不利的负担处分，该废弃处分本身对相对人有利，其亦属授益处分”“凡对相对人产生不利效果的，无论是课于其作为、不作为或忍受义务（如征兵、课税、禁止集会等），或变更、消减其权利或法律上利益（如免职、调职、开除、撤销许可、吊销执照等），乃至拒绝其授益之请求（如拒绝核发执照、拒绝社会救助金的申请等）的前述的消极处分，俱为负担处分。”② 日本学者就把“下令、禁令和授益性行为的撤销、撤回”归纳到负担性行政行为，又把“许可、特许和负担性行为的撤销、撤回”归纳到授益性行政行为。③ 可见，撤销授益性行政行为本身是一种负担行政行为，一旦该负担行政行为撤销，授益性行政行为自应回复原先的法律状态，这是撤销判决效力的必然结果，无须进行重作。

而如果因授益行政行为的撤销，影响到相对人权利有效行使的，亦不应进行

① 黄启辉：《行政确认之研究》，武汉大学2004年硕士学位论文，第46页。

② 翁岳生编：《行政法（上册）》，台湾翰芦图书出版有限公司2000年版，第572页。

③ 参见［日］室井力著：《日本现代行政法》，吴微译，中国政法大学出版社1995年版，第86页。

重作，而应采取回复原状的处置。在德国和我国台湾地区，这种除去违法行政行为事实上的不利益的权利，被称为结果除去请求权，这一规定的意义在于，当公民权利因行政机关违法限制而遭受损害，并产生相应事实效果时，公民可以基于结果除去请求权，请求法院判决排除违法行为遗留下来的事实效果，从而使与自身权利相关的事实状态回复到行政行为未作出时的状态。① 其中，行政机关据以强制执行的行政处分无效，或其后被废弃者，其执行结果即成为一种违法状态，即成立典型之“执行结果除去请求权”。②

在台湾地区，“在法理上人民得向行政法院提起一般给付诉讼。如所欲排除者为行政处分之执行结果，则可与提起撤销诉讼时一并请求之”。③ 台湾地区“行政诉讼法”第 196 条又作了如下之规定：“行政处分已执行完毕，行政法院为撤销行政处分时，经原告声请，并认为适当者，得于判决中命行政机关为回复原状之必要处置。”因此，当授益行政行为尚未得到回复之时，“回复原状之必要处置”即是对除去这种撤销授益行政行为的负担行政行为效力的体现。倘若在撤销判决中并未解决这一问题，也应采取课予义务诉讼或一般给付诉讼进行处置。根据台湾地区“行政诉讼法”第 8 条之规定，相对人应提起一般给付诉讼，请求行政机关为必要之处置。因此，在台湾地区，出现本书前述案例情形时，如果行政机关重新对相对人作出许可，相对人可以提起一般给付诉讼，请求判决行政机关返还，达成其救济目的。对我国大陆而言，同样在新修订的行政诉讼法中规定了一般给付诉讼，因此，完全可以通过这一制度解决问题，在法理上和实践中都没有任何必要要求行政机关重作一个授益行政行为。

（三）重作判决仅适用于裁量行政行为的变更

重作判决不能适用于羁束行政行为，但能够在裁量行政行为中发挥作用。换言之，当法院认为裁量行政行为存在明显不当时，基于尊重行政机关的考虑，将

① 参见陈敏：《行政法总论》，台湾神州图书出版有限公司 2004 年版，第 1225 页。
② 参见陈敏：《行政法总论》，台湾神州图书出版有限公司 2004 年版，第 1227 页。
③ 参见陈敏：《行政法总论》，台湾神州图书出版有限公司 2004 年版，第 1230 页。

行政行为撤销并发回行政机关重新作出具体行政行为，是重作判决在审查裁量行政行为过程中所真正应当发挥的作用。这种适用有如下几点要求：

第一，裁量行政行为存在明显不当，应当撤销或部分撤销，而没有出现主要证据不足、适用法律错误、超越职权、违反法定程序的问题。超越职权固不必言，行政机关既然没有作出此类行为的职权，责令其重作，无异于使其作出违法行为。主要证据不足的情况下，法院又何以得知行政机关应重新作出行政行为？至于适用法律错误和违反法定程序，法院虽可能进行判断，但毕竟涉及行政机关违法问题，不仅不予以惩戒，还为其违法行为撑腰，要求其重新作出行政行为，实在有违法治精神。

第二，裁量行政行为应当重新作出，并且由行政机关作出更为合适。当法院认为裁量行政行为有可能存在滥用职权和明显不当问题时，基于保障相对人权利的考虑，可以对行政行为进行撤销，然而，基于对行政机关的尊重，如果法院认为该行为应当重新作出，则应当撤销该行为，交由行政机关重新作出。

第三，法院可以在重作判决中对重作的范围进行划定，但不宜由法院明确说明其具体内容。如果法院对行政机关重作的具体内容进行了明确，则实际上与变更判决并无差异，重作判决的意义，应体现为法院尊重行政机关的裁量权，在监督的同时，又将进行权衡的权力交给行政机关行使。

三、情况判决的制度重构

情况判决在司法实践中亦有一定理论争议。一般而言，情况判决应是司法判决中的一种例外情况，但从尊重现行法律制度的角度出发，情况判决可以适用于所有羁束行政行为和裁量行政行为。

（一）关于情况判决的制度争议

前已述及，情况判决是一种妥协的判决。关于情况判决是否应当在我国行政诉讼法中加以规定，学界主要认为，情况判决的产生，体现了法院对行政行为所造成的既成事实的尊重，所谓既成事实，指的是行政行为作出之后可能产生的大量新的法律关系、事实关系。法院考虑到公共利益的需要，为了避免撤销该行为造成大量的既成法律、事实关系丧失依据，不得不尊重既成事实，而以情况判决代替撤销判决。① 这也是情况判决产生的法理基础。从社会基础来看，情况判决实际是对行政权力在特定时期优越性的承认，在国家经济振兴的过程中，行政机关发挥了更加重要的作用，对行政机关权力予以支持。

结合学界批评意见，笔者认为，情况判决制度存在的主要问题包括如下几点：

第一，情况判决违反了依法行政原则。法治原则要求权力在法之下，任何违法的行为均应得到排斥，如果没有依法行政的结果可以接受，违法状态可以继续存在，必然违背了法治的基本逻辑。从依法行政的逻辑来看，行为的合法性与有效性相一致，行为因合法而产生效力，情况判决却将行政行为合法性评价与有效性评价分离，使行政机关的违法行为被变相地保留了下来。这种做法，无论出于何种公益，都是对依法行政原则的违反。

第二，纠纷解决存在不彻底性。情况判决并没有彻底解决行政争议，对于原告来说没有实现诉讼目的，侵害其合法权益的被诉行政行为仍然存在。“虽然它被法院确认违法，但这样的判决宗旨并不是为了保护原告的合法权益，也就是说原告与被告之间的行政争议仍然存在，它不可能因为情况判决的生效而消除。”② 而在司法实践中，情况判决作出时，法院往往没有对纠纷如何彻底解决作出明确的说明，更加容易造成有补救措施但不彻底，有司法判决却难执行的后果。笔者认为，情况判决不能仅仅为了维护公共利益而置个人利益于不顾。参考日本及我国台湾地区之相关规定，在情况判决中，虽然法院驳回了原告的诉讼请求，但是在这种情况下原告仍然具有向被告提出损害补偿的权利。譬如，我国台湾地区“行政诉讼法”第 199 条规定：“行政法院为前条判决时，应依原告之声明，将其因违法处分或决定所受之损害，于判决内命被告机关赔偿。原告未为前项声明者，得于前条判决确定后一年内，向高等行政法院诉请赔偿。”但我国的情况判决却没有进行此类明确，法院也经常笼统地要求行政机关采取

① 参见尹权、金松华：《情况判决的理论与现实反思及其完善》，载《政治与法律》2008 年第 3 期。

② 章剑生：《论利益衡量之方法在行政诉讼确认违法判决中的适用》，载《法学》2004 年第 6 期。

“补救措施”，忽略了对原告权利的有效救济，对于司法权威而言，也是一种相当严重的破坏。

第三，侵犯了原告的接近裁判权。接近裁判权又称“受裁判权”，即公民认为其权利受到侵害时，有权要求法院对其权利进行有效救济。情况判决的适用，有可能构成对原告接近裁判权的侵害——原告提出的请求是撤销违法行政行为，法院没有有效回应这一主张，而是在确认违法性的同时保留了违法行为的效力。在日本，很多学者以此为由，认为情况判决制度侵犯了原告的受裁判权。譬如，日本学者乙部哲郎在其文章中提到：“在行政诉讼法下，从国民权利的救济和受裁判权的保障角度出发，是认为应当废止情况判决制度，因为情况判决制度凸显了行政权的优位，这样的制度存在当然会抑制国民去提起诉讼……”学者阿部泰隆也曾指出：“……情况判决制度等于是在公共利益面前维持了违法的行政行为，这一制度与法治主义原理、受裁判权的保障之间的关系就产生了重大的疑问。法治主义原理和受裁判权不仅仅是通过金钱补偿就可以的，因为原告提出的是撤销违法的行政行为的请求。”①

第四，容易过度侵害原告权利。我国《行政诉讼法》规定了“重大公共利益”的衡量标准，要求法院应在个案中判断行政行为所涉及的国家利益、社会公共利益的范围，评估撤销该行为所可能产生的效果，以确认撤销该行为是否会对前述利益构成“重大”的损害。如果撤销该行为所可能造成的损害与相对人利益显然不成比例，自然不应以情况判决代替撤销判决。在实践中，法院往往以经济利益为此种衡量的基础。但这显然有所偏颇——撤销行政机关的违法行为，经常会导致行政行为所产生的法律状态、事实状态的回转，并造成相当大的损失，从经济上看，违法行政行为的撤销经常是不合算的。然而，公共利益的内容非常广泛，不仅包括直接的经济利益，还应包含政治的、经济的、文化的、社会等多方面内容，社会各界对法律的尊重敬畏，理当是一项重要的公共利益，如不能在诉

---

① 乙部哲郎：《情况判决制度的展开和问题》，载《神户学院法学》1987 年第 18 卷 1·2 号；阿部泰隆：《情况判决制度：公益、法治行政和接受裁判权力的冲突》，载《神户法学杂志》1971 年第 20 卷 3·4 号。转引自富艳萍：《中日行政诉讼情况判决制度之比较研究》，华东政法大学 2008 年硕士学位论文，第 18 页。

讼中体现这种尊重，法律权威将难以得到有效树立，法治精神也将受到损害。相较而言，日本《行政案件诉讼法》第 31 条要求法院“考虑原告所蒙受的损害的程度，其损害的赔偿或者防止的程度及方法以及其他一切情况”，我国台湾地区“行政诉讼法”第 198 条要求法院“斟酌原告所受损害、赔偿程度、防止方法及其他一切事情”，则比重大公共利益的标准更加具体。

（二）情况判决可适用于行政行为的变更

如前所述，笔者认为，情况判决所产生的危害很大，必要性很小，应当通过法律修改将其取消。但从尊重现行法律的角度来看，当行政行为违法时，可以通过情况判决进行司法变更。当违法的行政行为违法，却无法回复原状，或者回复原状有可能造成国家利益、公共利益不合比例的损害时，能够适用情况判决，使其在司法程序中进行变更。

第一，情况判决可以适用于裁量行政行为的变更，也适用于羁束行政行为的变更。应当认识到，情况判决的存在，使羁束行政行为可以在一定程度上进行变更，同时也更加说明了重作判决不应适用于羁束行政行为。当存在公共利益之考虑时，情况判决比重作判决更为合适，它和重作判决虽然都体现了对行政机关的妥协，但情况判决要求行政机关采取补救措施，而非如重作判决一样，有可能在诉讼中产生对原告权利更加严重的侵害。

第二，情况判决中，法院代替行政机关对公共利益进行权衡。情况判决要求法院对案件中的利益进行衡量，法官是社会公共利益和个人利益冲突的协调者和仲裁者，判断何种利益更为重要，并在最大程度上增进社会整体利益。虽然从法律规定来看，这种衡量应由立法机关或行政机关作出更为妥当，但既然行政诉讼法对这一问题交由法院执行，并允许其进行确认判决，各方当事人仍应尊重这一选择。

第三，法院不撤销原行为效力，但责令行政机关采取补救措施，实际是要求行政机关对原行为内容进行变更。例如，在周口市益民燃气有限公司诉周口市人民政府、周口市发展计划委员会一案中，最高人民法院确认行政机关行为违法，但判决驳回益民公司提出的行政赔偿请求，并责令周口市人民政府、周口市发展计划委员会于本判决生效之日起六个月内采取相应补救措施，对周口市益民燃气有限公司的合法投入予以合理弥补。① 这就让行政机关撤销许可的行为，变成了撤销许可并给予补偿的行为，实际上是一种部分变更。

第四，在行政行为违法的前提下，法院作出情况判决，意味着该项行政行为缺乏合法性，但又不宜撤销，而基于私益的考虑，又需要行政机关采取一定的补救措施——这就产生了法院和行政机关在该事项上的裁量空间，使得法院可能在这个空间内腾挪周转，进行一定程度的司法变更。这就极不同于重作判决，在重作判决的语境下，法院撤销了原行为，却又要求行政机关重作一个行为，这实际是对司法权尊严和行政权自主性的双重侵害。

第四节　行政裁决案件的制度重构

行政裁决本是一项意义重大的制度，但在当前，行政裁决的萎缩程度，使得这一制度难以有效发挥作用。从实践情况看，这与人民法院的司法审查密切相关，在制度改进的过程中，我们不得不对此予以考虑并加以调整。

一、关于行政裁决案件的制度争议

行政裁决案件的审理，主要涉及的问题就是“一并审理”制度。这一制度能否解决行政裁决案件的司法变更问题？

（一）“一并审理”制度并未解决行政裁决案件的争议问题

“一并审理”制度是否解决了行政裁决的司法变更问题？笔者认为，此问题要具体分析。在行政裁决问题上，这里出现了两个行为：民事法律关系是基础的法律关系，对涉及民事法律关系的纠纷解决本应由法院处理，但考虑到某些纠纷涉及行政机关的某个行为，如房产纠纷与房地产权登记密切相关，登记的异议人一方面主张民事法律关系中的物权，另一方面则主张更正行政登记中的错误。

① 中华人民共和国最高人民法院行政判决书（2004）行终字第6号。

但实际上，从我国现实的法律制度来看，此类纠纷是否涉及司法变更，仍有一些值得商榷之处：受制于合法性审查原则的影响，法院针对行政裁决的司法变更只能作出撤销判决或驳回诉讼请求的判决——如果是前者，并辅之以“一并审理”制度，则有彻底解决该纠纷的可能，但这还是司法变更吗？如果是后者，则更加没有变更行政裁决，在实践中还很容易产生判决与行政裁决的不一致，造成更加复杂的现实问题。

就实践情况来看，后一种情况更加常见，因为在合法性原则的要求下，人民法院对行政裁决的审查极为有限，只有在主体不适格、超越职权、滥用职权等情况下，才能够撤销原裁决，使其归于无效。这就为“一并审理”制度的作用发挥和民事纠纷的有效解决创设了严重的障碍。1998 年的《行政法学研究》报道了一个这样的案例：针对一个拆迁安置纠纷，当事人孙某珍自 1992 年 6 月提起诉讼，到 1998 年，两级法院先后作出 14 次裁判（其中还不包括检察机关抗诉及法院通知再审），还没有得出结果。① 2010 年的《法学杂志》同样报道了一个类似案例：某地两村因打石引起了纠纷，虽经过两级政府的五次行政裁决，并经过基层法院、中级法院四次判决，仍不能息讼，经过十年的来回折腾，仍然上诉至高级法院。一方当事人在庭上大声喊：“我们这个案子拖得太久了，找各级政府、各级法院来来回回已经有 10 年了，两个村都倾家荡产了，希望省高级法院作一次彻底判决吧，我们谁都经不起折腾了！”② 这两起案件中，司法机关没有司法变更权，一并审理的制度又没有有效地解决行政裁决与民事判决冲突的现实问题，从而陷入了实践中的困境。

（二）行政裁决的萎缩

前已述及，行政裁决是一种有效的纠纷解决渠道，当事人在行政裁决程序中能够以较低的花费来寻求有效的救济，降低争议解决的成本，并减轻人民法院的案件负担。作为替代人民法院解决争议的方式之一，一个科学有效的行政裁决制

① 参见吴毓平：《一起经过 14 次裁判的行政案件》，载《行政法学研究》1998 年第 4 期。

② 王文惠：《行政裁决法律制度主要问题探究》，载《法学杂志》2010 年第 2 期。

度，在法院诉讼量激增、诉讼费用高昂、诉讼程序迟延以及其他诉讼自身的弊端不断暴露的情况下，有其独特的价值和意义。然而，实际情况却是，行政机关往往为了避免因行政裁决而导致应诉，却怠于行使职权，甚至鼓动立法机关修法，直接从源头上消解了这一职权。行政机关因他人民事纠纷而行使裁决权，从而负载了过多的责任——这一现实问题却不能不予以慎重考虑。

应当注意到，从20世纪90年代后期，我国开始在有关法律的修订中逐步取消在20世纪80年代设定的行政裁决权，如：1995年修订的《中华人民共和国食品卫生法》将《中华人民共和国食品卫生法（试行）》规定的"损害赔偿要求，由县级以上卫生行政部门处理"的规定取消，改为由违法行为人"依法承担民事赔偿责任"。1998年修订的《中华人民共和国土地管理法》将原《中华人民共和国土地管理法》有关"侵犯土地的所有权或者使用权的，由县级以上地方人民政府土地管理部门责令停止侵犯，赔偿损失；当事人对处理决定不服的，可以在接到处理决定通知起三十日内向人民法院起诉。被侵权人也可以直接向人民法院起诉"的规定也予以取消。类似的取消行政裁决制度的立法还有：1999年修订的《中华人民共和国海洋环境保护法》、2000年修订的《中华人民共和国专利法》和《中华人民共和国大气污染防治法》、2001年修订的《中华人民共和国药品管理法》和《中华人民共和国商标法》、2002年修订的《中华人民共和国草原法》、2005年颁布的《中华人民共和国治安管理处罚法》等。①

近年来，我国推行权力清单制度，在这一过程中，我们可以更加清楚地了解到政府行政裁决职能的萎缩。在武汉市人民政府公布的市政府各部门权力清单中，在1460项行政职权中，行政裁决仅有5项，分别是市科技局的专利纠纷行政调处、市国土规划局的土地权属争议调处、市环保局的环境监测数据技术仲裁、市质监局的计量仲裁检定、市档案局对档案所有权有争议的裁决；相应的，行政处罚有766项。② 而在区级人民政府，裁决权则更少，例如，江汉区实施的行政权力事项为2310项，其中，行政裁决类4项，除没有国土资源局的土地权

① 参见王小红：《我国行政裁决制度的演进及其完善》，载《南都学坛》2010年第2期。

② 参见武汉市市级行政权力和政务服务事项清单，http：//qlgk.wh.gov.cn：8888/whsxzqlgk/index.jhtml。

属争议以外，其他与市级权力清单一致。行政许可类 96 项，行政处罚类 1722 项，行政强制类 88 项，行政征收类 12 项，行政给付类 15 项，行政检查类 151 项，行政确认类 34 项，行政奖励类 7 项，其他类 181 项。①

二、行政裁决司法审查的重构

作为多元化纠纷解决机制中的一环，行政裁决本应是现代社会的一项重要制度。然而，这一制度的萎缩程度触目惊心，几乎无法有效发挥作用。行政机关之所以怠于职权，与人民法院的司法审查密切相关。如果我们只是简单地要求法院将行政裁决当作行政案件进行审理，而不考虑实际情况，很可能导致行政机关因为担心应诉而拒绝进行行政裁决。在制度改进的过程中，我们不得不对此予以考虑并加以调整。面对行政裁决的萎缩，又基于对行政裁决性质的认识，笔者认为，解决这个问题有两种模式：

第一，对诉讼制度进行调整，使行政机关在行政诉讼中具有特殊地位。可借鉴的是日本的形式当事人诉讼制度，日本的形式当事人诉讼制度有关确认或形成当事人之间法律关系的处分或裁决的诉讼，且依法令的规定以该法律关系的一方当事人作为被告的诉讼，其中典型的就是《土地收用法》上的损失补偿之诉。土地征用受益人、土地所有者对于收用委员会作出的关于损失补偿事项的裁决不服的，可提起以对方为被告的当事人诉讼。② 这一制度有如下特点：（1）当事人诉讼的被告一般不是作出裁决的行政机关，而是与原告有争议的另一方当事人。（2）法院在审理当事人诉讼案件时，主要适用民事诉讼程序。介入争议的行政机关以特殊身份参加诉讼，法院的判决对行政机关有拘束力，行政机关必须服从。③

第二，对行政裁决制度进行调整，使行政裁决具有准司法性。可借鉴的是英国的裁判所制度。英国的裁判所制度是英国法独具特色的部分，相比法院体系而

① 参见武汉市江汉区行政权力和政务服务事项清单，http：//www. jianghan. gov. cn：8090/index. html。

② 参见王小红：《行政裁决诉讼路径研究》，载《河南省政法管理干部学院学报》2007 年第 4 期。

③ 参见王小红：《和谐社会建设需要行政裁决制度》，载《北方法学》2008 年第 4 期。

言，裁判所的主要特点在于其组成人员在专业技能上的不同，以及其较为灵活的程序：一方面，裁判所的组成人员包括法律专业人士，也包含如医生、会计师或具备其他的一些相关经验的人员；而为了满足特定群体的需求，一些裁判所也设计了较为灵活的程序。现代裁判所制度已经在英国发展了一百多年，但一直处于非常零散的状态，缺乏有效整合。到了 2007 年，英国制定了《裁判所、法院和执行法》，对裁判所的一审制度、上诉制度的进一步细致规定，勾勒了裁判所制度的基本体系，为裁判所制度的司法化建构提供了基本路径，确立了一个有别于法院体系的独立的纠纷解决机制。

笔者认为，采取哪种方案，必须考虑目前的实际情况。单从制度分析，前一种方案更为便捷，在效率上更高；后一种方案更为彻底，在公正性上更强。从目前情况来看，前一种方案更加可取，但它没有解决行政裁决自身的公正性、科学性问题，只是对行政裁决机关当被告的问题进行了处理；因此，后一种方案应是未来发展的主要方向。

然而，不管采取哪种方案，他们都解决了目前的困境：按前一种方案，行政机关不用因为担心充当被告而怠于行使行政裁决权，反而会积极促成纠纷的解决，满足了我国行政裁决制度的实际需要。按后一种方案，行政机关的裁决本身是审判的一级，自然更无所谓充当被告的问题。总之，笔者认为，应当对诉讼制度进行调整，使行政机关在涉及行政裁决案件的行政诉讼中具有特殊地位。法院在审理涉及行政裁决的诉讼案件时，介入争议的行政机关以特殊身份参加诉讼，法院的判决不仅约束民事纠纷的当事人，而且可以变更行政机关的裁决，因此对行政机关有拘束力，行政机关必须服从。

小 结

司法变更权的制度重构，首先要明确其规范依据，具体有两方面问题：(1)法律规范，法律规范在司法变更权问题上产生两项效果：一是明确法院和行政机关的权限范围，特别是对行政裁量的范围进行规定，使二者有各自活动的余地；二是实现法院对行政机关权力的控制，特别是通过一系列“不确定法律概念”，如“公共利益”“情节较轻”“情节较重”等，对行政机关权力进行限制。在这个过程中，应当抽象出不确定法律概念的范畴，法院可以对不确定法律概念进行明确，同时尊重行政机关的裁量，以及尊重不确定法律概念中的例外内容——判断余地。(2) 裁量基准。在实践中，为了控制裁量，各地方都采取了很多办法，其中裁量基准就是一项重要内容。应当认识到，裁量基准对行政机关和司法机关产生何种效力，这一问题的解决，最终还是要落到裁量权规制和法治原则等基本问题上去。裁量基准一方面不能使行政机关放弃对个案问题的考虑，但也对行政机关产生了一定程度的约束。脱逸裁量基准的行为并不导致必然违法，但产生了行政机关的理由说明义务。

同时，还要对行政诉讼判决制度进行重构，具体有三方面问题：(1) 变更判决的制度重构。要将变更判决扩展到所有裁量行政行为的审查，并通过对裁量行政行为具体内容的细致划分，达到有效监督裁量行政行为的目的，而不仅局限于目前变更判决的框架。(2) 重作判决的制度重构。重作判决的范围应当得到严格限制，只有在行政机关的行为存在滥用职权和明显不当之时，才能在撤销的同时做出重作判决，避免司法机关在适用重作判决问题上的过度妥协。(3) 情况判决的制度重构。应当认识到，情况判决是唯一能够对羁束行政行为进行司法变更的判决，唯有在公共利益有可能受损之时，方能以情况判决部分改变原羁束行政行为，产生司法变更的效果。

此外，还要对行政裁决案件的司法审查进行重构。对于行政机关担心因行政裁决而成为行政诉讼被告的现实忧虑，以及行政裁决制度严重萎缩、难以有效发挥作用的现实困境，有必要对行政裁决司法审查制度进行调整，保证行政机关在行政诉讼中具有特殊地位，更加凸显行政裁决的准司法性。

结　语

将权力关进制度的笼子，是法治国家建设的重要内容。这里的权力，主要就是行政权力。要有效实现司法权对行政权的监督，需要更加具有可操作性的司法变更权制度。就当前而言，我国的司法变更权适用情况并不容乐观，最突出的表现，就是变更判决在实践中极少得到适用。然而，为了有效监督行政机关，更好地保障公民合法权利，司法机关应当有更加有效、更加可操作的制度安排。

就实践而言，我国的司法机关处于一种相对弱势的地位；就理论而言，司法变更权在理论基础上受制于权力分立与司法谦抑的理论。要解决司法变更问题，必须首先对行政权、司法权相互关系进行细致审视。司法机关的弱势地位问题，并非本书所讨论的主要问题；而权力分立与司法谦抑，则需要在司法变更制度中予以慎重考虑。

一方面，我们要弄清司法权在国家体制中的地位问题。在德、法的行政法院体制下，法院与行政机关有着更加密切的关系，行政法院法官对行政事务并不陌生，司法变更也因此具有更加坚实的理论基础。在英美法系国家，司法权与行政权之间联系较少，但也采取了如行政裁决等体制对行政权力进行制约。

另一方面，我们要对行政权的运行情况进行极为细致的分析。具体而言，根据行政机关权限不同，可以将其划分为裁量行政行为和羁束行政行为。对于这两种行为，司法机关是否能够做出审查，乃至于司法变更？而在这种划分之外，还要考虑到一类特殊情况——行政裁决，因为行政裁决所解决的问题，实际是民事纠纷，本应由法院解决，只是由于行政机关进行初步处理可能更为便利的原因，法律将此类事件交由行政机关处理。然而，究其本质，法院对民事纠纷有着更加充分的权限。

而在这里，重点的问题在于行政裁量的司法变更，这一问题几乎已经触碰到了行政法最核心、最疑难的一些问题。如何对裁量进行审查？它涉及我们对行政权力运行过程的细致分析，并在这个过程中提炼出法院能够充分审查的部分，以及必须保持谦抑的部分。就我国的司法环境而言，如果法律不能对这些部分予以明确，并赋予法院明确的权力，法院的监督实际会因为某些畏难情绪而退缩。我们在第五章提及的几个案例，都很清楚地说明了这一点。基于这种判断，笔者主张突破合法性审查原则，扩充变更判决的适用范围，确保司法机关应当对行政行为有更加充分的司法变更权。

另一个重点在于，我们应当如何对待法院在行政诉讼中的尴尬地位？立法之初，就有学者认为，变更判决需要执行，如果行政机关不同意变更，则行政诉讼执行在实践中将非常困难。① 这也是当初为什么更多地适用撤销判决而非变更判决的原因。然而，这到底是结合实际，还是纵容迁就？法院的公信力在于判决能够有效执行，还是能够作出真正有意义的判决？这都值得我们在制度的进一步完善中展开深入思考。

我们认识到，司法变更权的价值目标，应当体现为更好地维护公民合法权利，实现司法职能、诉讼经济，监督行政主体依法行政。司法变更权制度的完善过程，实际上就是这些价值的实现过程。这并非唾手可得的事情，对变更判决的进一步完善，有赖于实务界和学界的共同努力。

① 江必新：《行政诉讼问题研究》，中国人民公安大学出版社 1989 年版，第 277～278 页。

参考文献

一、著作

[1] 林莉红．行政法治的理想与现实：《行政诉讼法》实施状况实证研究报告［M］．北京：北京大学出版社，2014.

[2] 林莉红．行政诉讼法［M］．武汉：武汉大学出版社，2009.

[3] 林莉红．行政诉讼法问题专论［M］．武汉：武汉大学出版社，2010.

[4] 马怀德．行政诉讼原理［M］．北京：法律出版社2003年版.

[5] 胡肖华．行政诉讼基本理论问题研究［M］．长沙：湖南人民出版社，1999.

[6]［美］肯尼思·F. 沃伦．政治体制中的行政法［M］．王丛虎，等译．北京：中国人民大学出版社，2005.

[7]［美］罗伯特·诺齐克．无政府、国家与乌托邦［M］．何怀宏，等译．北京：中国社会科学出版社，1991.

[8]［美］卡多佐．司法过程的性质［M］．苏力，译．北京：商务印书馆，2000.

[9]［美］迈克尔·D. 贝勒斯．法律的原则［M］．张文显，等译．北京：中国大百科全书出版社，1996.

[10]［美］凯斯·R. 桑斯坦．法律推理与政治冲突［M］．金朝武，等译．北京：法律出版社，2004.

[11]［美］汉密尔顿等．联邦党人文集［M］．程逢如，等译．北京：商务印书馆，1997.

[12]［美］伯纳德·施瓦茨．行政法［M］．徐炳，译．北京：群众出版社，1986.

[13]［美］施瓦茨．美国法律史［M］．王军，等译．北京：中国政法大学出版社，1990.

[14] [日] 棚濑孝雄. 纠纷的解决与审判制度 [M]. 王亚新，译. 北京：中国政法大学出版社，1994.
[15] [英] 戴雪. 英宪精义 [M]. 雷宾南，译. 北京：中国法制出版社，2001.
[16] [英] 彼得·莱兰，戈登·安东尼. 英国行政法教科书 [M]. 杨伟东，译. 北京：北京大学出版社，2007.
[17] [英] 哈耶克. 自由秩序原理（上）[M]. 邓正来，译. 北京：三联书店，1997.
[18] [英] 威廉·韦德. 行政法 [M]. 徐炳，译. 北京：中国大百科全书出版社，1997.
[19] [古希腊] 亚里士多德. 政治学 [M]. 吴寿彭，译. 北京：商务印书馆，1965.
[20] [日] 室井力. 日本现代行政法 [M]. 吴微，译. 北京：中国政法大学出版社，1995.
[21] [日] 盐野宏. 行政法 [M]. 杨建顺，译. 北京：法律出版社，1999.
[22] [印] 赛夫. 德国行政法：普通法的分析 [M]. 周伟，译. 济南：山东人民出版社，2006.
[23] [德] 卡尔·恩吉施. 法律思维导论 [M]. 郑永流，译. 北京：法律出版社，2004.
[24] [德] 哈特穆特·毛雷尔. 行政法学总论 [M]. 高家伟，译. 北京：法律出版社，2000.
[25] [德] 平特纳. 德国普通行政法 [M]. 朱林，译. 北京：中国政法大学出版社，1999.
[26] 陈云生. 宪法监督司法化 [M]. 北京：北京大学出版社，2004.
[27] 陈新民. 公法学札记 [M]. 北京：中国政法大学出版社，2001.
[28] 陈新民. 中国行政法学原理 [M]. 北京：中国政法大学出版社，2002.
[29] 陈清秀. 行政诉讼法 [M]. 台北：植根法律事务所，1999.
[30] 蔡志方. 行政救济法新论. 台北：元照出版公司，2001.
[31] 何海波. 实质法治：寻求行政判决的合法性 [M]. 北京：法律出版社，2009.

[32] 姜明安，余凌云．行政法［M］. 北京：科学出版社，2010.
[33] 姜明安．外国行政法教程［M］. 北京：法律出版社，1993.
[34] 姜明安．行政法与行政诉讼法［M］. 北京：北京大学出版社，2005.
[35] 江必新、梁凤云．行政诉讼法理论与实务［M］. 北京：北京大学出版社，2009.
[36] 江必新．中国行政诉讼制度的完善：行政诉讼法修改问题实务研究［M］. 北京：法律出版社，2005.
[37] 江必新．行政诉讼问题研究［M］. 北京：中国人民公安大学出版社，1989.
[38] 江必新．中华人民共和国行政诉讼法理解适用与实务指南［M］. 北京：中国法制出版社，2015.
[39] 林纪东．诉愿及行政诉讼［M］. 台北：正中书局，1990.
[40] 林腾鹞．行政诉讼法［M］. 台北：三民书局，2009.
[41] 刘志刚．中国行政法专题［M］. 上海：复旦大学出版社，2011.
[42] 罗豪才．行政法学［M］. 北京：中国政法大学出版社，1999.
[43] 冯军．行政处罚法新论［M］. 北京：中国检察出版社，2003.
[44] 马立群．行政诉讼标的研究：以实体与程序连接中心［M］. 北京：中国政法大学出版社，2003.
[45] 马怀德．行政法制度构建与判例研究［M］. 北京：中国政法大学出版社，2000.
[46] 马怀德．行政诉讼原理［M］. 北京：法律出版社，2003.
[47] 钮涟，佘朝群，袁曙宏．行政复议概论［M］. 合肥：安徽人民出版社，1990.
[48] 宋冰．程序、正义与现代化——外国法学家在华演讲录［M］. 北京：中国政法大学出版社，1998.
[49] 司久贵，张林海．行政处罚法综论［M］. 郑州：河南人民出版社，2000.
[50] 苏国勋．现代化及其限制——韦伯思想引论［M］. 台北：桂冠图书股份有限公司，1989.
[51] 王名扬．法国行政法［M］. 北京：北京大学出版社，2007.
[52] 王名扬．英国行政法［M］. 北京：中国政法大学出版社，1987.
[53] 王名扬．美国行政法［M］. 北京：中国法制出版社，2005.

[54] 吴华．行政诉讼类型研究［M］．北京：中国人民公安大学出版社，2006.
[55] 吴庚．行政法之理论与实用［J］．台北：三民书局，1998.
[56] 吴庚．行政争讼法论［M］．台北：三民书局，2005.
[57] 翁岳生．行政诉讼法逐条释义［M］．台北：五南图书出版股份有限公司，2002.
[58] 翁岳生．行政法（上册）［M］．台北：翰芦图书出版有限公司，2000.
[59] 翁岳生．行政法［M］．北京：中国法制出版社，2002.
[60] 行政诉讼研究会编．行政诉讼之研讨（一）［M］．台北：台湾法学出版股份有限公司，2012.
[61] 行政诉讼研究会编．行政诉讼之研讨（二）［M］．台北：台湾法学出版股份有限公司，2012.
[62] 许宗力．法与国家权力（二）［M］．台北：元照出版公司，2007.
[63] 杨卫东．权力结构中的行政诉讼［M］．北京：北京大学出版社，2008.
[64] 杨建顺．日本行政法通论［M］．北京：中国法制出版社，1998.
[65] 叶必丰．行政法与行政诉讼法［M］．北京：中国人民大学出版社，2003.
[66] 应松年．外国行政程序法汇编［M］．北京：中国法制出版社，1999.
[67] 于安．行政诉讼法通论［M］．重庆：重庆出版社，1989.
[68] 余凌云．治安管理处罚法的具体适用问题［M］．北京：中国人民公安大学出版社，2006.
[69] 章志远．行政诉讼法前沿问题研究［M］．济南：山东人民出版社，2008.
[70] 章剑生．行政诉讼法基本理论［M］．北京：中国人事出版社，1998.
[71] 张越．英国行政法［M］．北京：中国政法大学出版社，2004.
[72] 最高人民法院行政审判庭，中央人民广播电台法制组编．行政诉讼法例解［M］．北京：中国人民公安大学出版社，1992.
[73] 最高人民法院行政审判庭．行政执法与行政审判（2003 年第 1 辑）［M］．北京：法律出版社，2003.
[74] 周佑勇．行政裁量治理研究：一种功能主义的立场［M］．北京：法律出版社，2008.
[75] 赵威，方军，吉雅杰．行政复议法起草问题及条文释解［M］．北京：中国人

民公安大学出版社，1999.

二、论文

[1] 卜晓虹．行政合理性原则在行政诉讼中之实然状况与应然构造：论司法审查对行政自由裁量的有限监控［J］．法律适用，2006（1-2）．

[2] 戴勇才．人民法院对显失公正行政处罚的变更权［J］．现代法学，1998（1）．

[3] 程延军．诉讼经济原则的法理学解析［J］．内蒙古民族大学学报（社会科学版），2008（1）．

[4] 陈瑞华．司法权的性质：以刑事司法为范例的分析［J］．法学研究，2000（5）．

[5] 陈思融．论行政诉讼补救判决的适用：基于104份行政裁判文书的统计分析［J］．中国法学，2015（2）．

[6] 陈娟．驾驶机动车超速，究竟该罚多少：云南省公安厅红头文件引争议［N］．人民日报，2008-04-02.

[7] 陈振宇．不确定法律概念与司法审查［J］．云南大学学报（法学版），2008（4）．

[8] 伏创宇．论行政功能保留：以德国核能规制为论域［J］．河南财经政法大学学报，2014（3）．

[9] 冯嘉林，李喆．行政诉讼中司法变更权的适用与展望［N］．人民法院报，2005-02-23.

[10] 富艳萍．中日行政诉讼情况判决制度之比较研究［D］．华东政法大学2008年硕士学位论文.

[11] 高秦伟．行政救济中的机构独立与专业判断：美国行政法官的经验与问题［J］．法学论坛，2014（2）．

[12] 官继慧．美国行政法官制度研究［D］．武汉大学2012年博士学位论文.

[13] 耿玉基．超越权力分工：行政司法化的证成与规制［J］．法制与社会发展，2015（3）．

[14] 胡建淼．有关行政滥用职权的内涵及其表现的学理探讨［J］．法学研究，1992（3）．

[15] 胡建淼，唐震．行政诉讼调解、和解抑或协调和解：基于经验事实和规范文本的考量［J］．政法论坛，2011（4）．
[16] 黄先雄．司法谦抑的理论与现实基础——以美国司法审查为视角［J］．湘潭大学学报（哲学社会科学版），2007（5）．
[17] 黄先雄．德国行政诉讼中司法权的边界及其成因［J］．比较法研究，2013（2）．
[18] 黄学贤．行政诉讼中的情况判决探讨［J］．行政法学研究，2005（3）．
[19] 姜明安．论新行政诉讼法的若干制度创新［J］．行政法学研究，2015（4）．
[20] 江必新．论实质法治主义背景下的司法审查［J］．法律科学（西北政法大学学报），2011（6）．
[21] 江必新．论行政诉讼中的司法变更权［J］．法学研究，1988（12）．
[22] 江嘉禧．行政审判中的司法变更权研究［J］．中国法学，1988（6）．
[23] 江苏省高级人民法院课题组．行政诉讼建立调解制度的可行性［J］．法律适用，2007（10）．
[24] 姜明安．行政裁量的软法规制［J］．法学论坛，2009（4）．
[25] 金成波．中国情境下的情况判决——经由案例的钩沉［J］．行政法学研究，2011（1）．
[26] 马怀德．行政许可案件判决方式研究［J］．南京大学学报（哲学·人文科学·社会科学），2000（3）．
[27] 孔繁华．行政变更判决研究——以比较法为视角［J］．当代法学，2009（9）．
[28] 刘建宏．ETC案与情况判决［J］．台湾本土法学，2006（4）．
[29] 刘飞．信赖保护原则的行政法意义：以授益行为的撤销与废止为基点的思考［J］．法学研究，2010（6）．
[30] 罗英．论行政诉讼重作判决之价值与适用条件［J］．武汉大学学报（哲学社会科学版），2010（2）．
[31] 李春燕．行政信赖保护原则研究［J］．行政法学研究，2001（3）．
[32] 牟道媛．谈诉讼经济原则［J］．政治与法律，1998（12）．
[33] 茅铭晨，李春燕．行政裁决法治化研究［J］．行政与法，2003（5）．

[34] 孟天，郑永节．法官，谁为你主持公道［N］．法制日报，2000-01-10.
[35] 明廷强，庞仕平．再论行政诉讼司法变更权［J］．中央政法管理干部学院学报，1995（4）.
[36] 沈开举，郑磊．英国行政裁判所的最新改革及其启示［J］．行政法学研究，2009（3）.
[37] 孙笑侠．司法权的本质是判断权：司法权与行政权的十大区别［J］．法学，1998（8）.
[38] 于安．行政诉讼中的司法变更权值得商榷［J］．法学，1987（3）.
[39] 吴毓平．一起经过 14 次裁判的行政案件［J］．行政法学研究，1998（4）.
[40] 王文惠．行政裁决法律制度主要问题探究［J］．法学杂志，2010（2）.
[41] 王小红．我国行政裁决制度的演进及其完善［J］．南都学坛，2010（2）.
[42] 王小红．行政裁决诉讼路径研究［J］．河南省政法管理干部学院学报，2007（4）.
[43] 王名扬．我国行政诉讼立法的几个问题［J］．法学杂志，1989（1）.
[44] 王锡锌．自由裁量权基准：技术的创新还是误用［J］．法学研究，2008（5）.
[45] 王宗光．职权主义——我国行政审判模式的必然选择［J］．政治与法律，2001（4）.
[46] 王贵松．论行政裁量的司法审查强度［J］．法商研究，2012（4）.
[47] 王进．为洗清不白之冤，山东两名法官上访整四年［N］．北京青年报，2001-01-16.
[48] 王振宇．行政裁量及其行政裁量［J］．人民司法，2009（19）.
[49] 王天华．裁量基准基本理论问题刍议［J］．浙江学刊，2006（6）.
[50] 王天华．裁量基准与个别情况考虑义务：周文明诉文山交警不按“红头文件”处罚案评析［J］．交大法学，2011（2）.
[51] 夏锦文，刘志峰．行政诉讼司法变更的理论基础［J］．法制与社会发展，2004（6）.
[52] 项一丛．行政诉讼重作判决的法理分析［J］．公法研究，2004.
[53] 杨建顺．论行政裁量与司法审查：兼及行政自我拘束原则的理论根据［J］.

法商研究，2003 (1).
［54］杨建顺．行政裁量的运作及其监督［J］．法学研究，2004 (1).
［55］杨伟东．行政行为司法审查强度研究——行政审判权纵向范围分析［D］．北京：中国政法大学 2011 年博士学位论文．
［56］尹权，金松华．情况判决的理论与现实反思及其完善［J］．政治与法律，2008 (3).
［57］余凌云．论行政诉讼法的修改［J］．清华法学，2014 (3).
［58］余凌云．游走在规范与僵化之间：对金华行政裁量基准实践的思考［J］．清华法学，2008 (3).
［59］张惠东．司法裁判、行政裁判抑或是纯粹行政？——法国行政法学的基础课题［J］．台北大学法学论丛，2011 (3).
［60］张志明．略论行政审判中的司法变更权［J］．理论月刊，1992 (1).
［61］张成福，李丹婷．公共利益与公共治理［J］．中国人民大学学报，2012 (2).
［62］张莉．行政裁量指示的司法控制：法国经验评析［J］．国家行政学院学报，2012 (1).
［63］章剑生．判决重作具体行政行为［J］．法学研究，1996 (6).
［64］章剑生．论利益衡量之方法在行政诉讼确认违法判决中的适用［J］．法学，2004 (6).
［65］郑春燕．“隐匿”司法审查下的行政裁量观及其修正：以《最高人民法院公报》中的相关案例为样本的分析［J］．法商研究，2013 (1).
［66］朱苏力．论法院的审判职能与行政管理［J］．中外法学，1999 (5).
［67］周通．论不确定法律概念的司法审查［D］．郑州大学 2009 年硕士学位论文．
［68］周维峰．论行政法信赖保护原则［J］．政法论丛，2003 (2).
［69］周佑勇．在软法与硬法之间：裁量基准效力的法理定位［J］．法学论坛，2009 (4).
［70］周佑勇．裁量基准司法审查研究［J］．中国法学，2012 (6).
［71］朱新力，高春燕．行政诉讼应该确立调解原则吗？［J］．行政法学研究，

2004 (4).

[72] [法] 让-马克·索维，张莉译．法国行政法官对规范性行政行为的合法性审查 [J]. 比较法研究，2011 (2).

[73] [德] 安德烈亚斯·冯·阿尔诺．欧洲基本权利保护的理论与方法：以比例原则为例 [J]. 比较法研究，2014 (1).

[74] [英] Sophie Boyron，赵艳花，耿宝健译．行政法纠纷中调解的出现：英国、法国和德国的经验 [J]. 南京工业大学学报 (社会科学版)，2008 (1).

附录一：司法变更权相关历史文件

中华人民共和国行政诉讼法（1989年）（节选）

（中华人民共和国第七届全国人民代表大会第二次会议于1989年4月4日通过，自1990年10月1日起施行）

第七章　审理和判决

第五十四条　人民法院经过审理，根据不同情况，分别作出以下判决：

（一）具体行政行为证据确凿，适用法律、法规正确，符合法定程序的，判决维持。

（二）具体行政行为有下列情形之一的，判决撤销或者部分撤销，并可以判决被告重新作出具体行政行为：

1. 主要证据不足的；
2. 适用法律、法规错误的；
3. 违反法定程序的；
4. 超越职权的；
5. 滥用职权的。

（三）被告不履行或者拖延履行法定职责的，判决其在一定期限内履行。

（四）行政处罚显失公正的，可以判决变更。

第五十五条　人民法院判决被告重新作出具体行政行为的，被告不得以同一的事实和理由作出与原具体行政行为基本相同的具体行政行为。

第六十一条 人民法院审理上诉案件，按照下列情形，分别处理：

（一）原判决认定事实清楚，适用法律、法规正确的，判决驳回上诉，维持原判；

（二）原判决认定事实清楚，但适用法律、法规错误的，依法改判；

（三）原判决认定事实不清，证据不足，或者由于违反法定程序可能影响案件正确判决的，裁定撤销原判，发回原审人民法院重审，也可以查清事实后改判。当事人对重审案件的判决、裁定，可以上诉。

中华人民共和国行政诉讼法（2014年修正）（节选）

（1989年4月4日第七届全国人民代表大会第二次会议通过 根据2014年11月1日第十二届全国人民代表大会常务委员会第十一次会议《关于修改〈中华人民共和国行政诉讼法〉的决定》修正）

第七章 审理和判决

第六十九条 行政行为证据确凿，适用法律、法规正确，符合法定程序的，或者原告申请被告履行法定职责或者给付义务理由不成立的，人民法院判决驳回原告的诉讼请求。

第七十条 行政行为有下列情形之一的，人民法院判决撤销或者部分撤销，并可以判决被告重新作出行政行为：

（一）主要证据不足的；

（二）适用法律、法规错误的；

（三）违反法定程序的；

（四）超越职权的；

（五）滥用职权的；

（六）明显不当的。

第七十一条 人民法院判决被告重新作出行政行为的，被告不得以同一的事实和理由作出与原行政行为基本相同的行政行为。

第七十二条 人民法院经过审理，查明被告不履行法定职责的，判决被告在一定期限内履行。

第七十三条 人民法院经过审理，查明被告依法负有给付义务的，判决被告履行给付义务。

第七十四条 行政行为有下列情形之一的，人民法院判决确认违法，但不撤销行政行为：

（一）行政行为依法应当撤销，但撤销会给国家利益、社会公共利益造成重大损害的；

（二）行政行为程序轻微违法，但对原告权利不产生实际影响的。

行政行为有下列情形之一，不需要撤销或者判决履行的，人民法院判决确认违法：

（一）行政行为违法，但不具有可撤销内容的；

（二）被告改变原违法行政行为，原告仍要求确认原行政行为违法的；

（三）被告不履行或者拖延履行法定职责，判决履行没有意义的。

第七十五条 行政行为有实施主体不具有行政主体资格或者没有依据等重大且明显违法情形，原告申请确认行政行为无效的，人民法院判决确认无效。

第七十六条 人民法院判决确认违法或者无效的，可以同时判决责令被告采取补救措施；给原告造成损失的，依法判决被告承担赔偿责任。

第七十七条 行政处罚明显不当，或者其他行政行为涉及对款额的确定、认定确有错误的，人民法院可以判决变更。

人民法院判决变更，不得加重原告的义务或者减损原告的权益。但利害关系人同为原告，且诉讼请求相反的除外。

第七十八条 被告不依法履行、未按照约定履行或者违法变更、解除本法第十二条第一款第十一项规定的协议的，人民法院判决被告承担继续履行、采取补救措施或者赔偿损失等责任。

被告变更、解除本法第十二条第一款第十一项规定的协议合法，但未依法给予补偿的，人民法院判决给予补偿。

第七十九条 复议机关与作出原行政行为的行政机关为共同被告的案件，人民法院应当对复议决定和原行政行为一并作出裁判。

关于《中华人民共和国行政诉讼法(草案)》的说明(节选)

1989年3月28日在第七届全国人民代表大会第二次会议上

全国人大常委会副委员长、法制工作委员会主任　王汉斌

四、关于受理和审判

为了保护公民、法人或者其他组织提起诉讼的权利，避免和防止法院对有的该受理的案件不予受理，草案规定，人民法院接到起诉状，经审查，应当在七日内立案或者作出裁定不予受理。原告对裁定不服的，可以向上一级人民法院上诉。

为了明确人民法院认定具体行政行为合法性的依据，草案规定：第一，人民法院审理行政案件，以法律和行政法规、地方性法规为依据。地方性法规适用于本行政区域内发生的行政案件。第二，人民法院审理行政案件，参照国务院部、委根据法律和国务院的行政法规、决定、命令制定、发布的规章，以及省、自治区、直辖市和省、自治区的人民政府所在地的市、经国务院批准的较大的市的人民政府根据法律和国务院的行政法规制定、发布的规章。现在对规章是否可以作为法院审理行政案件的依据仍有不同意见，有的认为应该作为依据，有的认为不能作为依据，只能以法律、行政法规和地方性法规作为依据。我们考虑，宪法和有关法律规定国务院各部委和省、市人民政府有权依法制定规章，行政机关有权依据规章行使职权。但是，规章与法律、法规的地位和效力不完全相同，有的规章还存在一些问题。因此，草案规定法院在审理行政案件时，参照规章的规定，是考虑了上述两种不同的意见，对符合法律、行政法规规定的规章，法院要参照审理，对不符合或不完全符合法律、行政法规原则精神的规章，法院可以有灵活处理的余地。

草案规定，人民法院对行政案件的审理，应该根据不同情况，分别作出以下判决：第一，具体行政行为证据确凿，适用法律、法规正确的，判决维持。具体行政行为引用具体法律、法规条文有失误的，予以补正。第二，具体行政行为有

下列情形之一的，判决撤销或者部分撤销，并可以判决被告改变原具体行政行为：1.主要证据不足的；2.适用法律、法规错误的；3.违反法定程序的；4.超越职权的；5.滥用职权的。第三，被告不履行或者拖延履行法定职责的，判决其在一定期限内履行。第四，行政处罚显失公正的，可以判决变更。至于行政机关在法律、法规规定范围内作出的行政处罚轻一些或者重一些的问题，人民法院不能判决改变。为了防止有的行政机关不按照人民法院的判决改变原具体行政行为，致使原告的权利得不到保护，草案同时规定，人民法院判决被告改变原具体行政行为的，被告不得以同一的事实和理由作出与原具体行政行为基本相同的具体行政行为。

关于《中华人民共和国行政诉讼法修正案（草案）》的说明（节选）

2013年12月23日在第十二届全国人民代表大会常务委员会第六次会议上

全国人大常委会法制工作委员会副主任　信春鹰

七、关于完善判决形式

现行行政诉讼法规定了维持判决、撤销判决、履行判决和变更判决等四类判决形式。这些判决形式已不能完全适应审判实际需要，应予修改完善。建议作如下补充修改：

1. 以判决驳回原告诉讼请求代替维持判决。根据审判实际需要，规定：具体行政行为证据确凿，适用法律、法规正确，符合法定程序的，或者原告要求被告履行职责理由不成立的，人民法院判决驳回原告的诉讼请求。（修正案草案第三十八条）

2. 增加给付判决。根据审判实际需要，规定：人民法院经过审理，查明被告依法负有给付义务的，判决被告履行给付义务。（修正案草案第三十八条）

3. 增加确认违法或者无效判决。根据审判实际需要，规定：在六种情形下，人民法院判决确认具体行政行为违法或者无效，一是具体行政行为应当依法被判决撤销，但撤销该具体行政行为将会给国家利益、社会公共利益造成重大损害的；二是具体行政行为应当依法被判决撤销，但不具有可撤销内容的；三是具体行政行为程序违法，但未对原告权利产生实际影响的；四是被告不履行或者拖延履行法定职责应当判决履行，但判决履行已没有意义的；五是被告撤销或者变更原违法具体行政行为，原告不撤诉，仍要求对原具体行政行为的违法性作出确认的；六是原告提出具体行政行为无效，理由成立的。同时规定，人民法院判决确认具体行政行为违法或者无效，可以同时判决责令被告采取补救措施，给原告造成损失的，依法判决被告承担赔偿责任。(修正案草案第三十八条)

4. 扩大变更判决范围。根据审判实际需要，规定：行政处罚显失公正，或者其他具体行政行为涉及对款额的确定或者认定确有错误的，人民法院可以判决变更。人民法院判决变更，不得加重原告的义务或者减少原告的利益。但利害关系人同为原告，且诉讼请求相反的除外。(修正案草案第三十八条)

附录二：中华人民共和国行政诉讼法

（1989 年 4 月 4 日第七届全国人民代表大会第二次会议通过　根据 2014 年 11 月 1 日第十二届全国人民代表大会常务委员会第十一次会议《关于修改〈中华人民共和国行政诉讼法〉的决定》第一次修正　根据 2017 年 6 月 27 日第十二届全国人民代表大会常务委员会第二十八次会议《关于修改〈中华人民共和国民事诉讼法〉和〈中华人民共和国行政诉讼法〉的决定》第二次修正）

目　录

第一章　总　　则

第一条　为保证人民法院公正、及时审理行政案件，解决行政争议，保护公民、法人和其他组织的合法权益，监督行政机关依法行使职权，根据宪法，制定本法。

第二条　公民、法人或者其他组织认为行政机关和行政机关工作人员的行政行为侵犯其合法权益，有权依照本法向人民法院提起诉讼。

前款所称行政行为，包括法律、法规、规章授权的组织作出的行政行为。

第三条　人民法院应当保障公民、法人和其他组织的起诉权利，对应当受理的行政案件依法受理。

行政机关及其工作人员不得干预、阻碍人民法院受理行政案件。

被诉行政机关负责人应当出庭应诉。不能出庭的，应当委托行政机关相应的工作人员出庭。

第四条　人民法院依法对行政案件独立行使审判权，不受行政机关、社会团体和个人的干涉。

人民法院设行政审判庭，审理行政案件。

第五条　人民法院审理行政案件，以事实为根据，以法律为准绳。

第六条　人民法院审理行政案件，对行政行为是否合法进行审查。

第七条　人民法院审理行政案件，依法实行合议、回避、公开审判和两审终审制度。

第八条　当事人在行政诉讼中的法律地位平等。

第九条　各民族公民都有用本民族语言、文字进行行政诉讼的权利。

在少数民族聚居或者多民族共同居住的地区，人民法院应当用当地民族通用的语言、文字进行审理和发布法律文书。

人民法院应当对不通晓当地民族通用的语言、文字的诉讼参与人提供翻译。

第十条　当事人在行政诉讼中有权进行辩论。

第十一条人民检察院有权对行政诉讼实行法律监督。

第二章 受案范围

第十二条 人民法院受理公民、法人或者其他组织提起的下列诉讼：

（一）对行政拘留、暂扣或者吊销许可证和执照、责令停产停业、没收违法所得、没收非法财物、罚款、警告等行政处罚不服的；

（二）对限制人身自由或者对财产的查封、扣押、冻结等行政强制措施和行政强制执行不服的；

（三）申请行政许可，行政机关拒绝或者在法定期限内不予答复，或者对行政机关作出的有关行政许可的其他决定不服的；

（四）对行政机关作出的关于确认土地、矿藏、水流、森林、山岭、草原、荒地、滩涂、海域等自然资源的所有权或者使用权的决定不服的；

（五）对征收、征用决定及其补偿决定不服的；

（六）申请行政机关履行保护人身权、财产权等合法权益的法定职责，行政机关拒绝履行或者不予答复的；

（七）认为行政机关侵犯其经营自主权或者农村土地承包经营权、农村土地经营权的；

（八）认为行政机关滥用行政权力排除或者限制竞争的；

（九）认为行政机关违法集资、摊派费用或者违法要求履行其他义务的；

（十）认为行政机关没有依法支付抚恤金、最低生活保障待遇或者社会保险待遇的；

（十一）认为行政机关不依法履行、未按照约定履行或者违法变更、解除政府特许经营协议、土地房屋征收补偿协议等协议的；

（十二）认为行政机关侵犯其他人身权、财产权等合法权益的。

除前款规定外，人民法院受理法律、法规规定可以提起诉讼的其他行政案件。

第十三条 人民法院不受理公民、法人或者其他组织对下列事项提起的诉讼：

（一）国防、外交等国家行为；

（二）行政法规、规章或者行政机关制定、发布的具有普遍约束力的决定、命令；

（三）行政机关对行政机关工作人员的奖惩、任免等决定；

（四）法律规定由行政机关最终裁决的行政行为。

第三章 管 辖

第十四条 基层人民法院管辖第一审行政案件。

第十五条 中级人民法院管辖下列第一审行政案件：

（一）对国务院部门或者县级以上地方人民政府所作的行政行为提起诉讼的案件；

（二）海关处理的案件；

（三）本辖区内重大、复杂的案件；

（四）其他法律规定由中级人民法院管辖的案件。

第十六条 高级人民法院管辖本辖区内重大、复杂的第一审行政案件。

第十七条 最高人民法院管辖全国范围内重大、复杂的第一审行政案件。

第十八条 行政案件由最初作出行政行为的行政机关所在地人民法院管辖。经复议的案件，也可以由复议机关所在地人民法院管辖。

经最高人民法院批准，高级人民法院可以根据审判工作的实际情况，确定若干人民法院跨行政区域管辖行政案件。

第十九条 对限制人身自由的行政强制措施不服提起的诉讼，由被告所在地或者原告所在地人民法院管辖。

第二十条 因不动产提起的行政诉讼，由不动产所在地人民法院管辖。

第二十一条 两个以上人民法院都有管辖权的案件，原告可以选择其中一个人民法院提起诉讼。原告向两个以上有管辖权的人民法院提起诉讼的，由最先立案的人民法院管辖。

第二十二条 人民法院发现受理的案件不属于本院管辖的，应当移送有管辖权的人民法院，受移送的人民法院应当受理。受移送的人民法院认为受移送的案件按照规定不属于本院管辖的，应当报请上级人民法院指定管辖，不得再自行移送。

第二十三条 有管辖权的人民法院由于特殊原因不能行使管辖权的，由上级人民法院指定管辖。

人民法院对管辖权发生争议，由争议双方协商解决。协商不成的，报它们的共同上级人民法院指定管辖。

第二十四条 上级人民法院有权审理下级人民法院管辖的第一审行政案件。

下级人民法院对其管辖的第一审行政案件，认为需要由上级人民法院审理或者指定管辖的，可以报请上级人民法院决定。

第四章 诉讼参加人

第二十五条 行政行为的相对人以及其他与行政行为有利害关系的公民、法人或者其他组织，有权提起诉讼。

有权提起诉讼的公民死亡，其近亲属可以提起诉讼。

有权提起诉讼的法人或者其他组织终止，承受其权利的法人或者其他组织可以提起诉讼。

人民检察院在履行职责中发现生态环境和资源保护、食品药品安全、国有财产保护、国有土地使用权出让等领域负有监督管理职责的行政机关违法行使职权或者不作为，致使国家利益或者社会公共利益受到侵害的，应当向行政机关提出检察建议，督促其依法履行职责。行政机关不依法履行职责的，人民检察院依法向人民法院提起诉讼。

第二十六条 公民、法人或者其他组织直接向人民法院提起诉讼的，作出行政行为的行政机关是被告。

经复议的案件，复议机关决定维持原行政行为的，作出原行政行为的行政机关和复议机关是共同被告；复议机关改变原行政行为的，复议机关是被告。

复议机关在法定期限内未作出复议决定，公民、法人或者其他组织起诉原行政行为的，作出原行政行为的行政机关是被告；起诉复议机关不作为的，复议机关是被告。

两个以上行政机关作出同一行政行为的，共同作出行政行为的行政机关是共同被告。

行政机关委托的组织所作的行政行为，委托的行政机关是被告。

行政机关被撤销或者职权变更的，继续行使其职权的行政机关是被告。

第二十七条 当事人一方或者双方为二人以上，因同一行政行为发生的行政案件，或者因同类行政行为发生的行政案件、人民法院认为可以合并审理并经当事人同意的，为共同诉讼。

第二十八条 当事人一方人数众多的共同诉讼，可以由当事人推选代表人进行诉讼。代表人的诉讼行为对其所代表的当事人发生效力，但代表人变更、放弃诉讼请求或者承认对方当事人的诉讼请求，应当经被代表的当事人同意。

第二十九条 公民、法人或者其他组织同被诉行政行为有利害关系但没有提起诉讼，或者同案件处理结果有利害关系的，可以作为第三人申请参加诉讼，或者由人民法院通知参加诉讼。

人民法院判决第三人承担义务或者减损第三人权益的，第三人有权依法提起上诉。

第三十条 没有诉讼行为能力的公民，由其法定代理人代为诉讼。法定代理人互相推诿代理责任的，由人民法院指定其中一人代为诉讼。

第三十一条 当事人、法定代理人，可以委托一至二人作为诉讼代理人。

下列人员可以被委托为诉讼代理人：

（一）律师、基层法律服务工作者；

（二）当事人的近亲属或者工作人员；

（三）当事人所在社区、单位以及有关社会团体推荐的公民。

第三十二条 代理诉讼的律师，有权按照规定查阅、复制本案有关材料，有权向有关组织和公民调查，收集与本案有关的证据。对涉及国家秘密、商业秘密和个人隐私的材料，应当依照法律规定保密。

当事人和其他诉讼代理人有权按照规定查阅、复制本案庭审材料，但涉及国家秘密、商业秘密和个人隐私的内容除外。

第五章　证　　据

第三十三条 证据包括：

（一）书证；

（二）物证；

（三）视听资料；

（四）电子数据；

（五）证人证言；

（六）当事人的陈述；

（七）鉴定意见；

（八）勘验笔录、现场笔录。

以上证据经法庭审查属实，才能作为认定案件事实的根据。

第三十四条 被告对作出的行政行为负有举证责任，应当提供作出该行政行为的证据和所依据的规范性文件。

被告不提供或者无正当理由逾期提供证据，视为没有相应证据。但是，被诉行政行为涉及第三人合法权益，第三人提供证据的除外。

第三十五条 在诉讼过程中，被告及其诉讼代理人不得自行向原告、第三人和证人收集证据。

第三十六条 被告在作出行政行为时已经收集了证据，但因不可抗力等正当事由不能提供的，经人民法院准许，可以延期提供。

原告或者第三人提出了其在行政处理程序中没有提出的理由或者证据的，经人民法院准许，被告可以补充证据。

第三十七条 原告可以提供证明行政行为违法的证据。原告提供的证据不成立的，不免除被告的举证责任。

第三十八条 在起诉被告不履行法定职责的案件中，原告应当提供其向被告提出申请的证据。但有下列情形之一的除外：

（一）被告应当依职权主动履行法定职责的；

（二）原告因正当理由不能提供证据的。

在行政赔偿、补偿的案件中，原告应当对行政行为造成的损害提供证据。因被告的原因导致原告无法举证的，由被告承担举证责任。

第三十九条 人民法院有权要求当事人提供或者补充证据。

第四十条 人民法院有权向有关行政机关以及其他组织、公民调取证据。但是，不得为证明行政行为的合法性调取被告作出行政行为时未收集的证据。

第四十一条 与本案有关的下列证据，原告或者第三人不能自行收集的，可以申请人民法院调取：

（一）由国家机关保存而须由人民法院调取的证据；

（二）涉及国家秘密、商业秘密和个人隐私的证据；

（三）确因客观原因不能自行收集的其他证据。

第四十二条 在证据可能灭失或者以后难以取得的情况下，诉讼参加人可以向人民法院申请保全证据，人民法院也可以主动采取保全措施。

第四十三条 证据应当在法庭上出示，并由当事人互相质证。对涉及国家秘密、商业秘密和个人隐私的证据，不得在公开开庭时出示。

人民法院应当按照法定程序，全面、客观地审查核实证据。对未采纳的证据应当在裁判文书中说明理由。

以非法手段取得的证据，不得作为认定案件事实的根据。

第六章　起诉和受理

第四十四条 对属于人民法院受案范围的行政案件，公民、法人或者其他组织可以先向行政机关申请复议，对复议决定不服的，再向人民法院提起诉讼；也可以直接向人民法院提起诉讼。

法律、法规规定应当先向行政机关申请复议，对复议决定不服再向人民法院提起诉讼的，依照法律、法规的规定。

第四十五条 公民、法人或者其他组织不服复议决定的，可以在收到复议决定书之日起十五日内向人民法院提起诉讼。复议机关逾期不作决定的，申请人可以在复议期满之日起十五日内向人民法院提起诉讼。法律另有规定的除外。

第四十六条 公民、法人或者其他组织直接向人民法院提起诉讼的，应当自知道或者应当知道作出行政行为之日起六个月内提出。法律另有规定的除外。

因不动产提起诉讼的案件自行政行为作出之日起超过二十年，其他案件自行政行为作出之日起超过五年提起诉讼的，人民法院不予受理。

第四十七条 公民、法人或者其他组织申请行政机关履行保护其人身权、财产权等合法权益的法定职责，行政机关在接到申请之日起两个月内不履行的，公民、法人或者其他组织可以向人民法院提起诉讼。法律、法规对行政机关履行职责的期限另有规定的，从其规定。

公民、法人或者其他组织在紧急情况下请求行政机关履行保护其人身权、财产权等合法权益的法定职责，行政机关不履行的，提起诉讼不受前款规定期限的限制。

第四十八条 公民、法人或者其他组织因不可抗力或者其他不属于其自身的原因耽误起诉期限的，被耽误的时间不计算在起诉期限内。

公民、法人或者其他组织因前款规定以外的其他特殊情况耽误起诉期限的，在障碍消除后十日内，可以申请延长期限，是否准许由人民法院决定。

第四十九条 提起诉讼应当符合下列条件：

（一）原告是符合本法第二十五条规定的公民、法人或者其他组织；

（二）有明确的被告；

（三）有具体的诉讼请求和事实根据；

（四）属于人民法院受案范围和受诉人民法院管辖。

第五十条 起诉应当向人民法院递交起诉状，并按照被告人数提出副本。

书写起诉状确有困难的，可以口头起诉，由人民法院记入笔录，出具注明日期的书面凭证，并告知对方当事人。

第五十一条 人民法院在接到起诉状时对符合本法规定的起诉条件的，应当登记立案。

对当场不能判定是否符合本法规定的起诉条件的，应当接收起诉状，出具注明收到日期的书面凭证，并在七日内决定是否立案。不符合起诉条件的，作出不予立案的裁定。裁定书应当载明不予立案的理由。原告对裁定不服的，可以提起上诉。

起诉状内容欠缺或者有其他错误的，应当给予指导和释明，并一次性告知当事人需要补正的内容。不得未经指导和释明即以起诉不符合条件为由不接收起诉状。

对于不接收起诉状、接收起诉状后不出具书面凭证，以及不一次性告知当事人需要补正的起诉状内容的，当事人可以向上级人民法院投诉，上级人民法院应当责令改正，并对直接负责的主管人员和其他直接责任人员依法给予处分。

第五十二条 人民法院既不立案，又不作出不予立案裁定的，当事人可以向上一级人民法院起诉。上一级人民法院认为符合起诉条件的，应当立案、审理，也可以指定其他下级人民法院立案、审理。

第五十三条 公民、法人或者其他组织认为行政行为所依据的国务院部门和地方人民政府及其部门制定的规范性文件不合法，在对行政行为提起诉讼时，可以一并请求对该规范性文件进行审查。

前款规定的规范性文件不含规章。

第七章 审理和判决

第一节 一般规定

第五十四条 人民法院公开审理行政案件，但涉及国家秘密、个人隐私和法律另有规定的除外。

涉及商业秘密的案件，当事人申请不公开审理的，可以不公开审理。

第五十五条 当事人认为审判人员与本案有利害关系或者有其他关系可能影响公正审判，有权申请审判人员回避。

审判人员认为自己与本案有利害关系或者有其他关系，应当申请回避。

前两款规定，适用于书记员、翻译人员、鉴定人、勘验人。

院长担任审判长时的回避，由审判委员会决定；审判人员的回避，由院长决定；其他人员的回避，由审判长决定。当事人对决定不服的，可以申请复议一次。

第五十六条 诉讼期间，不停止行政行为的执行。但有下列情形之一的，裁定停止执行：

（一）被告认为需要停止执行的；

（二）原告或者利害关系人申请停止执行，人民法院认为该行政行为的执行会造成难以弥补的损失，并且停止执行不损害国家利益、社会公共利益的；

（三）人民法院认为该行政行为的执行会给国家利益、社会公共利益造成重大损害的；

（四）法律、法规规定停止执行的。

当事人对停止执行或者不停止执行的裁定不服的，可以申请复议一次。

第五十七条 人民法院对起诉行政机关没有依法支付抚恤金、最低生活保障金和工伤、医疗社会保险金的案件，权利义务关系明确、不先予执行将严重影响原告生活的，可以根据原告的申请，裁定先予执行。

当事人对先予执行裁定不服的，可以申请复议一次。复议期间不停止裁定的执行。

第五十八条 经人民法院传票传唤，原告无正当理由拒不到庭，或者未经法庭许可中途退庭的，可以按照撤诉处理；被告无正当理由拒不到庭，或者未经法庭许可中途退庭的，可以缺席判决。

第五十九条 诉讼参与人或者其他人有下列行为之一的，人民法院可以根据情节轻重，予以训诫、责令具结悔过或者处一万元以下的罚款、十五日以下的拘留；构成犯罪的，依法追究刑事责任：

（一）有义务协助调查、执行的人，对人民法院的协助调查决定、协助执行通知书，无故推拖、拒绝或者妨碍调查、执行的；

（二）伪造、隐藏、毁灭证据或者提供虚假证明材料，妨碍人民法院审理案件的；

（三）指使、贿买、胁迫他人作伪证或者威胁、阻止证人作证的；

（四）隐藏、转移、变卖、毁损已被查封、扣押、冻结的财产的；

（五）以欺骗、胁迫等非法手段使原告撤诉的；

（六）以暴力、威胁或者其他方法阻碍人民法院工作人员执行职务，或者以哄闹、冲击法庭等方法扰乱人民法院工作秩序的；

（七）对人民法院审判人员或者其他工作人员、诉讼参与人、协助调查和执行的人员恐吓、侮辱、诽谤、诬陷、殴打、围攻或者打击报复的。

人民法院对有前款规定的行为之一的单位，可以对其主要负责人或者直接责任人员依照前款规定予以罚款、拘留；构成犯罪的，依法追究刑事责任。

罚款、拘留须经人民法院院长批准。当事人不服的，可以向上一级人民法院申请复议一次。复议期间不停止执行。

第六十条 人民法院审理行政案件，不适用调解。但是，行政赔偿、补偿以及行政机关行使法律、法规规定的自由裁量权的案件可以调解。

调解应当遵循自愿、合法原则，不得损害国家利益、社会公共利益和他人合法权益。

第六十一条 在涉及行政许可、登记、征收、征用和行政机关对民事争议所作的裁决的行政诉讼中，当事人申请一并解决相关民事争议的，人民法院可以一并审理。

在行政诉讼中，人民法院认为行政案件的审理需以民事诉讼的裁判为依据的，可以裁定中止行政诉讼。

第六十二条 人民法院对行政案件宣告判决或者裁定前，原告申请撤诉的，或者被告改变其所作的行政行为，原告同意并申请撤诉的，是否准许，由人民法院裁定。

第六十三条 人民法院审理行政案件，以法律和行政法规、地方性法规为依据。地方性法规适用于本行政区域内发生的行政案件。

人民法院审理民族自治地方的行政案件，并以该民族自治地方的自治条例和单行条例为依据。

人民法院审理行政案件，参照规章。

第六十四条 人民法院在审理行政案件中，经审查认为本法第五十三条规定的规范性文件不合法的，不作为认定行政行为合法的依据，并向制定机关提出处理建议。

第六十五条 人民法院应当公开发生法律效力的判决书、裁定书，供公众查阅，但涉及国家秘密、商业秘密和个人隐私的内容除外。

第六十六条 人民法院在审理行政案件中，认为行政机关的主管人员、直接责任人员违法违纪的，应当将有关材料移送监察机关、该行政机关或者其上一级行政机关；认为有犯罪行为的，应当将有关材料移送公安、检察机关。

人民法院对被告经传票传唤无正当理由拒不到庭，或者未经法庭许可中途退庭的，可以将被告拒不到庭或者中途退庭的情况予以公告，并可以向监察机关或者被告的上一级行政机关提出依法给予其主要负责人或者直接责任人员处分的司法建议。

第二节 第一审普通程序

第六十七条 人民法院应当在立案之日起五日内，将起诉状副本发送被告。被告应当在收到起诉状副本之日起十五日内向人民法院提交作出行政行为的证据和所依据的规范性文件，并提出答辩状。人民法院应当在收到答辩状之日起五日内，将答辩状副本发送原告。

被告不提出答辩状的，不影响人民法院审理。

第六十八条 人民法院审理行政案件，由审判员组成合议庭，或者由审判员、陪审员组成合议庭。合议庭的成员，应当是三人以上的单数。

第六十九条 行政行为证据确凿，适用法律、法规正确，符合法定程序的，或者原告申请被告履行法定职责或者给付义务理由不成立的，人民法院判决驳回原告的诉讼请求。

第七十条 行政行为有下列情形之一的，人民法院判决撤销或者部分撤销，并可以判决被告重新作出行政行为：

（一）主要证据不足的；

（二）适用法律、法规错误的；

（三）违反法定程序的；

（四）超越职权的；

（五）滥用职权的；

（六）明显不当的。

第七十一条 人民法院判决被告重新作出行政行为的，被告不得以同一的事实和理由作出与原行政行为基本相同的行政行为。

第七十二条 人民法院经过审理，查明被告不履行法定职责的，判决被告在一定期限内履行。

第七十三条 人民法院经过审理，查明被告依法负有给付义务的，判决被告履行给付义务。

第七十四条 行政行为有下列情形之一的，人民法院判决确认违法，但不撤销行政行为：

（一）行政行为依法应当撤销，但撤销会给国家利益、社会公共利益造成重大损害的；

（二）行政行为程序轻微违法，但对原告权利不产生实际影响的。

行政行为有下列情形之一，不需要撤销或者判决履行的，人民法院判决确认违法：

（一）行政行为违法，但不具有可撤销内容的；

（二）被告改变原违法行政行为，原告仍要求确认原行政行为违法的；

（三）被告不履行或者拖延履行法定职责，判决履行没有意义的。

第七十五条 行政行为有实施主体不具有行政主体资格或者没有依据等重大且明显违法情形，原告申请确认行政行为无效的，人民法院判决确认无效。

第七十六条 人民法院判决确认违法或者无效的，可以同时判决责令被告采取补救措施；给原告造成损失的，依法判决被告承担赔偿责任。

第七十七条 行政处罚明显不当，或者其他行政行为涉及对款额的确定、认定确有错误的，人民法院可以判决变更。

人民法院判决变更，不得加重原告的义务或者减损原告的权益。但利害关系人同为原告，且诉讼请求相反的除外。

第七十八条 被告不依法履行、未按照约定履行或者违法变更、解除本法第十二条第一款第十一项规定的协议的，人民法院判决被告承担继续履行、采取补救措施或者赔偿损失等责任。

被告变更、解除本法第十二条第一款第十一项规定的协议合法，但未依法给予补偿的，人民法院判决给予补偿。

第七十九条 复议机关与作出原行政行为的行政机关为共同被告的案件，人民法院应当对复议决定和原行政行为一并作出裁判。

第八十条 人民法院对公开审理和不公开审理的案件，一律公开宣告判决。

当庭宣判的，应当在十日内发送判决书；定期宣判的，宣判后立即发给判决书。

宣告判决时，必须告知当事人上诉权利、上诉期限和上诉的人民法院。

第八十一条 人民法院应当在立案之日起六个月内作出第一审判决。有特殊情况需要延长的，由高级人民法院批准，高级人民法院审理第一审案件需要延长的，由最高人民法院批准。

第三节 简易程序

第八十二条 人民法院审理下列第一审行政案件，认为事实清楚、权利义务关系明确、争议不大的，可以适用简易程序：

（一）被诉行政行为是依法当场作出的；

（二）案件涉及款额二千元以下的；

（三）属于政府信息公开案件的。

除前款规定以外的第一审行政案件，当事人各方同意适用简易程序的，可以适用简易程序。

发回重审、按照审判监督程序再审的案件不适用简易程序。

第八十三条 适用简易程序审理的行政案件，由审判员一人独任审理，并应当在立案之日起四十五日内审结。

第八十四条 人民法院在审理过程中，发现案件不宜适用简易程序的，裁定转为普通程序。

第四节 第二审程序

第八十五条 当事人不服人民法院第一审判决的，有权在判决书送达之日起十五日内向上一级人民法院提起上诉。当事人不服人民法院第一审裁定的，有权在裁定书送达之日起十日内向上一级人民法院提起上诉。逾期不提起上诉的，人民法院的第一审判决或者裁定发生法律效力。

第八十六条 人民法院对上诉案件，应当组成合议庭，开庭审理。经过阅卷、调查和询问当事人，对没有提出新的事实、证据或者理由，合议庭认为不需要开庭审理的，也可以不开庭审理。

第八十七条 人民法院审理上诉案件，应当对原审人民法院的判决、裁定和被诉行政行为进行全面审查。

第八十八条 人民法院审理上诉案件，应当在收到上诉状之日起三个月内作出终审判决。有特殊情况需要延长的，由高级人民法院批准，高级人民法院审理上诉案件需要延长的，由最高人民法院批准。

第八十九条 人民法院审理上诉案件，按照下列情形，分别处理：

（一）原判决、裁定认定事实清楚，适用法律、法规正确的，判决或者裁定驳回上诉，维持原判决、裁定；

（二）原判决、裁定认定事实错误或者适用法律、法规错误的，依法改判、撤销或者变更；

（三）原判决认定基本事实不清、证据不足的，发回原审人民法院重审，或者查清事实后改判；

（四）原判决遗漏当事人或者违法缺席判决等严重违反法定程序的，裁定撤销原判决，发回原审人民法院重审。

原审人民法院对发回重审的案件作出判决后，当事人提起上诉的，第二审人民法院不得再次发回重审。

人民法院审理上诉案件，需要改变原审判决的，应当同时对被诉行政行为作出判决。

第五节　审判监督程序

第九十条　当事人对已经发生法律效力的判决、裁定，认为确有错误的，可以向上一级人民法院申请再审，但判决、裁定不停止执行。

第九十一条　当事人的申请符合下列情形之一的，人民法院应当再审：

（一）不予立案或者驳回起诉确有错误的；

（二）有新的证据，足以推翻原判决、裁定的；

（三）原判决、裁定认定事实的主要证据不足、未经质证或者系伪造的；

（四）原判决、裁定适用法律、法规确有错误的；

（五）违反法律规定的诉讼程序，可能影响公正审判的；

（六）原判决、裁定遗漏诉讼请求的；

（七）据以作出原判决、裁定的法律文书被撤销或者变更的；

（八）审判人员在审理该案件时有贪污受贿、徇私舞弊、枉法裁判行为的。

第九十二条　各级人民法院院长对本院已经发生法律效力的判决、裁定，发现有本法第九十一条规定情形之一，或者发现调解违反自愿原则或者调解书内容违法，认为需要再审的，应当提交审判委员会讨论决定。

最高人民法院对地方各级人民法院已经发生法律效力的判决、裁定，上级人民法院对下级人民法院已经发生法律效力的判决、裁定，发现有本法第九十一条规定情形之一，或者发现调解违反自愿原则或者调解书内容违法的，有权提审或者指令下级人民法院再审。

第九十三条　最高人民检察院对各级人民法院已经发生法律效力的判决、裁定，上级人民检察院对下级人民法院已经发生法律效力的判决、裁定，发现有本法第九十一条规定情形之一，或者发现调解书损害国家利益、社会公共利益的，应当提出抗诉。

地方各级人民检察院对同级人民法院已经发生法律效力的判决、裁定，发现有本法第九十一条规定情形之一，或者发现调解书损害国家利益、社会公共利益的，可以向同级人民法院提出检察建议，并报上级人民检察院备案；也可以提请上级人民检察院向同级人民法院提出抗诉。

各级人民检察院对审判监督程序以外的其他审判程序中审判人员的违法行为，有权向同级人民法院提出检察建议。

第八章　执　　行

第九十四条　当事人必须履行人民法院发生法律效力的判决、裁定、调解书。

第九十五条　公民、法人或者其他组织拒绝履行判决、裁定、调解书的，行政机关或者第三人可以向第一审人民法院申请强制执行，或者由行政机关依法强制执行。

第九十六条　行政机关拒绝履行判决、裁定、调解书的，第一审人民法院可以采取下列措施：

（一）对应当归还的罚款或者应当给付的款额，通知银行从该行政机关的账户内划拨；

（二）在规定期限内不履行的，从期满之日起，对该行政机关负责人按日处五十元至一百元的罚款；

（三）将行政机关拒绝履行的情况予以公告；

（四）向监察机关或者该行政机关的上一级行政机关提出司法建议。接受司法建议的机关，根据有关规定进行处理，并将处理情况告知人民法院；

（五）拒不履行判决、裁定、调解书，社会影响恶劣的，可以对该行政机关直接负责的主管人员和其他直接责任人员予以拘留；情节严重，构成犯罪的，依法追究刑事责任。

第九十七条　公民、法人或者其他组织对行政行为在法定期限内不提起诉讼又不履行的，行政机关可以申请人民法院强制执行，或者依法强制执行。

第九章　涉外行政诉讼

第九十八条　外国人、无国籍人、外国组织在中华人民共和国进行行政诉讼，适用本法。法律另有规定的除外。

第九十九条 外国人、无国籍人、外国组织在中华人民共和国进行行政诉讼，同中华人民共和国公民、组织有同等的诉讼权利和义务。

外国法院对中华人民共和国公民、组织的行政诉讼权利加以限制的，人民法院对该国公民、组织的行政诉讼权利，实行对等原则。

第一百条 外国人、无国籍人、外国组织在中华人民共和国进行行政诉讼，委托律师代理诉讼的，应当委托中华人民共和国律师机构的律师。

第十章 附 则

第一百零一条 人民法院审理行政案件，关于期间、送达、财产保全、开庭审理、调解、中止诉讼、终结诉讼、简易程序、执行等，以及人民检察院对行政案件受理、审理、裁判、执行的监督，本法没有规定的，适用《中华人民共和国民事诉讼法》的相关规定。

第一百零二条 人民法院审理行政案件，应当收取诉讼费用。诉讼费用由败诉方承担，双方都有责任的由双方分担。收取诉讼费用的具体办法另行规定。

第一百零三条 本法自 1990 年 10 月 1 日起施行。

附录三：最高人民法院关于适用《中华人民共和国行政诉讼法》的解释

（2017年11月13日最高人民法院审判委员会第1726次会议通过，自2018年2月8日起施行）

为正确适用《中华人民共和国行政诉讼法》（以下简称行政诉讼法），结合人民法院行政审判工作实际，制定本解释。

一、受案范围

第一条 公民、法人或者其他组织对行政机关及其工作人员的行政行为不服，依法提起诉讼的，属于人民法院行政诉讼的受案范围。

下列行为不属于人民法院行政诉讼的受案范围：

（一）公安、国家安全等机关依照刑事诉讼法的明确授权实施的行为；

（二）调解行为以及法律规定的仲裁行为；

（三）行政指导行为；

（四）驳回当事人对行政行为提起申诉的重复处理行为；

（五）行政机关作出的不产生外部法律效力的行为；

（六）行政机关为作出行政行为而实施的准备、论证、研究、层报、咨询等过程性行为；

（七）行政机关根据人民法院的生效裁判、协助执行通知书作出的执行行为，但行政机关扩大执行范围或者采取违法方式实施的除外；

（八）上级行政机关基于内部层级监督关系对下级行政机关作出的听取报告、执法检查、督促履责等行为；

（九）行政机关针对信访事项作出的登记、受理、交办、转送、复查、复核意见等行为；

（十）对公民、法人或者其他组织权利义务不产生实际影响的行为。

第二条 行政诉讼法第十三条第一项规定的“国家行为”，是指国务院、中央军事委员会、国防部、外交部等根据宪法和法律的授权，以国家的名义实施的有关国防和外交事务的行为，以及经宪法和法律授权的国家机关宣布紧急状态等行为。

行政诉讼法第十三条第二项规定的“具有普遍约束力的决定、命令”，是指行政机关针对不特定对象发布的能反复适用的规范性文件。

行政诉讼法第十三条第三项规定的“对行政机关工作人员的奖惩、任免等决定”，是指行政机关作出的涉及行政机关工作人员公务员权利义务的决定。

行政诉讼法第十三条第四项规定的“法律规定由行政机关最终裁决的行政行为”中的“法律”，是指全国人民代表大会及其常务委员会制定、通过的规范性文件。

二、管　　辖

第三条 各级人民法院行政审判庭审理行政案件和审查行政机关申请执行其行政行为的案件。

专门人民法院、人民法庭不审理行政案件，也不审查和执行行政机关申请执行其行政行为的案件。铁路运输法院等专门人民法院审理行政案件，应当执行行政诉讼法第十八条第二款的规定。

第四条 立案后，受诉人民法院的管辖权不受当事人住所地改变、追加被告等事实和法律状态变更的影响。

第五条 有下列情形之一的，属于行政诉讼法第十五条第三项规定的“本辖区内重大、复杂的案件”：

（一）社会影响重大的共同诉讼案件；

（二）涉外或者涉及香港特别行政区、澳门特别行政区、台湾地区的案件；

（三）其他重大、复杂案件。

第六条 当事人以案件重大复杂为由，认为有管辖权的基层人民法院不宜行使管辖权或者根据行政诉讼法第五十二条的规定，向中级人民法院起诉，中级人民法院应当根据不同情况在七日内分别作出以下处理：

（一）决定自行审理；

（二）指定本辖区其他基层人民法院管辖；

（三）书面告知当事人向有管辖权的基层人民法院起诉。

第七条 基层人民法院对其管辖的第一审行政案件，认为需要由中级人民法院审理或者指定管辖的，可以报请中级人民法院决定。中级人民法院应当根据不同情况在七日内分别作出以下处理：

（一）决定自行审理；

（二）指定本辖区其他基层人民法院管辖；

（三）决定由报请的人民法院审理。

第八条 行政诉讼法第十九条规定的“原告所在地”，包括原告的户籍所在地、经常居住地和被限制人身自由地。

对行政机关基于同一事实，既采取限制公民人身自由的行政强制措施，又采取其他行政强制措施或者行政处罚不服的，由被告所在地或者原告所在地的人民法院管辖。

第九条 行政诉讼法第二十条规定的“因不动产提起的行政诉讼”是指因行政行为导致不动产物权变动而提起的诉讼。

不动产已登记的，以不动产登记簿记载的所在地为不动产所在地；不动产未登记的，以不动产实际所在地为不动产所在地。

第十条 人民法院受理案件后，被告提出管辖异议的，应当在收到起诉状副本之日起十五日内提出。

对当事人提出的管辖异议，人民法院应当进行审查。异议成立的，裁定将案件移送有管辖权的人民法院；异议不成立的，裁定驳回。

人民法院对管辖异议审查后确定有管辖权的，不因当事人增加或者变更诉讼请求等改变管辖，但违反级别管辖、专属管辖规定的除外。

第十一条 有下列情形之一的，人民法院不予审查：

（一）人民法院发回重审或者按第一审程序再审的案件，当事人提出管辖异议的；

（二）当事人在第一审程序中未按照法律规定的期限和形式提出管辖异议，在第二审程序中提出的。

三、诉讼参加人

第十二条 有下列情形之一的，属于行政诉讼法第二十五条第一款规定的“与行政行为有利害关系”：

（一）被诉的行政行为涉及其相邻权或者公平竞争权的；

（二）在行政复议等行政程序中被追加为第三人的；

（三）要求行政机关依法追究加害人法律责任的；

（四）撤销或者变更行政行为涉及其合法权益的；

（五）为维护自身合法权益向行政机关投诉，具有处理投诉职责的行政机关作出或者未作出处理的；

（六）其他与行政行为有利害关系的情形。

第十三条 债权人以行政机关对债务人所作的行政行为损害债权实现为由提起行政诉讼的，人民法院应当告知其就民事争议提起民事诉讼，但行政机关作出行政行为时依法应予保护或者应予考虑的除外。

第十四条 行政诉讼法第二十五条第二款规定的“近亲属”，包括配偶、父母、子女、兄弟姐妹、祖父母、外祖父母、孙子女、外孙子女和其他具有扶养、赡养关系的亲属。

公民因被限制人身自由而不能提起诉讼的，其近亲属可以依其口头或者书面委托以该公民的名义提起诉讼。近亲属起诉时无法与被限制人身自由的公民取得联系，近亲属可以先行起诉，并在诉讼中补充提交委托证明。

第十五条 合伙企业向人民法院提起诉讼的，应当以核准登记的字号为原告。未依法登记领取营业执照的个人合伙的全体合伙人为共同原告；全体合伙人可以推选代表人，被推选的代表人，应当由全体合伙人出具推选书。

个体工商户向人民法院提起诉讼的，以营业执照上登记的经营者为原告。有字号的，以营业执照上登记的字号为原告，并应当注明该字号经营者的基本信息。

第十六条 股份制企业的股东大会、股东会、董事会等认为行政机关作出的行政行为侵犯企业经营自主权的，可以企业名义提起诉讼。

联营企业、中外合资或者合作企业的联营、合资、合作各方，认为联营、合资、合作企业权益或者自己一方合法权益受行政行为侵害的，可以自己的名义提起诉讼。

非国有企业被行政机关注销、撤销、合并、强令兼并、出售、分立或者改变企业隶属关系的，该企业或者其法定代表人可以提起诉讼。

第十七条 事业单位、社会团体、基金会、社会服务机构等非营利法人的出资人、设立人认为行政行为损害法人合法权益的，可以自己的名义提起诉讼。

第十八条 业主委员会对于行政机关作出的涉及业主共有利益的行政行为，可以自己的名义提起诉讼。

业主委员会不起诉的，专有部分占建筑物总面积过半数或者占总户数过半数的业主可以提起诉讼。

第十九条 当事人不服经上级行政机关批准的行政行为，向人民法院提起诉讼的，以在对外发生法律效力的文书上署名的机关为被告。

第二十条 行政机关组建并赋予行政管理职能但不具有独立承担法律责任能力的机构，以自己的名义作出行政行为，当事人不服提起诉讼的，应当以组建该机构的行政机关为被告。

法律、法规或者规章授权行使行政职权的行政机关内设机构、派出机构或者其他组织，超出法定授权范围实施行政行为，当事人不服提起诉讼的，应当以实施该行为的机构或者组织为被告。

没有法律、法规或者规章规定，行政机关授权其内设机构、派出机构或者其他组织行使行政职权的，属于行政诉讼法第二十六条规定的委托。当事人不服提起诉讼的，应当以该行政机关为被告。

第二十一条 当事人对由国务院、省级人民政府批准设立的开发区管理机构作出的行政行为不服提起诉讼的，以该开发区管理机构为被告；对由国务院、省级人民政府批准设立的开发区管理机构所属职能部门作出的行政行为不服提起诉讼的，以其职能部门为被告；对其他开发区管理机构所属职能部门作出的行政行为不服提起诉讼的，以开发区管理机构为被告；开发区管理机构没有行政主体资格的，以设立该机构的地方人民政府为被告。

第二十二条 行政诉讼法第二十六条第二款规定的“复议机关改变原行政行为”，是指复议机关改变原行政行为的处理结果。复议机关改变原行政行为所认定的主要事实和证据、改变原行政行为所适用的规范依据，但未改变原行政行为处理结果的，视为复议机关维持原行政行为。

复议机关确认原行政行为无效，属于改变原行政行为。

复议机关确认原行政行为违法，属于改变原行政行为，但复议机关以违反法定程序为由确认原行政行为违法的除外。

第二十三条 行政机关被撤销或者职权变更，没有继续行使其职权的行政机关的，以其所属的人民政府为被告；实行垂直领导的，以垂直领导的上一级行政机关为被告。

第二十四条 当事人对村民委员会或者居民委员会依据法律、法规、规章的授权履行行政管理职责的行为不服提起诉讼的，以村民委员会或者居民委员会为被告。

当事人对村民委员会、居民委员会受行政机关委托作出的行为不服提起诉讼的，以委托的行政机关为被告。

当事人对高等学校等事业单位以及律师协会、注册会计师协会等行业协会依据法律、法规、规章的授权实施的行政行为不服提起诉讼的，以该事业单位、行业协会为被告。

当事人对高等学校等事业单位以及律师协会、注册会计师协会等行业协会受行政机关委托作出的行为不服提起诉讼的，以委托的行政机关为被告。

第二十五条 市、县级人民政府确定的房屋征收部门组织实施房屋征收与补偿工作过程中作出行政行为，被征收人不服提起诉讼的，以房屋征收部门为被告。

征收实施单位受房屋征收部门委托，在委托范围内从事的行为，被征收人不服提起诉讼的，应当以房屋征收部门为被告。

第二十六条 原告所起诉的被告不适格，人民法院应当告知原告变更被告；原告不同意变更的，裁定驳回起诉。

应当追加被告而原告不同意追加的，人民法院应当通知其以第三人的身份参加诉讼，但行政复议机关作共同被告的除外。

第二十七条 必须共同进行诉讼的当事人没有参加诉讼的，人民法院应当依法通知其参加；当事人也可以向人民法院申请参加。

人民法院应当对当事人提出的申请进行审查，申请理由不成立的，裁定驳回；申请理由成立的，书面通知其参加诉讼。

前款所称的必须共同进行诉讼，是指按照行政诉讼法第二十七条的规定，当事人一方或者双方为两人以上，因同一行政行为发生行政争议，人民法院必须合并审理的诉讼。

第二十八条 人民法院追加共同诉讼的当事人时，应当通知其他当事人。应当追加的原告，已明确表示放弃实体权利的，可不予追加；既不愿意参加诉讼，又不放弃实体权利的，应追加为第三人，其不参加诉讼，不能阻碍人民法院对案件的审理和裁判。

第二十九条 行政诉讼法第二十八条规定的“人数众多”，一般指十人以上。

根据行政诉讼法第二十八条的规定，当事人一方人数众多的，由当事人推选代表人。当事人推选不出的，可以由人民法院在起诉的当事人中指定代表人。

行政诉讼法第二十八条规定的代表人为二至五人。代表人可以委托一至二人作为诉讼代理人。

第三十条 行政机关的同一行政行为涉及两个以上利害关系人，其中一部分利害关系人对行政行为不服提起诉讼，人民法院应当通知没有起诉的其他利害关系人作为第三人参加诉讼。

与行政案件处理结果有利害关系的第三人，可以申请参加诉讼，或者由人民法院通知其参加诉讼。人民法院判决其承担义务或者减损其权益的第三人，有权提出上诉或者申请再审。

行政诉讼法第二十九条规定的第三人，因不能归责于本人的事由未参加诉讼，但有证据证明发生法律效力的判决、裁定、调解书损害其合法权益的，可以依照行政诉讼法第九十条的规定，自知道或者应当知道其合法权益受到损害之日起六个月内，向上一级人民法院申请再审。

第三十一条 当事人委托诉讼代理人，应当向人民法院提交由委托人签名或者盖章的授权委托书。委托书应当载明委托事项和具体权限。公民在特殊情况下无法书面委托的，也可以由他人代书，并由自己捺印等方式确认，人民法院应当核实并记录在卷；被诉行政机关或者其他有义务协助的机关拒绝人民法院向被限制人身自由的公民核实的，视为委托成立。当事人解除或者变更委托的，应当书面报告人民法院。

第三十二条 依照行政诉讼法第三十一条第二款第二项规定，与当事人有合法劳动人事关系的职工，可以当事人工作人员的名义作为诉讼代理人。以当事人的工作人员身份参加诉讼活动，应当提交以下证据之一加以证明：

（一）缴纳社会保险记录凭证；

（二）领取工资凭证；

（三）其他能够证明其为当事人工作人员身份的证据。

第三十三条 根据行政诉讼法第三十一条第二款第三项规定，有关社会团体推荐公民担任诉讼代理人的，应当符合下列条件：

（一）社会团体属于依法登记设立或者依法免予登记设立的非营利性法人组织；

（二）被代理人属于该社会团体的成员，或者当事人一方住所地位于该社会团体的活动地域；

（三）代理事务属于该社会团体章程载明的业务范围；

（四）被推荐的公民是该社会团体的负责人或者与该社会团体有合法劳动人事关系的工作人员。

专利代理人经中华全国专利代理人协会推荐，可以在专利行政案件中担任诉讼代理人。

四、证　　据

第三十四条 根据行政诉讼法第三十六条第一款的规定，被告申请延期提供证据的，应当在收到起诉状副本之日起十五日内以书面方式向人民法院提出。人民法院准许延期提供的，被告应当在正当事由消除后十五日内提供证据。逾期提供的，视为被诉行政行为没有相应的证据。

第三十五条 原告或者第三人应当在开庭审理前或者人民法院指定的交换证据清单之日提供证据。因正当事由申请延期提供证据的，经人民法院准许，可以在法庭调查中提供。逾期提供证据的，人民法院应当责令其说明理由；拒不说明理由或者理由不成立的，视为放弃举证权利。

原告或者第三人在第一审程序中无正当事由未提供而在第二审程序中提供的证据，人民法院不予接纳。

第三十六条 当事人申请延长举证期限，应当在举证期限届满前向人民法院提出书面申请。

申请理由成立的，人民法院应当准许，适当延长举证期限，并通知其他当事人。申请理由不成立的，人民法院不予准许，并通知申请人。

第三十七条 根据行政诉讼法第三十九条的规定，对当事人无争议，但涉及国家利益、公共利益或者他人合法权益的事实，人民法院可以责令当事人提供或者补充有关证据。

第三十八条 对于案情比较复杂或者证据数量较多的案件，人民法院可以组织当事人在开庭前向对方出示或者交换证据，并将交换证据清单的情况记录在卷。

当事人在庭前证据交换过程中没有争议并记录在卷的证据，经审判人员在庭审中说明后，可以作为认定案件事实的依据。

第三十九条 当事人申请调查收集证据，但该证据与待证事实无关联、对证明待证事实无意义或者其他无调查收集必要的，人民法院不予准许。

第四十条 人民法院在证人出庭作证前应当告知其如实作证的义务以及作伪证的法律后果。

证人因履行出庭作证义务而支出的交通、住宿、就餐等必要费用以及误工损失，由败诉一方当事人承担。

第四十一条 有下列情形之一，原告或者第三人要求相关行政执法人员出庭说明的，人民法院可以准许：

（一）对现场笔录的合法性或者真实性有异议的；

（二）对扣押财产的品种或者数量有异议的；

（三）对检验的物品取样或者保管有异议的；

（四）对行政执法人员身份的合法性有异议的；

（五）需要出庭说明的其他情形。

第四十二条 能够反映案件真实情况、与待证事实相关联、来源和形式符合法律规定的证据，应当作为认定案件事实的根据。

第四十三条　有下列情形之一的，属于行政诉讼法第四十三条第三款规定的“以非法手段取得的证据”：

（一）严重违反法定程序收集的证据材料；

（二）以违反法律强制性规定的手段获取且侵害他人合法权益的证据材料；

（三）以利诱、欺诈、胁迫、暴力等手段获取的证据材料。

第四十四条　人民法院认为有必要的，可以要求当事人本人或者行政机关执法人员到庭，就案件有关事实接受询问。在询问之前，可以要求其签署保证书。

保证书应当载明据实陈述、如有虚假陈述愿意接受处罚等内容。当事人或者行政机关执法人员应当在保证书上签名或者捺印。

负有举证责任的当事人拒绝到庭、拒绝接受询问或者拒绝签署保证书，待证事实又欠缺其他证据加以佐证的，人民法院对其主张的事实不予认定。

第四十五条　被告有证据证明其在行政程序中依照法定程序要求原告或者第三人提供证据，原告或者第三人依法应当提供而没有提供，在诉讼程序中提供的证据，人民法院一般不予采纳。

第四十六条　原告或者第三人确有证据证明被告持有的证据对原告或者第三人有利的，可以在开庭审理前书面申请人民法院责令行政机关提交。

申请理由成立的，人民法院应当责令行政机关提交，因提交证据所产生的费用，由申请人预付。行政机关无正当理由拒不提交的，人民法院可以推定原告或者第三人基于该证据主张的事实成立。

持有证据的当事人以妨碍对方当事人使用为目的，毁灭有关证据或者实施其他致使证据不能使用行为的，人民法院可以推定对方当事人基于该证据主张的事实成立，并可依照行政诉讼法第五十九条规定处理。

第四十七条　根据行政诉讼法第三十八条第二款的规定，在行政赔偿、补偿案件中，因被告的原因导致原告无法就损害情况举证的，应当由被告就该损害情况承担举证责任。

对于各方主张损失的价值无法认定的，应当由负有举证责任的一方当事人申请鉴定，但法律、法规、规章规定行政机关在作出行政行为时依法应当评估或者鉴定的除外；负有举证责任的当事人拒绝申请鉴定的，由其承担不利的法律后果。

当事人的损失因客观原因无法鉴定的，人民法院应当结合当事人的主张和在案证据，遵循法官职业道德，运用逻辑推理和生活经验、生活常识等，酌情确定赔偿数额。

五、期间、送达

第四十八条 期间包括法定期间和人民法院指定的期间。

期间以时、日、月、年计算。期间开始的时和日，不计算在期间内。

期间届满的最后一日是节假日的，以节假日后的第一日为期间届满的日期。

期间不包括在途时间，诉讼文书在期满前交邮的，视为在期限内发送。

第四十九条 行政诉讼法第五十一条第二款规定的立案期限，因起诉状内容欠缺或者有其他错误通知原告限期补正的，从补正后递交人民法院的次日起算。由上级人民法院转交下级人民法院立案的案件，从受诉人民法院收到起诉状的次日起算。

第五十条 行政诉讼法第八十一条、第八十三条、第八十八条规定的审理期限，是指从立案之日起至裁判宣告、调解书送达之日止的期间，但公告期间、鉴定期间、调解期间、中止诉讼期间、审理当事人提出的管辖异议以及处理人民法院之间的管辖争议期间不应计算在内。

再审案件按照第一审程序或者第二审程序审理的，适用行政诉讼法第八十一条、第八十八条规定的审理期限。审理期限自再审立案的次日起算。

基层人民法院申请延长审理期限，应当直接报请高级人民法院批准，同时报中级人民法院备案。

第五十一条 人民法院可以要求当事人签署送达地址确认书，当事人确认的送达地址为人民法院法律文书的送达地址。

当事人同意电子送达的，应当提供并确认传真号、电子信箱等电子送达地址。

当事人送达地址发生变更的，应当及时书面告知受理案件的人民法院；未及时告知的，人民法院按原地址送达，视为依法送达。

人民法院可以通过国家邮政机构以法院专递方式进行送达。

第五十二条 人民法院可以在当事人住所地以外向当事人直接送达诉讼文书。当事人拒绝签署送达回证的，采用拍照、录像等方式记录送达过程即视为送达。审判人员、书记员应当在送达回证上注明送达情况并签名。

六、起诉与受理

第五十三条 人民法院对符合起诉条件的案件应当立案，依法保障当事人行使诉讼权利。

对当事人依法提起的诉讼，人民法院应当根据行政诉讼法第五十一条的规定接收起诉状。能够判断符合起诉条件的，应当当场登记立案；当场不能判断是否符合起诉条件的，应当在接收起诉状后七日内决定是否立案；七日内仍不能作出判断的，应当先予立案。

第五十四条 依照行政诉讼法第四十九条的规定，公民、法人或者其他组织提起诉讼时应当提交以下起诉材料：

（一）原告的身份证明材料以及有效联系方式；

（二）被诉行政行为或者不作为存在的材料；

（三）原告与被诉行政行为具有利害关系的材料；

（四）人民法院认为需要提交的其他材料。

由法定代理人或者委托代理人代为起诉的，还应当在起诉状中写明或者在口头起诉时向人民法院说明法定代理人或者委托代理人的基本情况，并提交法定代理人或者委托代理人的身份证明和代理权限证明等材料。

第五十五条 依照行政诉讼法第五十一条的规定，人民法院应当就起诉状内容和材料是否完备以及是否符合行政诉讼法规定的起诉条件进行审查。

起诉状内容或者材料欠缺的，人民法院应当给予指导和释明，并一次性全面告知当事人需要补正的内容、补充的材料及期限。在指定期限内补正并符合起诉条件的，应当登记立案。当事人拒绝补正或者经补正仍不符合起诉条件的，退回诉状并记录在册；坚持起诉的，裁定不予立案，并载明不予立案的理由。

第五十六条 法律、法规规定应当先申请复议，公民、法人或者其他组织未申请复议直接提起诉讼的，人民法院裁定不予立案。

依照行政诉讼法第四十五条的规定，复议机关不受理复议申请或者在法定期限内不作出复议决定，公民、法人或者其他组织不服，依法向人民法院提起诉讼的，人民法院应当依法立案。

第五十七条 法律、法规未规定行政复议为提起行政诉讼必经程序，公民、法人或者其他组织既提起诉讼又申请行政复议的，由先立案的机关管辖；同时立案的，由公民、法人或者其他组织选择。公民、法人或者其他组织已经申请行政复议，在法定复议期间内又向人民法院提起诉讼的，人民法院裁定不予立案。

第五十八条 法律、法规未规定行政复议为提起行政诉讼必经程序，公民、法人或者其他组织向复议机关申请行政复议后，又经复议机关同意撤回复议申请，在法定起诉期限内对原行政行为提起诉讼的，人民法院应当依法立案。

第五十九条 公民、法人或者其他组织向复议机关申请行政复议后，复议机关作出维持决定的，应当以复议机关和原行为机关为共同被告，并以复议决定送达时间确定起诉期限。

第六十条 人民法院裁定准许原告撤诉后，原告以同一事实和理由重新起诉的，人民法院不予立案。

准予撤诉的裁定确有错误，原告申请再审的，人民法院应当通过审判监督程序撤销原准予撤诉的裁定，重新对案件进行审理。

第六十一条 原告或者上诉人未按规定的期限预交案件受理费，又不提出缓交、减交、免交申请，或者提出申请未获批准的，按自动撤诉处理。在按撤诉处理后，原告或者上诉人在法定期限内再次起诉或者上诉，并依法解决诉讼费预交问题的，人民法院应予立案。

第六十二条 人民法院判决撤销行政机关的行政行为后，公民、法人或者其他组织对行政机关重新作出的行政行为不服向人民法院起诉的，人民法院应当依法立案。

第六十三条 行政机关作出行政行为时，没有制作或者没有送达法律文书，公民、法人或者其他组织只要能证明行政行为存在，并在法定期限内起诉的，人民法院应当依法立案。

第六十四条 行政机关作出行政行为时，未告知公民、法人或者其他组织起诉期限的，起诉期限从公民、法人或者其他组织知道或者应当知道起诉期限之日起计算，但从知道或者应当知道行政行为内容之日起最长不得超过一年。

复议决定未告知公民、法人或者其他组织起诉期限的，适用前款规定。

第六十五条 公民、法人或者其他组织不知道行政机关作出的行政行为内容的，其起诉期限从知道或者应当知道该行政行为内容之日起计算，但最长不得超过行政诉讼法第四十六条第二款规定的起诉期限。

第六十六条 公民、法人或者其他组织依照行政诉讼法第四十七条第一款的规定，对行政机关不履行法定职责提起诉讼的，应当在行政机关履行法定职责期限届满之日起六个月内提出。

第六十七条 原告提供被告的名称等信息足以使被告与其他行政机关相区别的，可以认定为行政诉讼法第四十九条第二项规定的“有明确的被告”。

起诉状列写被告信息不足以认定明确的被告的，人民法院可以告知原告补正；原告补正后仍不能确定明确的被告的，人民法院裁定不予立案。

第六十八条 行政诉讼法第四十九条第三项规定的“有具体的诉讼请求”是指：

（一）请求判决撤销或者变更行政行为；

（二）请求判决行政机关履行特定法定职责或者给付义务；

（三）请求判决确认行政行为违法；

（四）请求判决确认行政行为无效；

（五）请求判决行政机关予以赔偿或者补偿；

（六）请求解决行政协议争议；

（七）请求一并审查规章以下规范性文件；

（八）请求一并解决相关民事争议；

（九）其他诉讼请求。

当事人单独或者一并提起行政赔偿、补偿诉讼的，应当有具体的赔偿、补偿事项以及数额；请求一并审查规章以下规范性文件的，应当提供明确的文件名称或者审查对象；请求一并解决相关民事争议的，应当有具体的民事诉讼请求。

当事人未能正确表达诉讼请求的，人民法院应当要求其明确诉讼请求。

第六十九条 有下列情形之一，已经立案的，应当裁定驳回起诉：

（一）不符合行政诉讼法第四十九条规定的；

（二）超过法定起诉期限且无行政诉讼法第四十八条规定情形的；

（三）错列被告且拒绝变更的；

（四）未按照法律规定由法定代理人、指定代理人、代表人为诉讼行为的；

（五）未按照法律、法规规定先向行政机关申请复议的；

（六）重复起诉的；

（七）撤回起诉后无正当理由再行起诉的；

（八）行政行为对其合法权益明显不产生实际影响的；

（九）诉讼标的已为生效裁判或者调解书所羁束的；

（十）其他不符合法定起诉条件的情形。

前款所列情形可以补正或者更正的，人民法院应当指定期间责令补正或者更正；在指定期间已经补正或者更正的，应当依法审理。

人民法院经过阅卷、调查或者询问当事人，认为不需要开庭审理的，可以迳行裁定驳回起诉。

第七十条 起诉状副本送达被告后，原告提出新的诉讼请求的，人民法院不予准许，但有正当理由的除外。

七、审理与判决

第七十一条 人民法院适用普通程序审理案件，应当在开庭三日前用传票传唤当事人。对证人、鉴定人、勘验人、翻译人员，应当用通知书通知其到庭。当事人或者其他诉讼参与人在外地的，应当留有必要的在途时间。

第七十二条 有下列情形之一的，可以延期开庭审理：

（一）应当到庭的当事人和其他诉讼参与人有正当理由没有到庭的；

（二）当事人临时提出回避申请且无法及时作出决定的；

（三）需要通知新的证人到庭，调取新的证据，重新鉴定、勘验，或者需要补充调查的；

（四）其他应当延期的情形。

第七十三条 根据行政诉讼法第二十七条的规定，有下列情形之一的，人民法院可以决定合并审理：

（一）两个以上行政机关分别对同一事实作出行政行为，公民、法人或者其他组织不服向同一人民法院起诉的；

（二）行政机关就同一事实对若干公民、法人或者其他组织分别作出行政行为，公民、法人或者其他组织不服分别向同一人民法院起诉的；

（三）在诉讼过程中，被告对原告作出新的行政行为，原告不服向同一人民法院起诉的；

（四）人民法院认为可以合并审理的其他情形。

第七十四条 当事人申请回避，应当说明理由，在案件开始审理时提出；回避事由在案件开始审理后知道的，应当在法庭辩论终结前提出。

被申请回避的人员，在人民法院作出是否回避的决定前，应当暂停参与本案的工作，但案件需要采取紧急措施的除外。

对当事人提出的回避申请，人民法院应当在三日内以口头或者书面形式作出决定。对当事人提出的明显不属于法定回避事由的申请，法庭可以依法当庭驳回。

申请人对驳回回避申请决定不服的，可以向作出决定的人民法院申请复议一次。复议期间，被申请回避的人员不停止参与本案的工作。对申请人的复议申请，人民法院应当在三日内作出复议决定，并通知复议申请人。

第七十五条 在一个审判程序中参与过本案审判工作的审判人员，不得再参与该案其他程序的审判。

发回重审的案件，在一审法院作出裁判后又进入第二审程序的，原第二审程序中合议庭组成人员不受前款规定的限制。

第七十六条 人民法院对于因一方当事人的行为或者其他原因，可能使行政行为或者人民法院生效裁判不能或者难以执行的案件，根据对方当事人的申请，可以裁定对其财产进行保全、责令其作出一定行为或者禁止其作出一定行为；当事人没有提出申请的，人民法院在必要时也可以裁定采取上述保全措施。

人民法院采取保全措施，可以责令申请人提供担保；申请人不提供担保的，裁定驳回申请。

人民法院接受申请后，对情况紧急的，必须在四十八小时内作出裁定；裁定采取保全措施的，应当立即开始执行。

当事人对保全的裁定不服的，可以申请复议；复议期间不停止裁定的执行。

第七十七条 利害关系人因情况紧急，不立即申请保全将会使其合法权益受到难以弥补的损害的，可以在提起诉讼前向被保全财产所在地、被申请人住所地或者对案件有管辖权的人民法院申请采取保全措施。申请人应当提供担保，不提供担保的，裁定驳回申请。

人民法院接受申请后，必须在四十八小时内作出裁定；裁定采取保全措施的，应当立即开始执行。

申请人在人民法院采取保全措施后三十日内不依法提起诉讼的，人民法院应当解除保全。

当事人对保全的裁定不服的，可以申请复议；复议期间不停止裁定的执行。

第七十八条 保全限于请求的范围，或者与本案有关的财物。

财产保全采取查封、扣押、冻结或者法律规定的其他方法。人民法院保全财产后，应当立即通知被保全人。

财产已被查封、冻结的，不得重复查封、冻结。

涉及财产的案件，被申请人提供担保的，人民法院应当裁定解除保全。

申请有错误的，申请人应当赔偿被申请人因保全所遭受的损失。

第七十九条 原告或者上诉人申请撤诉，人民法院裁定不予准许的，原告或者上诉人经传票传唤无正当理由拒不到庭，或者未经法庭许可中途退庭的，人民法院可以缺席判决。

第三人经传票传唤无正当理由拒不到庭，或者未经法庭许可中途退庭的，不发生阻止案件审理的效果。

根据行政诉讼法第五十八条的规定，被告经传票传唤无正当理由拒不到庭，或者未经法庭许可中途退庭的，人民法院可以按期开庭或者继续开庭审理，对到庭的当事人诉讼请求、双方的诉辩理由以及已经提交的证据及其他诉讼材料进行审理后，依法缺席判决。

第八十条 原告或者上诉人在庭审中明确拒绝陈述或者以其他方式拒绝陈述，导致庭审无法进行，经法庭释明法律后果后仍不陈述意见的，视为放弃陈述权利，由其承担不利的法律后果。

当事人申请撤诉或者依法可以按撤诉处理的案件，当事人有违反法律的行为需要依法处理的，人民法院可以不准许撤诉或者不按撤诉处理。

法庭辩论终结后原告申请撤诉，人民法院可以准许，但涉及到国家利益和社会公共利益的除外。

第八十一条 被告在一审期间改变被诉行政行为的，应当书面告知人民法院。

原告或者第三人对改变后的行政行为不服提起诉讼的，人民法院应当就改变后的行政行为进行审理。

被告改变原违法行政行为，原告仍要求确认原行政行为违法的，人民法院应当依法作出确认判决。

原告起诉被告不作为，在诉讼中被告作出行政行为，原告不撤诉的，人民法院应当就不作为依法作出确认判决。

第八十二条 当事人之间恶意串通，企图通过诉讼等方式侵害国家利益、社会公共利益或者他人合法权益的，人民法院应当裁定驳回起诉或者判决驳回其请求，并根据情节轻重予以罚款、拘留；构成犯罪的，依法追究刑事责任。

第八十三条 行政诉讼法第五十九条规定的罚款、拘留可以单独适用，也可以合并适用。

对同一妨害行政诉讼行为的罚款、拘留不得连续适用。发生新的妨害行政诉讼行为的，人民法院可以重新予以罚款、拘留。

第八十四条 人民法院审理行政诉讼法第六十条第一款规定的行政案件，认为法律关系明确、事实清楚，在征得当事人双方同意后，可以迳行调解。

第八十五条 调解达成协议，人民法院应当制作调解书。调解书应当写明诉讼请求、案件的事实和调解结果。

调解书由审判人员、书记员署名，加盖人民法院印章，送达双方当事人。

调解书经双方当事人签收后，即具有法律效力。调解书生效日期根据最后收到调解书的当事人签收的日期确定。

第八十六条 人民法院审理行政案件，调解过程不公开，但当事人同意公开的除外。

经人民法院准许，第三人可以参加调解。人民法院认为有必要的，可以通知第三人参加调解。

调解协议内容不公开，但为保护国家利益、社会公共利益、他人合法权益，人民法院认为确有必要公开的除外。

当事人一方或者双方不愿调解、调解未达成协议的，人民法院应当及时判决。

当事人自行和解或者调解达成协议后，请求人民法院按照和解协议或者调解协议的内容制作判决书的，人民法院不予准许。

第八十七条 在诉讼过程中，有下列情形之一的，中止诉讼：

（一）原告死亡，须等待其近亲属表明是否参加诉讼的；

（二）原告丧失诉讼行为能力，尚未确定法定代理人的；

（三）作为一方当事人的行政机关、法人或者其他组织终止，尚未确定权利义务承受人的；

（四）一方当事人因不可抗力的事由不能参加诉讼的；

（五）案件涉及法律适用问题，需要送请有权机关作出解释或者确认的；

（六）案件的审判须以相关民事、刑事或者其他行政案件的审理结果为依据，而相关案件尚未审结的；

（七）其他应当中止诉讼的情形。

中止诉讼的原因消除后，恢复诉讼。

第八十八条 在诉讼过程中，有下列情形之一的，终结诉讼：

（一）原告死亡，没有近亲属或者近亲属放弃诉讼权利的；

（二）作为原告的法人或者其他组织终止后，其权利义务的承受人放弃诉讼权利的。

因本解释第八十七条第一款第一、二、三项原因中止诉讼满九十日仍无人继续诉讼的，裁定终结诉讼，但有特殊情况的除外。

第八十九条 复议决定改变原行政行为错误，人民法院判决撤销复议决定时，可以一并责令复议机关重新作出复议决定或者判决恢复原行政行为的法律效力。

第九十条 人民法院判决被告重新作出行政行为，被告重新作出的行政行为与原行政行为的结果相同，但主要事实或者主要理由有改变的，不属于行政诉讼法第七十一条规定的情形。

人民法院以违反法定程序为由，判决撤销被诉行政行为的，行政机关重新作出行政行为不受行政诉讼法第七十一条规定的限制。

行政机关以同一事实和理由重新作出与原行政行为基本相同的行政行为，人民法院应当根据行政诉讼法第七十条、第七十一条的规定判决撤销或者部分撤销，并根据行政诉讼法第九十六条的规定处理。

第九十一条 原告请求被告履行法定职责的理由成立，被告违法拒绝履行或者无正当理由逾期不予答复的，人民法院可以根据行政诉讼法第七十二条的规定，判决被告在一定期限内依法履行原告请求的法定职责；尚需被告调查或者裁量的，应当判决被告针对原告的请求重新作出处理。

第九十二条 原告申请被告依法履行支付抚恤金、最低生活保障待遇或者社会保险待遇等给付义务的理由成立，被告依法负有给付义务而拒绝或者拖延履行义务的，人民法院可以根据行政诉讼法第七十三条的规定，判决被告在一定期限内履行相应的给付义务。

第九十三条 原告请求被告履行法定职责或者依法履行支付抚恤金、最低生活保障待遇或者社会保险待遇等给付义务，原告未先向行政机关提出申请的，人民法院裁定驳回起诉。

人民法院经审理认为原告所请求履行的法定职责或者给付义务明显不属于行政机关权限范围的，可以裁定驳回起诉。

第九十四条 公民、法人或者其他组织起诉请求撤销行政行为，人民法院经审查认为行政行为无效的，应当作出确认无效的判决。

公民、法人或者其他组织起诉请求确认行政行为无效，人民法院审查认为行政行为不属于无效情形，经释明，原告请求撤销行政行为的，应当继续审理并依法作出相应判决；原告请求撤销行政行为但超过法定起诉期限的，裁定驳回起诉；原告拒绝变更诉讼请求的，判决驳回其诉讼请求。

第九十五条 人民法院经审理认为被诉行政行为违法或者无效，可能给原告造成损失，经释明，原告请求一并解决行政赔偿争议的，人民法院可以就赔偿事项进行调解；调解不成的，应当一并判决。人民法院也可以告知其就赔偿事项另行提起诉讼。

第九十六条 有下列情形之一，且对原告依法享有的听证、陈述、申辩等重要程序性权利不产生实质损害的，属于行政诉讼法第七十四条第一款第二项规定的“程序轻微违法”：

（一）处理期限轻微违法；

（二）通知、送达等程序轻微违法；

（三）其他程序轻微违法的情形。

第九十七条 原告或者第三人的损失系由其自身过错和行政机关的违法行政行为共同造成的，人民法院应当依据各方行为与损害结果之间有无因果关系以及在损害发生和结果中作用力的大小，确定行政机关相应的赔偿责任。

第九十八条 因行政机关不履行、拖延履行法定职责，致使公民、法人或者其他组织的合法权益遭受损害的，人民法院应当判决行政机关承担行政赔偿责任。在确定赔偿数额时，应当考虑该不履行、拖延履行法定职责的行为在损害发生过程和结果中所起的作用等因素。

第九十九条 有下列情形之一的，属于行政诉讼法第七十五条规定的“重大且明显违法”：

（一）行政行为实施主体不具有行政主体资格；

（二）减损权利或者增加义务的行政行为没有法律规范依据；

（三）行政行为的内容客观上不可能实施；

（四）其他重大且明显违法的情形。

第一百条 人民法院审理行政案件，适用最高人民法院司法解释的，应当在裁判文书中援引。

人民法院审理行政案件，可以在裁判文书中引用合法有效的规章及其他规范性文件。

第一百零一条 裁定适用于下列范围：

（一）不予立案；

（二）驳回起诉；

（三）管辖异议；

（四）终结诉讼；

（五）中止诉讼；

（六）移送或者指定管辖；

（七）诉讼期间停止行政行为的执行或者驳回停止执行的申请；

（八）财产保全；

（九）先予执行；

（十）准许或者不准许撤诉；

（十一）补正裁判文书中的笔误；

（十二）中止或者终结执行；

（十三）提审、指令再审或者发回重审；

（十四）准许或者不准许执行行政机关的行政行为；

（十五）其他需要裁定的事项。

对第一、二、三项裁定，当事人可以上诉。

裁定书应当写明裁定结果和作出该裁定的理由。裁定书由审判人员、书记员署名，加盖人民法院印章。口头裁定的，记入笔录。

第一百零二条 行政诉讼法第八十二条规定的行政案件中的“事实清楚”，是指当事人对争议的事实陈述基本一致，并能提供相应的证据，无须人民法院调查收集证据即可查明事实；“权利义务关系明确”，是指行政法律关系中权利和义务能够明确区分；“争议不大”，是指当事人对行政行为的合法性、责任承担等没有实质分歧。

第一百零三条 适用简易程序审理的行政案件，人民法院可以用口头通知、电话、短信、传真、电子邮件等简便方式传唤当事人、通知证人、送达裁判文书以外的诉讼文书。

以简便方式送达的开庭通知，未经当事人确认或者没有其他证据证明当事人已经收到的，人民法院不得缺席判决。

第一百零四条 适用简易程序案件的举证期限由人民法院确定，也可以由当事人协商一致并经人民法院准许，但不得超过十五日。被告要求书面答辩的，人民法院可以确定合理的答辩期间。

人民法院应当将举证期限和开庭日期告知双方当事人，并向当事人说明逾期举证以及拒不到庭的法律后果，由双方当事人在笔录和开庭传票的送达回证上签名或者捺印。

当事人双方均表示同意立即开庭或者缩短举证期限、答辩期间的，人民法院可以立即开庭审理或者确定近期开庭。

第一百零五条 人民法院发现案情复杂，需要转为普通程序审理的，应当在审理期限届满前作出裁定并将合议庭组成人员及相关事项书面通知双方当事人。

案件转为普通程序审理的，审理期限自人民法院立案之日起计算。

第一百零六条 当事人就已经提起诉讼的事项在诉讼过程中或者裁判生效后再次起诉，同时具有下列情形的，构成重复起诉：

（一）后诉与前诉的当事人相同；

（二）后诉与前诉的诉讼标的相同；

（三）后诉与前诉的诉讼请求相同，或者后诉的诉讼请求被前诉裁判所包含。

第一百零七条 第一审人民法院作出判决和裁定后，当事人均提起上诉的，上诉各方均为上诉人。

诉讼当事人中的一部分人提出上诉，没有提出上诉的对方当事人为被上诉人，其他当事人依原审诉讼地位列明。

第一百零八条 当事人提出上诉，应当按照其他当事人或者诉讼代表人的人数提出上诉状副本。

原审人民法院收到上诉状，应当在五日内将上诉状副本发送其他当事人，对方当事人应当在收到上诉状副本之日起十五日内提出答辩状。

原审人民法院应当在收到答辩状之日起五日内将副本发送上诉人。对方当事人不提出答辩状的，不影响人民法院审理。

原审人民法院收到上诉状、答辩状，应当在五日内连同全部案卷和证据，报送第二审人民法院；已经预收的诉讼费用，一并报送。

第一百零九条 第二审人民法院经审理认为原审人民法院不予立案或者驳回起诉的裁定确有错误且当事人的起诉符合起诉条件的，应当裁定撤销原审人民法院的裁定，指令原审人民法院依法立案或者继续审理。

第二审人民法院裁定发回原审人民法院重新审理的行政案件，原审人民法院应当另行组成合议庭进行审理。

原审判决遗漏了必须参加诉讼的当事人或者诉讼请求的，第二审人民法院应当裁定撤销原审判决，发回重审。

原审判决遗漏行政赔偿请求，第二审人民法院经审查认为依法不应当予以赔偿的，应当判决驳回行政赔偿请求。

原审判决遗漏行政赔偿请求，第二审人民法院经审理认为依法应当予以赔偿的，在确认被诉行政行为违法的同时，可以就行政赔偿问题进行调解；调解不成的，应当就行政赔偿部分发回重审。

当事人在第二审期间提出行政赔偿请求的，第二审人民法院可以进行调解；调解不成的，应当告知当事人另行起诉。

第一百一十条 当事人向上一级人民法院申请再审，应当在判决、裁定或者调解书发生法律效力后六个月内提出。有下列情形之一的，自知道或者应当知道之日起六个月内提出：

（一）有新的证据，足以推翻原判决、裁定的；

（二）原判决、裁定认定事实的主要证据是伪造的；

（三）据以作出原判决、裁定的法律文书被撤销或者变更的；

（四）审判人员审理该案件时有贪污受贿、徇私舞弊、枉法裁判行为的。

第一百一十一条 当事人申请再审的，应当提交再审申请书等材料。人民法院认为有必要的，可以自收到再审申请书之日起五日内将再审申请书副本发送对方当事人。对方当事人应当自收到再审申请书副本之日起十五日内提交书面意见。人民法院可以要求申请人和对方当事人补充有关材料，询问有关事项。

第一百一十二条 人民法院应当自再审申请案件立案之日起六个月内审查，有特殊情况需要延长的，由本院院长批准。

第一百一十三条 人民法院根据审查再审申请案件的需要决定是否询问当事人；新的证据可能推翻原判决、裁定的，人民法院应当询问当事人。

第一百一十四条 审查再审申请期间，被申请人及原审其他当事人依法提出再审申请的，人民法院应当将其列为再审申请人，对其再审事由一并审查，审查期限重新计算。经审查，其中一方再审申请人主张的再审事由成立的，应当裁定再审。各方再审申请人主张的再审事由均不成立的，一并裁定驳回再审申请。

第一百一十五条 审查再审申请期间，再审申请人申请人民法院委托鉴定、勘验的，人民法院不予准许。

审查再审申请期间，再审申请人撤回再审申请的，是否准许，由人民法院裁定。

再审申请人经传票传唤，无正当理由拒不接受询问的，按撤回再审申请处理。

人民法院准许撤回再审申请或者按撤回再审申请处理后，再审申请人再次申请再审的，不予立案，但有行政诉讼法第九十一条第二项、第三项、第七项、第八项规定情形，自知道或者应当知道之日起六个月内提出的除外。

第一百一十六条 当事人主张的再审事由成立，且符合行政诉讼法和本解释规定的申请再审条件的，人民法院应当裁定再审。

当事人主张的再审事由不成立，或者当事人申请再审超过法定申请再审期限、超出法定再审事由范围等不符合行政诉讼法和本解释规定的申请再审条件的，人民法院应当裁定驳回再审申请。

第一百一十七条 有下列情形之一的，当事人可以向人民检察院申请抗诉或者检察建议：

（一）人民法院驳回再审申请的；

（二）人民法院逾期未对再审申请作出裁定的；

（三）再审判决、裁定有明显错误的。

人民法院基于抗诉或者检察建议作出再审判决、裁定后，当事人申请再审的，人民法院不予立案。

第一百一十八条 按照审判监督程序决定再审的案件，裁定中止原判决、裁定、调解书的执行，但支付抚恤金、最低生活保障费或者社会保险待遇的案件，可以不中止执行。

上级人民法院决定提审或者指令下级人民法院再审的，应当作出裁定，裁定应当写明中止原判决的执行；情况紧急的，可以将中止执行的裁定口头通知负责执行的人民法院或者作出生效判决、裁定的人民法院，但应当在口头通知后十日内发出裁定书。

第一百一十九条 人民法院按照审判监督程序再审的案件，发生法律效力的判决、裁定是由第一审法院作出的，按照第一审程序审理，所作的判决、裁定，当事人可以上诉；发生法律效力的判决、裁定是由第二审法院作出的，按照第二审程序审理，所作的判决、裁定，是发生法律效力的判决、裁定；上级人民法院按照审判监督程序提审的，按照第二审程序审理，所作的判决、裁定是发生法律效力的判决、裁定。

人民法院审理再审案件，应当另行组成合议庭。

第一百二十条 人民法院审理再审案件应当围绕再审请求和被诉行政行为合法性进行。当事人的再审请求超出原审诉讼请求，符合另案诉讼条件的，告知当事人可以另行起诉。

被申请人及原审其他当事人在庭审辩论结束前提出的再审请求，符合本解释规定的申请期限的，人民法院应当一并审理。

人民法院经再审，发现已经发生法律效力的判决、裁定损害国家利益、社会公共利益、他人合法权益的，应当一并审理。

第一百二十一条 再审审理期间，有下列情形之一的，裁定终结再审程序：

（一）再审申请人在再审期间撤回再审请求，人民法院准许的；

（二）再审申请人经传票传唤，无正当理由拒不到庭的，或者未经法庭许可中途退庭，按撤回再审请求处理的；

（三）人民检察院撤回抗诉的；

（四）其他应当终结再审程序的情形。

因人民检察院提出抗诉裁定再审的案件，申请抗诉的当事人有前款规定的情形，且不损害国家利益、社会公共利益或者他人合法权益的，人民法院裁定终结再审程序。

再审程序终结后，人民法院裁定中止执行的原生效判决自动恢复执行。

第一百二十二条 人民法院审理再审案件，认为原生效判决、裁定确有错误，在撤销原生效判决或者裁定的同时，可以对生效判决、裁定的内容作出相应裁判，也可以裁定撤销生效判决或者裁定，发回作出生效判决、裁定的人民法院重新审理。

第一百二十三条 人民法院审理二审案件和再审案件，对原审法院立案、不予立案或者驳回起诉错误的，应当分别情况作如下处理：

（一）第一审人民法院作出实体判决后，第二审人民法院认为不应当立案的，在撤销第一审人民法院判决的同时，可以迳行驳回起诉；

（二）第二审人民法院维持第一审人民法院不予立案裁定错误的，再审法院应当撤销第一审、第二审人民法院裁定，指令第一审人民法院受理；

（三）第二审人民法院维持第一审人民法院驳回起诉裁定错误的，再审法院应当撤销第一审、第二审人民法院裁定，指令第一审人民法院审理。

第一百二十四条 人民检察院提出抗诉的案件，接受抗诉的人民法院应当自收到抗诉书之日起三十日内作出再审的裁定；有行政诉讼法第九十一条第二、三项规定情形之一的，可以指令下一级人民法院再审，但经该下一级人民法院再审过的除外。

人民法院在审查抗诉材料期间，当事人之间已经达成和解协议的，人民法院可以建议人民检察院撤回抗诉。

第一百二十五条 人民检察院提出抗诉的案件，人民法院再审开庭时，应当在开庭三日前通知人民检察院派员出庭。

第一百二十六条 人民法院收到再审检察建议后，应当组成合议庭，在三个月内进行审查，发现原判决、裁定、调解书确有错误，需要再审的，依照行政诉讼法第九十二条规定裁定再审，并通知当事人；经审查，决定不予再审的，应当书面回复人民检察院。

第一百二十七条 人民法院审理因人民检察院抗诉或者检察建议裁定再审的案件，不受此前已经作出的驳回当事人再审申请裁定的限制。

八、行政机关负责人出庭应诉

第一百二十八条 行政诉讼法第三条第三款规定的行政机关负责人，包括行政机关的正职、副职负责人以及其他参与分管的负责人。

行政机关负责人出庭应诉的，可以另行委托一至二名诉讼代理人。行政机关负责人不能出庭的，应当委托行政机关相应的工作人员出庭，不得仅委托律师出庭。

第一百二十九条 涉及重大公共利益、社会高度关注或者可能引发群体性事件等案件以及人民法院书面建议行政机关负责人出庭的案件，被诉行政机关负责人应当出庭。

被诉行政机关负责人出庭应诉的，应当在当事人及其诉讼代理人基本情况、案件由来部分予以列明。

行政机关负责人有正当理由不能出庭应诉的，应当向人民法院提交情况说明，并加盖行政机关印章或者由该机关主要负责人签字认可。

行政机关拒绝说明理由的，不发生阻止案件审理的效果，人民法院可以向监察机关、上一级行政机关提出司法建议。

第一百三十条 行政诉讼法第三条第三款规定的“行政机关相应的工作人员”，包括该行政机关具有国家行政编制身份的工作人员以及其他依法履行公职的人员。

被诉行政行为是地方人民政府作出的，地方人民政府法制工作机构的工作人员，以及被诉行政行为具体承办机关工作人员，可以视为被诉人民政府相应的工作人员。

第一百三十一条 行政机关负责人出庭应诉的，应当向人民法院提交能够证明该行政机关负责人职务的材料。

行政机关委托相应的工作人员出庭应诉的，应当向人民法院提交加盖行政机关印章的授权委托书，并载明工作人员的姓名、职务和代理权限。

第一百三十二条 行政机关负责人和行政机关相应的工作人员均不出庭，仅委托律师出庭的或者人民法院书面建议行政机关负责人出庭应诉，行政机关负责人不出庭应诉的，人民法院应当记录在案和在裁判文书中载明，并可以建议有关机关依法作出处理。

九、复议机关作共同被告

第一百三十三条 行政诉讼法第二十六条第二款规定的“复议机关决定维持原行政行为”，包括复议机关驳回复议申请或者复议请求的情形，但以复议申请不符合受理条件为由驳回的除外。

第一百三十四条 复议机关决定维持原行政行为的，作出原行政行为的行政机关和复议机关是共同被告。原告只起诉作出原行政行为的行政机关或者复议机关的，人民法院应当告知原告追加被告。原告不同意追加的，人民法院应当将另一机关列为共同被告。

行政复议决定既有维持原行政行为内容，又有改变原行政行为内容或者不予受理申请内容的，作出原行政行为的行政机关和复议机关为共同被告。

复议机关作共同被告的案件，以作出原行政行为的行政机关确定案件的级别管辖。

第一百三十五条 复议机关决定维持原行政行为的，人民法院应当在审查原行政行为合法性的同时，一并审查复议决定的合法性。

作出原行政行为的行政机关和复议机关对原行政行为合法性共同承担举证责任，可以由其中一个机关实施举证行为。复议机关对复议决定的合法性承担举证责任。

复议机关作共同被告的案件，复议机关在复议程序中依法收集和补充的证据，可以作为人民法院认定复议决定和原行政行为合法的依据。

第一百三十六条 人民法院对原行政行为作出判决的同时，应当对复议决定一并作出相应判决。

人民法院依职权追加作出原行政行为的行政机关或者复议机关为共同被告的，对原行政行为或者复议决定可以作出相应判决。

人民法院判决撤销原行政行为和复议决定的，可以判决作出原行政行为的行政机关重新作出行政行为。

人民法院判决作出原行政行为的行政机关履行法定职责或者给付义务的，应当同时判决撤销复议决定。

原行政行为合法、复议决定违法的，人民法院可以判决撤销复议决定或者确认复议决定违法，同时判决驳回原告针对原行政行为的诉讼请求。

原行政行为被撤销、确认违法或者无效，给原告造成损失的，应当由作出原行政行为的行政机关承担赔偿责任；因复议决定加重损害的，由复议机关对加重部分承担赔偿责任。

原行政行为不符合复议或者诉讼受案范围等受理条件，复议机关作出维持决定的，人民法院应当裁定一并驳回对原行政行为和复议决定的起诉。

十、相关民事争议的一并审理

第一百三十七条 公民、法人或者其他组织请求一并审理行政诉讼法第六十一条规定的相关民事争议，应当在第一审开庭审理前提出；有正当理由的，也可以在法庭调查中提出。

第一百三十八条 人民法院决定在行政诉讼中一并审理相关民事争议，或者案件当事人一致同意相关民事争议在行政诉讼中一并解决，人民法院准许的，由受理行政案件的人民法院管辖。

公民、法人或者其他组织请求一并审理相关民事争议，人民法院经审查发现行政案件已经超过起诉期限，民事案件尚未立案的，告知当事人另行提起民事诉讼；民事案件已经立案的，由原审判组织继续审理。

人民法院在审理行政案件中发现民事争议为解决行政争议的基础，当事人没有请求人民法院一并审理相关民事争议的，人民法院应当告知当事人依法申请一并解决民事争议。当事人就民事争议另行提起民事诉讼并已立案的，人民法院应当中止行政诉讼的审理。民事争议处理期间不计算在行政诉讼审理期限内。

第一百三十九条 有下列情形之一的，人民法院应当作出不予准许一并审理民事争议的决定，并告知当事人可以依法通过其他渠道主张权利：

（一）法律规定应当由行政机关先行处理的；

（二）违反民事诉讼法专属管辖规定或者协议管辖约定的；

（三）约定仲裁或者已经提起民事诉讼的；

（四）其他不宜一并审理民事争议的情形。

对不予准许的决定可以申请复议一次。

第一百四十条 人民法院在行政诉讼中一并审理相关民事争议的，民事争议应当单独立案，由同一审判组织审理。

人民法院审理行政机关对民事争议所作裁决的案件，一并审理民事争议的，不另行立案。

第一百四十一条 人民法院一并审理相关民事争议，适用民事法律规范的相关规定，法律另有规定的除外。

当事人在调解中对民事权益的处分，不能作为审查被诉行政行为合法性的根据。

第一百四十二条 对行政争议和民事争议应当分别裁判。

当事人仅对行政裁判或者民事裁判提出上诉的，未上诉的裁判在上诉期满后即发生法律效力。第一审人民法院应当将全部案卷一并移送第二审人民法院，由行政审判庭审理。第二审人民法院发现未上诉的生效裁判确有错误的，应当按照审判监督程序再审。

第一百四十三条 行政诉讼原告在宣判前申请撤诉的，是否准许由人民法院裁定。人民法院裁定准许行政诉讼原告撤诉，但其对已经提起的一并审理相关民事争议不撤诉的，人民法院应当继续审理。

第一百四十四条 人民法院一并审理相关民事争议，应当按行政案件、民事案件的标准分别收取诉讼费用。

十一、规范性文件的一并审查

第一百四十五条 公民、法人或者其他组织在对行政行为提起诉讼时一并请求对所依据的规范性文件审查的，由行政行为案件管辖法院一并审查。

第一百四十六条 公民、法人或者其他组织请求人民法院一并审查行政诉讼法第五十三条规定的规范性文件，应当在第一审开庭审理前提出；有正当理由的，也可以在法庭调查中提出。

第一百四十七条 人民法院在对规范性文件审查过程中，发现规范性文件可能不合法的，应当听取规范性文件制定机关的意见。

制定机关申请出庭陈述意见的，人民法院应当准许。

行政机关未陈述意见或者未提供相关证明材料的，不能阻止人民法院对规范性文件进行审查。

第一百四十八条 人民法院对规范性文件进行一并审查时，可以从规范性文件制定机关是否超越权限或者违反法定程序、作出行政行为所依据的条款以及相关条款等方面进行。

有下列情形之一的，属于行政诉讼法第六十四条规定的“规范性文件不合法”：

（一）超越制定机关的法定职权或者超越法律、法规、规章的授权范围的；

（二）与法律、法规、规章等上位法的规定相抵触的；

（三）没有法律、法规、规章依据，违法增加公民、法人和其他组织义务或者减损公民、法人和其他组织合法权益的；

（四）未履行法定批准程序、公开发布程序，严重违反制定程序的；

（五）其他违反法律、法规以及规章规定的情形。

第一百四十九条 人民法院经审查认为行政行为所依据的规范性文件合法的，应当作为认定行政行为合法的依据；经审查认为规范性文件不合法的，不作为人民法院认定行政行为合法的依据，并在裁判理由中予以阐明。作出生效裁判的人民法院应当向规范性文件的制定机关提出处理建议，并可以抄送制定机关的同级人民政府、上一级行政机关、监察机关以及规范性文件的备案机关。

规范性文件不合法的，人民法院可以在裁判生效之日起三个月内，向规范性文件制定机关提出修改或者废止该规范性文件的司法建议。

规范性文件由多个部门联合制定的，人民法院可以向该规范性文件的主办机关或者共同上一级行政机关发送司法建议。

接收司法建议的行政机关应当在收到司法建议之日起六十日内予以书面答复。情况紧急的，人民法院可以建议制定机关或者其上一级行政机关立即停止执行该规范性文件。

第一百五十条 人民法院认为规范性文件不合法的，应当在裁判生效后报送上一级人民法院进行备案。涉及国务院部门、省级行政机关制定的规范性文件，司法建议还应当分别层报最高人民法院、高级人民法院备案。

第一百五十一条 各级人民法院院长对本院已经发生法律效力的判决、裁定，发现规范性文件合法性认定错误，认为需要再审的，应当提交审判委员会讨论。

最高人民法院对地方各级人民法院已经发生法律效力的判决、裁定，上级人民法院对下级人民法院已经发生法律效力的判决、裁定，发现规范性文件合法性认定错误的，有权提审或者指令下级人民法院再审。

十二、执　行

第一百五十二条 对发生法律效力的行政判决书、行政裁定书、行政赔偿判决书和行政调解书，负有义务的一方当事人拒绝履行的，对方当事人可以依法申请人民法院强制执行。

人民法院判决行政机关履行行政赔偿、行政补偿或者其他行政给付义务，行政机关拒不履行的，对方当事人可以依法向法院申请强制执行。

第一百五十三条 申请执行的期限为二年。申请执行时效的中止、中断，适用法律有关规定。

申请执行的期限从法律文书规定的履行期间最后一日起计算；法律文书规定分期履行的，从规定的每次履行期间的最后一日起计算；法律文书中没有规定履行期限的，从该法律文书送达当事人之日起计算。

逾期申请的，除有正当理由外，人民法院不予受理。

第一百五十四条 发生法律效力的行政判决书、行政裁定书、行政赔偿判决书和行政调解书，由第一审人民法院执行。

第一审人民法院认为情况特殊，需要由第二审人民法院执行的，可以报请第二审人民法院执行；第二审人民法院可以决定由其执行，也可以决定由第一审人民法院执行。

第一百五十五条 行政机关根据行政诉讼法第九十七条的规定申请执行其行政行为，应当具备以下条件：

（一）行政行为依法可以由人民法院执行；

（二）行政行为已经生效并具有可执行内容；

（三）申请人是作出该行政行为的行政机关或者法律、法规、规章授权的组织；

（四）被申请人是该行政行为所确定的义务人；

（五）被申请人在行政行为确定的期限内或者行政机关催告期限内未履行义务；

（六）申请人在法定期限内提出申请；

（七）被申请执行的行政案件属于受理执行申请的人民法院管辖。

行政机关申请人民法院执行，应当提交行政强制法第五十五条规定的相关材料。

人民法院对符合条件的申请，应当在五日内立案受理，并通知申请人；对不符合条件的申请，应当裁定不予受理。行政机关对不予受理裁定有异议，在十五日内向上一级人民法院申请复议的，上一级人民法院应当在收到复议申请之日起十五日内作出裁定。

第一百五十六条 没有强制执行权的行政机关申请人民法院强制执行其行政行为，应当自被执行人的法定起诉期限届满之日起三个月内提出。逾期申请的，除有正当理由外，人民法院不予受理。

第一百五十七条 行政机关申请人民法院强制执行其行政行为的，由申请人所在地的基层人民法院受理；执行对象为不动产的，由不动产所在地的基层人民法院受理。

基层人民法院认为执行确有困难的，可以报请上级人民法院执行；上级人民法院可以决定由其执行，也可以决定由下级人民法院执行。

第一百五十八条 行政机关根据法律的授权对平等主体之间民事争议作出裁决后，当事人在法定期限内不起诉又不履行，作出裁决的行政机关在申请执行的期限内未申请人民法院强制执行的，生效行政裁决确定的权利人或者其继承人、权利承受人在六个月内可以申请人民法院强制执行。

享有权利的公民、法人或者其他组织申请人民法院强制执行生效行政裁决，参照行政机关申请人民法院强制执行行政行为的规定。

第一百五十九条 行政机关或者行政行为确定的权利人申请人民法院强制执行前，有充分理由认为被执行人可能逃避执行的，可以申请人民法院采取财产保全措施。后者申请强制执行的，应当提供相应的财产担保。

第一百六十条 人民法院受理行政机关申请执行其行政行为的案件后，应当在七日内由行政审判庭对行政行为的合法性进行审查，并作出是否准予执行的裁定。

人民法院在作出裁定前发现行政行为明显违法并损害被执行人合法权益的，应当听取被执行人和行政机关的意见，并自受理之日起三十日内作出是否准予执行的裁定。

需要采取强制执行措施的，由本院负责强制执行非诉行政行为的机构执行。

第一百六十一条 被申请执行的行政行为有下列情形之一的，人民法院应当裁定不准予执行：

（一）实施主体不具有行政主体资格的；

（二）明显缺乏事实根据的；

（三）明显缺乏法律、法规依据的；

（四）其他明显违法并损害被执行人合法权益的情形。

行政机关对不准予执行的裁定有异议，在十五日内向上一级人民法院申请复议的，上一级人民法院应当在收到复议申请之日起三十日内作出裁定。

十三、附　　则

第一百六十二条　公民、法人或者其他组织对 2015 年 5 月 1 日之前作出的行政行为提起诉讼，请求确认行政行为无效的，人民法院不予立案。

第一百六十三条　本解释自 2018 年 2 月 8 日起施行。

本解释施行后，《最高人民法院关于执行〈中华人民共和国行政诉讼法〉若干问题的解释》（法释〔2000〕8 号)、《最高人民法院关于适用〈中华人民共和国行政诉讼法〉若干问题的解释》（法释〔2015〕9 号）同时废止。最高人民法院以前发布的司法解释与本解释不一致的，不再适用。